慣習法と法的確信

民事法と国際法の視座から

多喜 寛 著

日本比較法研究所
研究叢書
85

中央大学出版部

装幀　道吉　剛

はしがき

　慣習法が成立するためには一般慣行（慣習）のほかに，いわゆる法的確信なるものも必要なのであろうか。この問題は，民事法と国際法の領域において，古くから論じられてきたが，依然として未解決のままであるように思われる。さらに，民事法の領域においては，慣習法と事実たる慣習は異なるものとして捉えられるべきであるのか，両者の関係はどのように理解されるべきであるのか，という問題が長年の論争の対象となってきたが，これもまだ決定的な決着をみていないといえよう。本書は，これらの難問の解決をめざすものである。

　本書には，以下の既発表の論文に多少の加筆・修正などを施したものが収録されている。

「慣習法の成立と法的確信（1）」法学57巻第1号（1993年）

「慣習法の成立要件としての法的確信」法学新報第110巻第7・8号（2003年）

「慣習国際法の要件としての法的確信」法学新報第110巻第11・12号（2004年）

「イギリスにおける慣習法と事実たる慣習」比較法雑誌第44巻第3号（2010年）

「慣習法と事実たる慣習——法例2条（法適用通則法3条）の『慣習』と民法92条の『慣習』の関係——」法学新報第118巻第9・10号（2012年）

　本書の要旨は以下の2点にまとめられる。

（１）慣習法の成立と法的確信

　伝統的には，民事法の領域においても国際法の領域においても，慣習法の成立要件としては，一般慣行（慣習）の存在という客観的な要件のほかに，当該慣行を法として認識すること（法的確信）という主観的要件があげられてきた。しかし，それは理論的な観点からして重大な問題を含む。その場合の法的確信は，慣習法の主観的要件として，論理的に慣習法が成立する前に要求されるものであるから，結局において法の存在に関する誤った判断（錯誤）にほかならない。したがって，伝統的な見解のもとでは，およそ慣習法が成立するためにはつねに一般慣行が法の存在に関する誤った判断によって伴われることが必要である，という不合理な説明になる。国際法の領域においては，法的確信の問題性はそれだけではすまないのであり，つぎのような形で増幅する。

　法秩序は一般規範において特定の要件に特定の効果を当為によって結びつけている。したがって，その一般規範の定めるところが個別・具体的ケースにおいて実現されるためには，それを個別・具体的ケースに適用する（特に要件事実を認定する）という人間の意思行為が不可欠となる。集権化されている国内法秩序においてはそのような意思行為を統一的に行う機関（例えば裁判所）が設置されているが，分権的な構造を有する国際法秩序においては，そのようなものが存在しない。したがって，一般国際法のもとでは，一般規範の個別・具体的ケースへの適用（特に要件事実の認定）は関係国に委ねられざるをえない。その点との関連では，例えば国際法主体たる国家の成立に関する一般規範の個別・具体的ケースへの適用が今日まで既存の国家に委ねられており，既存の国家による，国際法主体たる国家の要件の充足の有権的認定が国家承認として捉えられる傾向にあるということが，想起されるべきであろう。このような事情のもとでは，慣習国際法の成立に関する一般規範の個別・具体的ケースへの適用，それ故に慣習国際法の成立要件の充足の認定も関係国に委ねられており，関係国はそれを自己との関係でなすことを授権されていることになる。そうとすると，伝統的な見解によって慣習国際法の成立要件とされるもの，即ち所与の慣行を法だと認めてそれに従うという法的確信を伴う関係国の行動なる

ものは，当該慣行につき慣習国際法の成立要件の充足を有権的に認定するという関係国の行為を含む，ということにならざるをえない。そのことを考慮に入れると，伝統的な見解は，慣習国際法の成立要件のなかにその成立要件の充足の有権的な認定を取り込むという，論理的に不可能なことを説いていることになるのである。

　もっとも，慣習法の主観的要件としての法的確信が法の存在に関する誤った判断（錯誤）にほかならないという問題点は，民事法の領域においてはつとに19世紀後半のドイツ普通法学によって気づかれていたのであり，国際法の領域においても，1939年にKelsenによって指摘され，大きな反響を呼んだ。それでは，ドイツの民事法や国際法においては，法的確信を慣習法の成立要件とみなすことが放棄されたのかというと，そうではなく，依然として法的確信は慣習法の成立要件の一つとして維持される傾向にある。そのようにドイツの民事法における伝統的な見解，さらには国際法における伝統的な見解が——問題があると意識しつつも——法的確信を慣習法の成立要件の一つとみなしてきたのは，結局において，そうしないと慣習法とその他の慣習的規範（習俗）を成立要件の平面において区別することができない，と考えたからであったように思われる。つまり，同型の行為がひとしく継続的に反復されても，慣習法という慣習的規範が成立する場合と，習俗などという慣習的規範が成立するにとどまる場合があるが，そのことを説明するためには，法的確信を慣習法の成立要件とみなすことが不可欠である。それらの成立要件上の区別は，法的確信を伴う一般慣行のみが慣習法を創設し，それを伴わない一般慣行は習俗などを創設するにすぎない，という仕方でのみ説明可能なのである，と。したがって，先に指摘したような理論的な問題点を理由に，法的確信を慣習法の成立要件の一つとみなすべきではないと考えるときには，慣習法としての慣習的規範とその他の習俗などという慣習的規範は成立要件の平面においてどのような仕方で区別されるべきであろうか，という問題に答えなければならないことになる。慣習法と他の慣習的規範の成立要件上の区別は，結局において，慣習的規範の内容が法的規律の対象とみなされる生活関係に関するものか否かによって説明さ

れうると考える。即ち，同型の行為がひとしく継続的に反復されても，その行為の内容が法的規律の対象とみなされる生活関係に関するものは慣習法という慣習的規範を創設し，そうでないものは習俗などという慣習的規範を創設するにとどまる，という説明で十分であるように思われる。法的規律の対象とみなされる生活関係とそうでないものという区別は，すべての実定法秩序において認められているところのものである。それは実際にも，たとえば法（法規又は制定法）の欠缺の認定の際にこれまで一般に使用されてきたところのものでもある。即ち，法の欠缺及びその補充は，法的規律の対象とみなされる生活関係についてのみ認められるべきであり，そうでないものについては認められるべきではない，ということには異論がないのではなかろうか。ここで慣習法の成立要件の一つとしてあげられる，慣習が法的規律の対象とみなされる生活関係に関するものでなければならないという要件は，主観的な要件ではなく，客観的な要件である。ちなみに，このことは必ずしも，慣習法が成立するためには一切の規範意識が不要であるということまでも意味するものではない。何らの規範意識も伴わない単なる同型行為の偶然の一致にすぎないものに法源たる効力を認めるということはだれもが考えていないと思われるからである。その意味で，規範意識という主観的要件は必要であると思われる。ただ，ここで重要なのは，主観的要件として規範意識が必要であるといっても，それは必ずしも法規範の意識である必要はないということである。

（2）慣習法と事実たる慣習

法適用通則法3条は「慣習」に，裁判官に直接的に作用する法たる地位を与えているが，民法92条は「慣習」に，当事者の（推定的）意思を介して法律行為の内容となることにより裁判官に間接的に作用する事実たる地位を与えている。その意味において，慣習法と事実たる慣習の区別について語ることができる。このような法律構成はつぎのような意義を有するものと思われる。つまり，法適用通則法3条は慣習法に補充的な法源性しか認めないという成文法優先の思想を宣言している。その結果，法律行為の解釈の分野では任意規定のない事項に関する慣習は慣習法として顧慮されることになるが，任意規定のある

事項に関する慣習は顧慮されないことになる。しかしこれでは，法律行為の解釈に関しては任意規定よりも当事者に近い慣習を重視すべきであるという取引社会の要請に十分にはこたえることができない。そこで，あくまでも成文法優先の建前を維持しつつも，それと法律構成上は矛盾しない形で取引社会の要請にこたえるために考え出されたのが，任意規定のある事項に関する慣習を法規範としてではなく，当事者の（推定的）意思を介して法律行為の内容となるという事実たる慣習として法律構成するという仕方である，と。この点との関連においては，民法92条が，ドイツのADHGB 279条とは異なり，意識的に，任意規定のある事項に関する慣習（任意規定と異なる慣習）の場合について定めるという体裁をとっていること，しかも当該慣習を当事者の（推定的）「意思」を介して法律行為の内容となるものとして法律構成していることに，留意すべきであろう。事実たる慣習という法律構成のこのような固有の役割を顧慮すると，民法92条の「慣習」は，法適用通則法3条の「慣習」でありながらも「法令に規定されていない事項に関するもの」に該当しないが故に法律と同一の効力を認められないものを指すべきことになり，両者は実体においては異ならないことになる。また，両者を法的確信の存否によって区別することは，法的確信なるものが慣習法の成立要件たりえないという観点からしても，問題があるように思われる。法適用通則法3条の「慣習」は法律と同一の効力が認められるので，当然に法的規律の対象とみなされる事項に関するものでなければならないが，民法92条の「慣習」もそのような事項に関するものと解するべきであろう。というのは，民法92条は任意規定と異なる慣習の場合について定めるという体裁をとっているが，そのような慣習というのは，任意規定の規律対象に関する慣習，即ち法的規律の対象とみなされる事項に関する慣習にほかならないからである。

　本書を公にするにあたっては，まず，中央大学の同僚山内惟介教授の学問的刺激に謝意を表しなければならない。また，とくに芳名は列挙しないが，筆者が仙台在住の頃に専門を異にする3名の法学者から法律学の研究の仕方につい

て多くの御教示を受けた。本書ではそれをどこまで活かすことができたかは甚だ心許ないが，ここに心から感謝の意を表させていただく。

　本書を折茂 豊先生の御霊前に捧げる。

　　平成 24 年初夏　八王子市の自宅にて

　　　　　　　　　　　　　　　　　　　　　　　　　　　多　喜　寛

慣習法と法的確信
——民事法と国際法の視座から——

目　　次

はしがき

第1章　慣習法の成立要件としての法的確信……………………………… 1

  1　はじめに　*1*
  2　19世紀ドイツ私法学における慣習法論の一断面　*2*
    （1）概　　観　*2*
    （2）要　　約　*10*
  3　わが国の私法学における慣習法論　*13*
    （1）伝統的な見解　*13*
    （2）近時の有力説　*18*
    （3）検討（その1）　*22*
    （4）検討（その2）　*25*
  4　おわりに　*29*

第2章　慣習国際法の成立要件としての法的確信………………………… 43

  1　はじめに　*43*
  2　私法学の慣習法論への一瞥　*44*
  3　国際法学の慣習法論　*48*
    （1）Kelsen の問題提起　*48*
    （2）D'Amato の見解　*55*
    （3）Thirlway の見解　*61*
    （4）Mendelson の見解　*66*
    （5）若干の考察　*71*
  4　おわりに　*81*

第 3 章　わが国における慣習法と事実たる慣習 …………………… 95

1　はじめに　*95*
2　19 世紀後半のドイツの議論　*96*
　（1）　ADHGB 1 条と 279 条　*96*
　（2）　考　察　*103*
3　わが国の議論　*106*
　（1）　伝統的な見解　*108*
　（2）　伝統的な見解に対する諸批判　*110*
　（3）　考　察　*118*
4　おわりに　*126*

第 4 章　フランスにおける慣習法と事実たる慣習 …………………… 137

1　はじめに　*137*
2　Gény の慣習法論　*137*
3　Lambert の慣習法論　*153*
4　Lambert の慣習法論に対する諸批判　*166*
5　若干の考察　*178*

第 5 章　イギリスにおける慣習法と事実たる慣習 …………………… 195

1　はじめに　*195*
2　慣　習　*196*
3　取引慣行　*202*
4　若干の考察　*205*

第1章
慣習法の成立要件としての法的確信

1 はじめに

　慣習法の要件に関する論議はまず私法の分野において活発に展開され，やがてそれが国際法の分野に移植されたようである。慣習国際法に関する伝統的な見解は，慣習法の成立要件として一般慣行のほかに，法的義務に従う意識たる法的確信（opinio juris seu necessitatis）をもあげるが，それはフランスの私法学者たる Gény の見解の影響を受けたものとみなされている[1]。確かに Gény は，19世紀ドイツ私法学，特にドイツのパンデクテン学者たる Regelsberger の1893年の見解に強く影響されて，慣習法の要件として，慣行のほかに，法的義務を履行するという考え又は既存の法を適用するという意識たる法的確信をあげていた。彼がそのような法的確信を慣習法の要件の一つとしてあげた主たる理由は，慣習法をもたらす慣習とそうでない慣習を成立要件のうえで区別するためであった[2]。そしてまさしく国際法における伝統的な見解も法的確信の要件の存在意義をそこに見出している[3]。このように国際法学における慣習法論が私法学における慣習法論の強い影響のもとに展開してきたとすると，国際法学は近時のわが国の私法学における慣習法論の新しい動向を意識せざるをえないのではなかろうか。それは，わが国の私法学においては近時，慣習法の成立に関して法的確信を問わない傾向が強まりつつあるという動向である。以下にはその点に注目して，国際法上の慣習法論への示唆を獲得するという意図から，わが国の私法学における慣習法論を分析・検討する[4]。もっとも，本章の問題関心からして，分析・検討の対象は慣習法の要件の問題，特に法的確信

の問題に限定されることになり，法例2条と民法92条との関係についての議論の詳細は割愛されることになる。なお，わが国の私法学における慣習法論の出発点を理解するにあたり有用と思われる限りにおいて，19世紀ドイツ私法学における慣習法論にも一瞥することが試みられる。

2　19世紀ドイツ私法学における慣習法論の一断面

（1）概　　観

いうまでもなく，ここではドイツ私法学における慣習法論[5]の包括的な研究が試みられるのではない。法的確信が慣習法の要件として必要なのかどうか，必要であるとするならばその内容はどのようなものであるべきか，という本稿の問題関心からして興味のあるいくつかの見解が，特にわが国の伝統的な見解が参照したと思われる19世紀ドイツ私法学のなかから，拾い上げられるにすぎない。

まず，Puchtaの『パンデクテン』（1844年）において示されている見解をみてみよう。その概要はこうである。

　　法は法的共同体にあるものの共通の確信である。それ故に，法規の成立は共通の確信の成立である[6]。慣習法は民族の意識において直接に成立し，そして習慣（慣行，慣習）の形状で現れる法である。その存在根拠は直接の民族の確信としての性質にあり，慣行はそれを直感させる。慣習は慣習法の淵源ではなく，慣習法が具現される外的な形状にすぎない[7]。「慣習法は，ある命題が民族の確信において法規として存在するときに，存在する」。個々人のすべてが同じものを意識していることは必要でない。全体（Gesamtheit）の確信は必ずしもすべての人々の確信ではない[8]。「慣習法の第一の認識手段」は，慣習法の当然の随伴者たる「現実の慣行と慣習自身」である。それはその根底にある民族の法的確信の存在を確実に推論させうるようなものでなければならない。したがって，それは法規の慣行であり，慣行を構成する

行為を行うものは「法的確信（いわゆる opinio necessitatis）」によって導かれていなければならない。そしてそれは長期にわたり恒常的に一様に繰り返された慣行でなければならない。慣行は裁判外的行動と裁判的行動から成り立つのであり，後者には特に裁判官の判決が属する。第二の認識手段は，慣習法の存在に関する信頼でき且つ専門知識のある人々の尋問である。最後に，信頼できる記録，更に法格言も認識の淵源である[9]。

そこでは，慣習法は，個人の総計とは区別される「全体」としての民族の「法的確信」において，法規として存在するのであり，慣習は民族の法的確信を確実に推論させうるものとして，慣習法の認識手段の一つにすぎない，とされている[10]。この点は，Savigny も同様であるように思われる。彼は，「民族の共通の意識」のなかに実在している実定法の真の基礎が慣行や慣習という外部的行為において現れることによって認識されうる——同じような行動様式の継続によって「民族の確信」が認識されうる——ので，「慣習は実定法の標識なのであり，その成立原因ではない」とのべるからである[11]。Windscheid も，Savigny と Puchta の見解によると慣行（慣習）はその前にすでに存在している法の認識手段にすぎない，とのべている[12]。そのように慣習は法的確信のなかに存在する慣習法又は法を認識する手段にすぎないという構成からすると，必然的に，法的確信は法の存在を内容とするということになろう[13]。Zitelmann も，Puchta=Savigny 理論においては，法的確信は，「問題となる命題は法であるということ」を内容としており，「それが法であるべきであるということ」ではない，とのべている[14]。また，慣行は「慣習法の第一の認識手段」であり，それ以外の「第二の認識手段」などがあるという構成からすると，『慣行を伴わない慣習法』なるものが存在するということになるのではなかろうか。実際にも Zitelmann がつぎのようにのべている。つまり，Puchta や Savigny などは一般的な法的確信がすでにそれ自体において法であると考え，当該命題の事実上の慣行のなかに慣習法の一つの認識淵源のみを見出すが，それを一貫すると，慣行は慣習法の唯一の排他的な認識淵源ではなく，実行されていない慣

習法も可能であらねばならないように思われる，と。そして，Zitelmann は，慣習という形式において証明されない法は慣習法と呼ばれるべきではないという Bühlau の指摘を，「正しい」ものとみなす[15]。

しかし，「法的確信」の主体を「全体」としての民族に求めるという構成を受け入れるか否かとは別に，「法的確信」というものは外部から客観的に把握することが困難であるので，そのなかに法の存在を見出すこと，したがって慣習をそのなかに存在する法の認識手段にすぎないとみなすことに対しては，批判が有力になっていく。例えば，Regelsberger はつぎのようにのべる。つまり，あらゆる思想は言葉又は行為においてはっきりと示されることによって初めてその完成した形をえる。ましてや比較的に大きな人間集団を支配する確信はそうである[16]，と。Gierke も，法的確信は外面的に現れる前には法規たりえない，とのべる[17]。そこで，歴史法学派の強い影響のもとに法的確信の概念を維持しつつも，外面的事象たる慣習を単なる慣習法の認識手段としてではなく，慣習法の要素の一つとみなす見解が「支配的見解」[18]となっていくのである。

ところで，先にもみたように，法の存在を内容とする法的確信という概念は，Puchta などの歴史法学派の見解のもとでは，慣習法の成立との関係において不可欠のものとして登場した。というのは，その見解は，慣習法又は法は法的確信のなかに存在するのであり慣習はそれを認識させる手段であるにすぎない，という前提に立脚していたからである。これに対して，それとは異なる前提に立脚する「支配的見解」においては，事情がまったく異なることになるはずである。しかしながら，「支配的見解」は，Puchta などの歴史法学派の強い影響のもとに，法的確信を同様に「当該命題は法であるという確信」として理解し，それを慣習法の成立要件の一つとして保持する傾向にあった[19]。その結果，「支配的見解」は重大な理論的な問題点を内包することになった。つまり，「支配的見解」はそのような内容の法的確信を慣習法の要件の一つとしてあげるが，その法的確信は慣習法の成立する前の段階で要求されるものであるが故に，法の存在に関する誤った判断（錯誤）ということになる，したがって

「支配的見解」は法の存在に関する錯誤を慣習法の要件の一つとすることになる，と。

その理論的な問題点は早くから気づかれていたのであるが[20]，大勢は，出発点に立ち戻って法的確信の問題を再検討するという方向にはいかなかった。むしろ，法的確信をあくまでも，当該命題は法であるという内容のものとしたうえで，その結果生ずる錯誤については，それが慣習法の成立にとって障害とならないとみなしたのである。例えば，Regelsberger は慣習法の要件として長期にわたる継続的で一様な慣行のほかに法的確信を要求し，それについてつぎのようにのべる。

　慣行によって法のみならず習俗も形成される。慣行が法創設的に作用するのは，それが「既存の法の適用において行動するという行為者の意識」から生ずるときにのみであり，単に「そのようにふるまうことが合目的であるとか又は法であるべきであるという見解」においてなされるときではない。これは，最近の人々が opinio necessitatis ——この名称は根本においては強行法規にのみ適する——と呼ぶところのものである。この要件の存在については，裁判所における適用はいかなる疑いも残さない。裁判外の適用の場合においては，好意，尊敬の念又は類似の動機が行動を規定していないかどうかを慎重に探求しなければならない。慣行の前に慣習法の成立を認めないものは，そして慣行の法創設的力のためには更に「それに従って行動されたものが法であるという確信」を要求するものは，「自分たちが従ったものが法であるという行為者の錯誤」のなかに慣習法形成の障害を見出すことができない。慣習法の成立を基礎づけるすべての適用事例は，この錯誤に基づいている。即ち，以前に成立した法規の単なる慣習法的強化が問題であるに違いないという錯誤である[21]。

しかし，そもそも問題はそのような錯誤が慣習法の成立にとって障害となるか否かという点にあるのではないように思われる。むしろ，より根本的に，

「支配的見解」のもとでは慣習法の成立のためには法の存在に関する錯誤に陥った行為を不可欠とみなすことになるが，はたしてそのような不合理な説明を維持する必要があるのか，という点が問われるべきではなかろうか。おそらく，そのような観点に立脚すると思われるのが，Brinzであろう。彼はつぎのようにのべる。

　慣習に導く行為に伴わなければならない思考は，人がしているところのものは法であるべきである，それ故に人はそのようにするのが正しいということだけであり，それはすでに法であり，それ故になされなければならないということではない。後者は，完成した慣習の結果であり，初めて生ずる慣習の条件ではない[22]。

そこでは，そうすることが法である――『当該命題は法である』――という思考は慣習法が成立した後に生ずるものであるから，その思考を内容とする法的確信を慣習法の要件にすべきではない，という観点が示されているように思われる。その観点それ自体は極めて素直な見方であるように思われる。Brinzはそのような観点から法的確信を『そうすることが法であるべきである』という内容のものとして捉えようとしている[23]。確かに，その場合には，錯誤に陥った行動を慣習法の要件とするという批判は免れることになろう。しかし，問題は，何故に慣習法が成立するためにはつねにそのような特殊技術的な内容の法的確信が必要とされるのであろうか，という点にあろう。

ところで，Zitelmannがいう「支配的見解」は，法的確信そのもののなかに慣習法又は法を見出すPuchtaなどの歴史法学派とは異なり，法的確信を慣習法の要件の一つとみなしたのであるが，そのような見解は何故に法的確信の内容をPuchtaやSavignyの理論と同様に『当該命題は法である』――『そうすることが法に従うことである』――という点に求めたのであろうか。その実際の理由はおそらくはPuchtaなどの歴史法学派の強い影響ということに求められうると思われるが，「支配的見解」はときとして上記のような法的確信の存

在意義についてのべることがある。例えば，慣習法の成立要件として，長期間にわたる規範の継続的で一様な実現という慣行のほかに，——単に「そのようにふるまうことが合目的であるとか法であるべきであるという見解」ではなく——「既存の法の適用において行動するという行為者の意識」たる法的確信を要求するRegelsbergerは，慣習法の要件として慣行のみを要求する見解に対して，つぎの問いに答えることができないと批判する。つまり，何故に好意，好感，尊敬の念からして一様に守られてきたものが法に成長しないのか，何故に長期にわたる慣行であるにもかかわらず規定料金のほかに謝礼を請求することが医者の権利として認められないのか，何故に子供，配偶者及び友人が誕生日又はクリスマスのプレゼントを請求する権利を獲得しないのか[24]，と。

しかし，ひとしく長期にわたる慣行であっても慣習法となるものとならないものがあるということを説明するためには，はたして『当該命題は法である』という内容の法的確信が不可欠なのであろうか。まず，例えばBrinzのいう『当該命題は法であるべきである』という内容の法的確信でも十分なのではなかろうか，という問題が提出されうる。実際にも，Ungerはそのような内容の法的確信の欠如によって，葬儀の後に会食をするという慣行，又は商談を結んだ後にレストランにいきワインを飲むという慣行，又は家畜を4月にではなく5月に牧場に連れて行くという慣行が慣習法とならないことを説明している[25]。そもそも，Regelsbergerの上記の批判は慣習法の要件として慣行のみを要求する見解に対して向けられていたにすぎなかったのである。しかし，もう少し考えてみると，そもそもひとしく長期にわたる慣行であっても慣習法となるものとならないものがあるということは，慣行によってつくられる慣習規範が法規範とみなされる場合とそうでない場合があるということであり，それを説明する際に問題となるのは，所与の慣習規範が法の領域に属するか否かである。率直にそこに着眼したと思われるのはDanzである。彼は「支配的見解」が慣習法の要件として長期にわたる一様な慣行のほかに，いわゆるopinio necessitates sive jurisをも要求すると考え，その点につき，まず，つぎのようにのべる。

当該の慣行の場合に opinio necessitatis を要求するときに，そしてその語のもとに，「そのように行動するほかないという必然性，強制」を理解するならば，そのような感情は「法の領域」においてのみならず「習俗や礼儀などの領域」においても見いだされる。人は礼儀正しい男として，部屋に入る際に帽子を脱ぐように強制されていると感じている。というのは，礼儀作法がそのことを要求するからである。人は他人と決闘するように強制されていると感じている。というのは，決闘作法がそれを要求するからである。他方，上記のような感情は法領域では強行規範の場合にのみ現れ，補充的な任意規範の場合には現れない。BGB242条又は157条の取引慣行は慣習法規であるが，補充的な任意法規である。その場合には「そのような opinio necessitatis」は決して要求されえないのである[26]。

　そこでは，慣習法の要件としての opinio necessitatis という言葉のもとに「そのように行動するほかないという必然性，強制」を理解するときには，慣習法とその他の慣習規範の区別ができない旨，補充的任意法規の形をとる慣習法規の場合にはその要件があてはまらない旨が指摘されているように思われる。さらに Danz は，慣習法の要件としての opinio juris についてつぎのように論じる。

　　opinio juris という語のもとにさらに別のことが理解される。即ち，「当該の規範はまさに法の領域に属する」のであり，しきたりの準則，習俗や礼儀などの準則ではない，という「感情」である。というのは，この後者の領域においても慣習は存在するのであり，例えば，挨拶されたら挨拶するとか，チップを与えるとか，医者に規定料金以上を支払うとか，家族にクリスマスプレゼントをするとかなどという習俗である。この opinio juris の要件によって，裁判官が判決の際にそのような慣習を適用しない，即ちしきたりの準則を適用せずに法準則のみを適用する，という目的が達成される。しきたりの準則の場合には，個人は，それに従わないときにはおそらく作法又は習俗

に反して行動するという感情をもつが，法的義務を怠るという感情をもたない。慣習的な行動から引き出される命題が法命題であるか，又は習俗や礼儀の命題，即ちしきたりの準則であるかを裁判官が決定しうるように，人は「それに従って生活が送られているところの命題はまさに法命題である」という行為者の内的感情の証明を要求する。たとえ BGB（157 条，242 条）もローマ人も「そのような opinio juris」を要求していなくても，裁判官は当然に，「法の領域に関係する慣習が存在するのか，それとも習俗や礼儀作法の領域に関係する慣習が存在するのか」をはっきり認識していなければならない。というのは，裁判官は，「法の領域に属する慣習命題」に基づいてのみ当事者の義務や権利の発生を宣告することが許されるからである[27]。

そこでは，慣習法の要件としての opinio juris という言葉のもとに「当該の規範はまさに法の領域に属する」という「感情」が理解されている。それは，ひとしく慣行によってつくられた慣習規範であっても慣習法とそうでないものがある，ということを成立要件のうえで説明するためである。しかし，「法の領域に関係する慣習が存在するのか，それとも習俗や礼儀作法の領域に関係する慣習が存在するのか」という問題は，「法の領域」に関係する慣習のみに法源たる効力を認める——慣習法が成立するためには慣習規範が「法の領域」に関係するものでなければならない——という実定法上の客観的な要件を前提としたうえで，所与の慣習がその要件を満たしているかどうかを問うことにほかならないのではなかろうか。そうとすると，行為者の『当該の慣習規範は法の領域に属するという感情』は上記の客観的な要件がみたされている旨の個人的な判断にほかならないのではなかろうか。したがって，そのようなものを慣習法の成立要件とすることには問題があるのではなかろうか。

なお，Zitelmann が慣習法の妥当を慣習実行者の意思行為に還元する「意思理論」に対して批判を展開している。そこで最後に，そのなかから今日においても重要と思われる部分を取り出してみておこう。彼はおよそつぎのようにのべている。

慣習に関与する個人が「当該命題を法にすることを欲することによってそれを慣習法にする」ということは，不可能であるように思われる。というのは，現実に当該命題を実行する機会を有したのはたいてい比較的に少ない人々にすぎないが，そのような数の人々のそのような法創設「意思」がいかにして他のすべての人々を拘束するような法を根拠づけることができるのか，という問題があるからである。「法を創設する意思」は，理性的には，意思理論の正当性を確信している人々においてのみ可能であろう。というのは，人はその意欲によって惹起しうると考えていることのみを意欲する，また意欲することができるからである。「その意思によって法を創設することができる」と思っていないものは，この意思を有しないであろう。個々の実行行為の主体がそのような意思を実際にはほとんど有していないということは，経験的考察に基づく確かな事実である[28]。

そのような意思理論に対するZitelmannの批判は現代の学説においても基本的に支持されている。例えば，Enneccerus-Nipperdeyは，「法規を新たに成立させる意思たる法創設意思」を要求する「意思理論」について，そのような意思はこれからもほとんど存在しないという理由から，不当とみなす[29]。また，Sonnenbergerも，社会の構成員が慣習に従う際には必ずしも法を創設する意図を有しているわけではない旨を指摘する[30]。

(2) 要　　約

このようにみてくると，慣習法に関して問題となる法的確信の意義と内容について様々な見解がありうるということがわかる。慣習法又は法は民族の法的確信において存在するものであり，慣行（慣習）はそれを認識するための手段にすぎないというPuchtaなどの歴史法学派の見解からすると，慣習法の成立との関連での法的確信の内容は『当該命題が法であるべきである』という形ではなく，『当該命題が法である』という形にならざるをえない。また，慣行は「慣習法の第一の認識手段」であり，それ以外の「第二の認識手段」などがあ

るという構成からすると，さらに，『慣行を伴わない慣習法』なるもの——それはもはや慣習法という言葉に値しないのであるが——が存在するということになる。そのような見解に対して，法的確信そのものは外部から客観的に把握することが困難であるので，それ自体を法とみなすわけにはいかないという批判が有力になる。その結果，慣行はもはや法的確信のなかに存在する慣習法又は法を認識するための手段ではなくなり，慣習法の要件を構成するものとみなされるようになる。他方，そのような立場においても歴史法学派の強い影響のもとに依然として法的確信が慣習法の要件の一つという形で維持されつづけた。しかし，そのような見解に立脚するときには，法的確信は必ずしも『当該命題が法である』という形をとる必要はなくなるはずである。むしろ，その場合に法的確信を『当該命題が法である』という内容のものとして捉えるときには，それは，まだ法が成立してもいない段階においてすでに法が存在すると認識することを意味し，法の存在に関する誤った判断，即ち錯誤にほかならなくなる。したがって，錯誤に陥った慣行でないと慣習法が成立しないという不合理な議論になってしまう。そのことを意識しつつもあえて法的確信を『当該命題が法である』という内容のものとして捉える見解が Regelsberger などによって主張されつづけたのは，主として，慣習が存在しても慣習法が成立する場合とそうでない場合があることを成立要件のうえで説明するためであった。もっとも，その際に批判の対象として念頭におかれていた見解は，慣習法の成立要件としては慣行しか考えない見解であった[31]。これに対して，法的確信を慣習法の要件の一つとして維持しつつも，その内容を法の存在に関する錯誤でないようなものにするという試みがなされる。例えば，Brinz や Unger などは法的確信を『当該命題が法であるべきである』という内容のものとして捉える。しかし，そのような法に関わる特殊技術的な内容の法的確信の存在を要求する見解に関しては，慣習法の主観的要件として「法を創設する意思」をもちだす見解について Zitelmann が指摘していたのと同じような問題点が指摘されうる。つまり，これまで慣習法の成立の際に慣習に従う人々は，はたしてつねにそのような特殊技術的な内容の意識又は意思を有していたのであろうか，

と。それでは，より単純に，法的確信の内容を単なる『そのように行動すべきである』という規範意識（必然性又は強制の意識）として理解するということも考えられるが，その見解に対しては，Danzは，そのような要件によっては慣習法が成立する場合とそれ以外の慣習規範が成立する場合の区別ができない旨を指摘していた。彼は結局において，問題の慣習規範の内容が「法の領域」に属するという感情を法的確信の内容とみなすことによって，慣習法とその他の慣習規範を成立要件のうえで区別しようとした。そのような区別の際に問題となっているのは，実は，慣習規範の内容が法の規律対象たる事項に関するものか否かであるように思われる。そのような観点からみると，Danzは問題の核心に一歩近づいたのであるが，残念ながら，慣習法の要件の定式化において成功していないように思われる。というのは，実定法は「法の領域」と法外の領域の区別を前提としていることからして，慣習法となるためには慣習規範の内容が「法の領域」——法の規律対象たる事項——に関するものでらねばならないということになるはずであるが，Danzがいま提案しているものは当該要件そのものではなく，それが所与の事案において充足されている旨の個々の行為者の主観的感情にすぎないからである。

　ドイツの諸学説のなかでも，フランスのGényに強い影響を与えたのはRegelsbergerの見解であったように思われる。それによると，法的確信は既存の法を適用する又は既存の法に従うという意識——それは『当該命題は法である』という認識を前提としている——であり，すぐ後にみるようにわが国の伝統的な理論もそのような内容の法的確信を前提としていた。そして，現代のドイツの判例・学説の主な傾向もそのような見解を支持することにあるようである[32]。例えば，Heinrichsは，慣習法が成立するためには，長期にわたる継続的な事実上の慣行に，慣行の遵守によって「既存の法に従う」という関係取引界の「確信」，いわゆるopinio necessitatisが付け加わらなければならない，とする[33]。また，Hartmannも，慣習法は「法規に従うという確信」における持続的な慣行によって成立する，としている[34]。さらに，Hefermehlも，取引慣行は事実上の慣行に「この慣行が法にかなってもいる」というすべての関係

者の「確信」が付け加わることによって慣習法になる，と説き，その確信を「一般的な Geltungswille（opinio necessitatis）」とも呼ぶ[35]。それらにおいては，慣習法の成立要件の一つとして，既存の法規に従うという意味での法的確信があげられている。そして，そのような見解は，連邦憲法裁判所によっても採用されている。例えば，1970 年 2 月 18 日の第一部の決定[36]は，裁判所の前では法服を着るという弁護士の義務について，それは裁判官や弁護士というすべての関係者によって「法的義務」とみなされ，長期にわたって統一的に遵守されてきたので，慣習法とみなされるべきである，とみなした。その際に，慣習法は「永続的且つ恒常的で，一様且つ一般的な，そして関係者によって拘束的法規範として認められた，長期にわたる事実上の慣行」によって成立する，という考えが示された。1973 年 2 月 14 日の第二部の決定[37]も慣習法をつぎのように定義している。つまり，「慣習法は，永続的且つ恒常的で，一様且つ一般的な，そして関係者によって拘束的法規範として認められた，長期にわたる事実上の慣行によって成立する」，と。そこでは，慣習法の成立要件の一つとして，慣行を「拘束的法規範」・「法的義務」として認めるという意味での法的確信が要求されている。

3　わが国の私法学における慣習法論

（1）　伝統的な見解

　法例 2 条は，「公ノ秩序又ハ善良ノ風俗ニ反セサル慣習ハ法令ノ規定ニ依リテ認メタルモノ及ヒ法令ニ規定ナキ事項ニ関スルモノニ限リ法律ト同一ノ効力ヲ有ス」と定め，民法 92 条は「法令中ノ公ノ秩序ニ関セサル規定ニ異ナリタル慣習アル場合ニ於テ法律行為ノ当事者カ之ニ依ル意思ヲ有セルモノト認ムヘキトキハ其慣習ニ従フ」と定めている。わが国の私法学においては，慣習法の要件の問題は，主としてこの二つの条文との関連で論じられてきた。つまり，法例 2 条の「慣習」という言葉と民法 92 条の「慣習」という言葉に関して，それらをどのような内容のものとして理解すべきか，という形で論じられてき

たのである。この問題に関する伝統的な見解によると，法例2条の「慣習」は慣習法であるが，民法92条の「慣習」は単なる事実たる慣習にすぎない。その際に，慣習法は法的確信を伴う慣習と定義され，事実たる慣習は法的確信を伴わない慣習というように定義された。つまり，両者の要件上の相違は法的確信の存否に求められたのである。その場合の法的確信の具体的内容は，それについて明言する文献は必ずしも多くないが，伝統的には，一定の慣行を法と認めて，それに従う意識というように理解されてきたように思われる。法的確信の具体的内容を示すと思われる文献をいくつかみてみよう。

まず，鳩山秀夫教授は慣習法一般についてつぎのように定義される。つまり，「慣習法（droit coutumier；Gewohnheitsrecht）ハ一般ノ慣行ト之ヲ法トシテ認ムル認識トニ因リテ成立スル法」である[38]，と。このように定義された後に，鳩山教授は，法例2条に即して慣習法の要件を敷衍される。ここでは主なもののみを取り上げる。

同教授は「（イ）慣習ノ存在」についてはつぎのようにのべられる。

「同型ノ行為永ク反復セラルヽトキ一ノ社会則ヲ生ズ。之レ即チ慣習ナリ」。「慣習法ノ法タルハ法的社会則タルガ故ナルヲ以テ，社会則即チ社会規範ノ存在ヲ認メ得ル程度ニ於テ同型行為ノ反復ヲ必要トス」[39]。

そこでは，慣習があるといえるためには「社会規範ノ存在ヲ認メ得ル程度」の同型行為の反復が要求されている。換言すれば，慣習があるといえるためには，同型行為の反復によって「社会規範」が発生していることが必要とみなされているのである。

さらに同教授は「（ロ）法的認識（opinio juris et necessitatis）」についてはつぎのようにのべられる。

「法的認識又ハ法的必要観念トハ国民ガ慣習ヲ以テ法的社会則ト認ムルコトヲ謂フ。唯事実上ノ慣例ト認ムルニ止マル場合ニ於テハ所謂事実タル慣習

タルニ止マリ，意思表示ノ補充及ビ解釈ノ材料タル効力ヲ有スルニ過ギズ（民，92条）又宗教上，道徳上ノ規範ナリト認ムル場合ニ於テモ慣習法ヲ成立セシムルコトナシ。法的認識ハ立法ノ意思ト異ル。慣習法ノ成立センガ為メニハ国民ガ法ニ遵フノ意思ヲ有スルコトヲ要スルモ，法則ヲ立ツルノ意思ヲ有スルヲ要セズ。……法的認識ガ慣習法成立ノ要件ニ属スルコトニ付イテハ明文ノ規定ナシ。然レドモ慣習法ガ法タルノ理論上ノ根拠ト，法典ガ法例第2条ト相並ビテ民法第92条ヲ設ケタルコトニヨリ，解釈上疑ヲ容レズ」[40]。「所謂法的認識ヲ缺キ，随ッテ法的慣行ニアラザルガ為ニ法タル要件ヲ具ヘザル」慣行は「事実タル慣習」である[41]。

そこでは，慣習法が成立するためには法的確信（「法的認識」）が必要であることが「慣習法ガ法タルノ理論上ノ根拠」から引き出され，そしてその内容が「慣習ヲ以テ法的社会則ト認ムルコト」・「法ニ遵フノ意思」に求められている。慣習法の定義の際に成立要件として一般慣行のほかに「之ヲ法トシテ認ムル認識」をあげられていたことをも考慮に入れると，鳩山教授は，法的確信の内容を，一般慣行を法として認識したうえで，それに従う意思として捉えられている，ということになろう。そして，その法的確信の要件によって，慣習法と「意思表示ノ補充及ビ解釈ノ材料」にすぎない民法92条の事実たる慣習を成立要件のうえで区別することが試みられていたが，さらに，慣習法と慣習という形で存在する「宗教上，道徳上ノ規範」を成立要件のうえで区別すること——これは後の議論と関連するので注意しておきたい——もなされていたのである。

ついで，田島順教授の論述をみてみよう。同教授はつぎのようにのべられる。

「慣習法は社会生活の慣行として，それ自体已に一つの社会規範であるけれども，それが特定の場合に国民の法的必要観念（opinio juris et necessitatis）即ち之を法なりとして遵守服従する意思に伴はる、場合に，国家は

斯る規範の強行を敢て差支なしとし，之に外部的な拘束力を承認するのである」[42]。「慣習法の存在は（イ）先づ社会規範として慣習律の成立を必要とする。慣習律は，一定の社会生活が同一の規範に従つて営まるゝことが，継続反復せらるゝ場合に生ずることは経験律の示す処である。……（ロ）社会規範たる慣習律は，之に従う国民が法として遵守する意思——慣習に従ふことが法律上従て社会上の義務なりとして思惟せらるゝ場合である——に伴はるゝ場合に，国家は其妥当を全部的に強制し得べく之を法的必要観念又は法的認識と云ふ。法的認識を伴はざる慣習は所謂事実たる慣習である」[43]。「事実たる慣習が，意思表示の解釈資料であることは民法 92 条の明言する処である」[44]。

そこでは，「社会生活の慣行」によって「社会規範」が成立するとみなされている。そして，それが慣習法になるためには法的確信（「法的認識」）が必要であるとされている。その場合の法的確信の内容は，慣行を「法なりとして遵守服従する意思」・「法として遵守する意思」・「慣習に従ふことが法律上……の義務なりとして思惟」することに求められている。ちなみに，民法 92 条の「慣習」はそのような法的確信を欠く事実たる慣習であって，「意思表示の解釈資料」にすぎないとみなされている。

また，松本烝治教授も類似の見解を示している。同教授はつぎのようにのべられる。

「商慣習法トハ商事ニ固有ナル慣習法ヲ謂フ其慣習法タル性質ニ至リテハ豪モ一般ノ慣習法ト異ルヘキ理ナク……其成立要件ハ一般慣習法ト同ク即チ慣習及ヒ法律タル観念（opinio juris et necessitatis）ノ二ナリ慣習カ慣習法ノ内容ヲ定メ法律タル観念カ之ニ法力ヲ付与ス慣習トハ態様ヲ同クシ継続シテ慣行セラルル習俗ヲ謂ヒ法律タル観念トハ其慣習ノ支配ヲ受クル者カ之ヲ法律タリト信スルニ因リテ之ニ遵由スル一般観念ヲ謂フ」[45]。「事実タル慣習ハ法律ノ淵源ニ非スシテ単ニ当事者ノ意思ヲ解釈スル材料タルニ過キス民法

第92条ハ即チ之ニ関スル規定ニシテ事実タル慣習ハ当事者カ之ニ従フ意思ヲ有スル場合ニ於テノミ其効力アリ精確ニ之ヲ言ヘハ其効力ハ当事者ノ意思ノ効力ニシテ慣習ハ其意思ノ内容ヲ定ムル材料タルニ過キス慣習自体トシテ法力アルニ非サルナリ」[46]。

そこでは，慣習法の要件の一つたる法的確信（「法律タル観念」）の内容が，鳩山教授や田島教授と同様に，慣習を法であると信じて，それに従うという考え──「慣習……ヲ法律タリト信スルニ因リテ之ニ遵由スル一般観念」──とされている。そして，法的確信を欠く民法92条の「慣習」は，「当事者ノ意思ヲ解釈スル材料」にすぎない事実たる慣習とみなされている。

この初期の代表的な三つの文献からは，法例2条の「慣習」は慣習法として一定の条件のもとで法律と同じ効力を有するが，民法92条の「慣習」は慣習法の要件たる法的確信を欠く事実たる慣習，即ち当事者の意思表示の解釈材料にすぎないこと，そして法的確信の内容は慣行又は慣習を法であると認識したうえで，それに従う意思──本質的には『当該命題は法である』という意識──とされていること，が引き出されうるであろう。

このような考えがその後も伝統的な見解として通用していくことになる。その後は，法的確信の内容に言及する文献はあまり多くないが，若干のものを思いつくままに紹介しておこう。まず，我妻栄教授は，「慣習法とは，社会に行なわれる習慣が，これに従う人をして法律に従うというほどの強い意識を持たせるものである場合に，この習慣によって示される法則である」[47]とのべておられる。そこでは，法的確信が「法律に従うというほどの強い意識」とされている。つぎに，幾代通教授は，「従来の通説は，……法例第2条の慣習は，世人一般の法的確信（これは法だと明確に意識すること）を伴うような慣行であるのに対し，第92条の慣習とは，このような世人一般の法的確信を伴うほどではない慣行を意味する，と考える」とのべておられる[48]。そこでは，法的確信が，慣行につき「これは法だと明確に意識すること」とされている。さらに，田中成明教授は，「慣習法は，社会において一定の行動様式が繰り返し継

続的に行なわれることによって定着し，かつ，社会成員が，そのような慣習を自分たちの行動の正当化理由や他人の行動に対する要求・非難の理由として用い，相互の行動・関係を調整し合うことによって，法として確信するようになった場合に成立する」[49]とのべておられる。そこでは，法的確信が慣習を「法として確信する」こととして理解されている。また，船越隆司教授は，「慣習法は，一地域または一取引業界における慣習が人々の法的確信を得たとき，つまり人々がこれを法規範であると信じるようになったときに成立する」[50]とのべておられる。そこでも，法的確信が，慣習につき「これを法規範であると信じる」こととして理解されているのである。最後に，五十嵐清教授の論述である。そこでは「社会には各種の慣習が存在しているが，慣習法といわれるためには，社会の成員の間に一定の慣行が存在するほか，その慣行が成員によって法的拘束力のあるものとして意識されること（法的確信）が必要であるといわれている」とのべられ[51]，したがって法的確信が慣行を「法的拘束力のあるものとして意識」することとみなされている。これらの文献からすると，法的確信の内容が基本的には初期の文献と同じようなものとして理解されているといってよいであろう[52]。

（2）近時の有力説

伝統的な見解は最近においてもその支持者を見出さないわけではないが[53]，近時においてはむしろ，法例2条と民法92条との関連で慣習法と事実たる慣習を区別しない見解の方が有力になってきているといえよう。後にもみるような慣習の効力に関する両条文の均衡という観点からの根拠——それは本稿のテーマたる慣習法の要件如何という問題とは直接に関係しない——を除けば，その有力説の根拠を最初に提示したと思われるのが，西原寛一教授であろう。同教授は，「慣習法と事実たる慣習とは果してこれを区別し得るか」と問題を提起されたうえで，つぎのようにのべられる。

「これを法的確信の有無により区別する説は，現実の問題として判定が極

めて困難であるのみならず，法的性質の有無を法服従者の主観的心理状態に求めるものであつて，適当とは考へられない」。「民法 92 条にいはゆる事実たる慣習も慣習法の一種に過ぎない」[54]。

そこでは，法例 2 条の「慣習」と民法 92 条の「慣習」もひとしく慣習法を構成するものとして捉えられている。その際に，伝統的な見解に対する批判の根拠として二つあげられている[55]。つまり，一つは，行為がなされた時点においてそれが法的確信を伴っていたかどうかを判定することは，実際には極めて困難である，という点であり，もう一つは，ある慣習が慣習法であるかどうかの判断を法服従者の主観的心理状態たる法的確信の存否によらしめることは適切ではない，という点である。後者の論点は，ある慣習が慣習法であるかどうかを法服従者の法的確信によらしめないのであるならば，何によらしめるのか，という問題に発展するのであるが，そこまでは踏み込んで論じられていない。そのこともあってか，後の民法学者に影響を与えたのも，前者の論点である。法的確信との関連で論じている若干の文献をみてみよう。

まず，星野英一教授は，通説のもとでは民法 92 条の事実たる慣習という「いわば弱い慣習のほうが，法令に規定のある事項に優先することとなり，法例 2 条に反するといわないまでも，奇妙な結果となる」[56]，という「末弘教授以来の批判」を原則的に肯定される[57]。そのうえで，同教授はさらにつぎのようにのべられる。

「社会学的に慣習法と慣習との区別をするのは至難のことであり，これをもってある慣習は任意規定に劣後し，他の慣習はこれに優先すると解することは妥当でないと考えられる」[58]。

前者の批判は，慣習の効力に関わるもの，特に法例 2 条が慣習に補充的法源たる効力しか認めないという事情に起因するものであり，慣習法の要件を探るという本稿のテーマから少し離れるので，ここでは度外視する。慣習法の要件

との関連で重要なのは，後者の批判であろう。そして，それはまさに西原教授が先に行っていたところと同様の批判といえるであろう。

さらに，鈴木禄弥教授も，法的確信の存否により法例2条所定の「慣習」即ち慣習法と民法92条所定の「慣習」即ち事実たる慣習とを区別することについて，つぎのようにのべられる。

「このように二種の『慣習』が存在し，両者が識別されうるかは，疑問である。さらに，この説によると，いわゆる慣習法は，法例2条によって…任意法規の存する場合，つまり法令に規定のある事項に関する場合には，効力を有せず，社会的には弱い拘束力しかないはずの『事実たる慣習』より慣習法の方がかえって弱い法的効力しか与えられない，という矛盾した結果になる。それゆえ……事実たる慣習と慣習法とを区別したりせずに，慣習は一本と考えるべきである」[59]。

また，石田穣教授も，法的確信によって支えられた慣習か否かによって慣習法（法例2条）と事実たる慣習（民法92条）を区別する見解に対して，慣習法に劣後すると思われる事実たる慣習の方が任意規定との関係で慣習法よりも強い効力をもつということになってしまう，という点を指摘される[60]。そして，そのような法的効果の問題とは別に，さらに，慣習法と事実たる慣習の区別の可能性そのものに疑問を呈される。法例2条の「慣習」について同教授はつぎのようにのべられる。

「慣習とは，一定の行為が一定の社会において繰り返し履践されることであるが，一般に法的確信を伴うものでなければならないとされている。しかし，法的確信を伴う慣習とそうでない慣習が存在しこれを区別できるとする十分な根拠は示されていないと思われ，この二つの慣習が存在しこれを区別することができるかどうかには疑問がある。それゆえ，法的確信を伴う慣習かどうかを問題にする必要はないと考える」[61]。

そこでは，はたして法的確信を伴う慣習とそうでない慣習という 2 種類の慣習が存在しているのか，たとえ存在しているとしてもそれを実際に区別できるのか，という疑問が提示されている。そしてそのような観点から，法例 2 条によって法源即ち慣習法となる「慣習」について，「法的確信を伴う慣習かどうかを問題にする必要はない」とされているのである。

　以上のようにみてくると，近時の有力説は，慣習法の成立に関しては法的確信の存否を問わないのである。その際の根拠は，本稿のテーマである慣習法の成立要件との関係では——したがって慣習法の効力の問題に関わるものはここでは視野の外におく——，「法的確信を伴う慣習とそうでない慣習が存在しこれを区別できる」かどうかは疑わしい，法的確信の存否に基づいて二つの慣習を識別することは「社会学的に……は至難のこと」である，という点に求められていることになろう。それだからこそ，法例 2 条の「慣習」と民法 92 条の「慣習」を区別しないとしても，両者についてひとしく法的確信を要件とするという選択肢があったにもかかわらず，それをとらずに，いずれについても法的確信を問わないとしたのである。ちなみに，近時の有力説といえども，法例 2 条の「慣習」と民法 92 条の「慣習」につき主観的要件を一切問わないわけではないようである。というのは，いずれの「慣習」も同型行為の長期にわたる偶然的な反復という単なる事実としてではなく，社会規範をもたらすものとして捉えられているからである。換言すれば，法的にそうすべきであるという特殊技術的な規範意識は必要としないが，社会的にそうすべきであるという広義の規範意識が必要とされているように思われる。例えば，近時の有力説を推進した川島武宜教授は法例 2 条も民法 92 条も「慣習規範」に法規範又は法源となることを認めているとされる[62]。また，幾代通教授も法例 2 条の「慣習」と民法 92 条の「慣習」を慣習法と事実たる慣習というように区別すべきではないとしつつ，「右 2 個の法条によって慣習規範に実質的に法源性が認められる」[63]とされる。さらに，広中俊雄教授も伝統的な見解を批判されつつ，強行法規的慣習と任意法規的慣習（法例 2 条の慣習は両方を含み，民法 92 条の慣習は後者に限る）につき，「どちらも慣習法とよんでよい」とされたうえで，

両者の差を「拘束性の質の差」に求められる[64]。したがって，法例2条の「慣習」も民法92条の「慣習」も「拘束性」即ち規範意識を前提にしている，と解されていることになろう。また，伝統的な見解も，法的確信とは切り離された慣習を，「社会規範ノ存在ヲ認メ得ル程度」の同型行為の反復（鳩山教授）として捉えていたことに注意すべきであろう。

（3）　検討（その1）

　近時の有力説が提出する上記の論拠は，伝統的な見解によるとケースごとに，慣行に従った者が行為時に特殊技術的な法的確信を有していたのかどうかを判定しなければならないが，それは現実には極めて困難な作業である，という点にある。確かにその問題を厳密に判定しようとすれば社会学的な実態調査が不可欠となるが，行為時の関係者の心理状態を後から調査することは極めて困難と思われる。また，これまで慣習法の存否が問題になるときに現実にそのような困難な作業が厳密に行われてきたのであろうか，という問題もある。もっとも，そのような問題は実をいえば近時の有力説の場合にも，程度の差はあれ，必ずつきまとうはずである。というのは，先にもみたように，近時の有力説にあっても，法例2条や民法92条によって法源たる効力を認められるのは慣習規範であるから，特殊技術的な法的確信とまではいわなくとも何らかの規範意識が必要になるように思われるからである。単なる同型行為の反復として，何の規範意識も伴わないような慣習に法たる効力を認めるということは，誰も考えないことではなかろうか。いずれにせよ，関係者の行為時の心理的態度を遡って探求することが困難なので，多くの場合には慣行の態様などの客観的な事情から推定せざるをえないことになろう。

　ところで，伝統的な見解は，近時の有力説が明示的に言及していない理論的な問題点を含んでいるように思われる。つまり，慣習法の成立要件として一般慣行のほかに法的確信を要求することは，慣習法が成立する前の段階において，当該慣行を法と認めてそれに従う意思を関係者に要求することにほかならない。その意味において，伝統的な見解は，関係者に法の存在に関する誤った

認識（錯誤）に基づく行為を要求することになる，と。換言すれば，伝統的な見解のもとでは，慣習法が成立するためにはつねに法の存在に関する錯誤に基づく行為が必要であり，それなくしては慣習法が成立しえない，という不合理な結果になるのである。このような問題点は，国際法の分野においては，ケルゼンの1939年の論文[65]によって明らかにされ多くの国際法学者の反響を呼んだが，実をいえば，先にみたようにつとに19世紀のドイツ私法学において多くの論者によって指摘されていた。また，わが国においてもつとに石坂音四郎教授は，「法律確信ハ慣習法成立ノ要件トシテ存在スル」という見解について，「未タ法律カ成立セサル以前換言スレハ法律成立ノ要件トシテ法律確信カ存シ得ヘカラス」という理由から「論理上ノ一大誤謬ヲ含ム」[66]と指摘しておられたのである[67]。

　それでは，国際法やドイツ法において伝統的な見解が放棄されたのかというと，先にもみたように必ずしもそうではないのである。何故であろうか。それは，わが国の伝統的な見解がこれまであまり明示的に援用してこなかったつぎのような論拠が強く意識されているからである。つまり，法的確信の存在を慣習法の成立要件の一つとして認めないと，ひとしく同型行為の長期にわたる反復であっても，あるものは慣習法を成立させるが，他のものは慣習法を成立させないままである，という事実を説明できない，と。そして，一般慣行であっても慣習法を成立させないものの例としては，国際法の分野においては，海上での軍艦の儀礼行為などのような国際礼譲しか生み出さない慣行が，私法の分野においては，チップを支払う行為や挨拶されたときに挨拶する行為や誕生日やクリスマスのプレゼントを贈る行為などの慣行があげられている。それらの慣行はいくら長期間にわたり継続的且つ一般的に実行されても慣習法を成立させないのは，法的確信を伴っていないからである，と説明するのである。それでは，慣習法の成立にあたり法的確信の存否を問わないわが国の私法学における近時の有力説は，慣習法を成立させる慣行とそうでない慣行を成立要件のうえでどのように区別することになるのであろうか。残念ながら，近時の有力説はその問題につき格別な注意を払うということがない，したがって説明を試み

るということもないようである。その理由はおそらくつぎの点に求められうるであろう。つまり，わが国の伝統的な見解が法的確信の存在という要件に認められてきた上記のような意義に特に言及するということはあまりなかった[68]ので，近時の有力説もそれを特に意識することがなかったという点である。しかし，上記の問題を説明できないままでは，真に伝統的な見解を克服したということにはならないのではなかろうか。

そのことを川島武宜教授の論述を例にして具体的にのべると，こうである。同教授は，「法例第2条は，同条をはなれて存在する『慣習法』を前提しているのではなく，一定の要件のもとに『慣習』（慣習法ではなく）が『法律ト同一ノ効力ヲ有ス』ることを認めているにすぎないのであり，したがって，法例第2条の下で実用法学上の議論をする限り，従来多くの学説が問題としてきたような・社会学的意味における慣習法の要件を探求することは，もはや意義を失っていると考える」[69]とされる。そして，法例2条によって「慣習規範」は「当該の事項について制定法の規定が欠けている場合」に——さらに「当該事項に関する慣習規範」が公序に反しない限り——法源となる[70]，とされる。そのような同教授の議論に対しては，法例2条の「慣習」を「慣習規範」とみなすとしても，それはいかなる種類の「慣習規範」であってもよいのか——「当該事項に関する慣習規範」という場合の「当該事項」というのはあらゆる事項も含むのか，そうでないとしたら，いかなる事項に限定されるのか——という問題が生じよう。この点で興味深いのは，同教授が「社会学的には，慣習法とは，『権利を規律する規範が……民衆の慣行によって確定された場合におけるその規範』である」[71]とのべておられる点である。そうとすると，「社会学的な意味における慣習法」は慣行によって確定された規範のすべてを指すのではなく，「権利を規律する規範」のみを指すということになろう。そして，同教授によると「権利というのは，他の種の社会規範には見られない現象であり，したがって法規範に特有の概念」[72]であって，「法規範を法規範たらしめるところの」ものである[73]。そのことを考慮に入れると，「社会学的な意味における慣習法」は，結局，慣行によって確定された法規範ということになるのではなか

ろうか。そこでは「法規範」と「他の種の社会規範」の区別，ひいては法の規律対象たる事項とそれ以外の事項の区別が前提とされているが，それに着目して言い換えると，「社会学的な意味における慣習法」はあらゆる事項に関する慣習規範ではなく，法の規律対象たる事項に関する慣習規範ということになろう。そうとすると，実定法においても同様に，そのような限界づけが必要になるのではなかろうか。そしてその限界づけを，ドイツやフランスにおける伝統的な見解は，法的確信という要件によって行おうとしていた——そのような仕方による限界づけが適切か否かは別として——ように思われる。したがって，法例2条の「慣習」は慣習法ではなく，民法92条の「慣習」と同じ慣習（慣習規範）である，というだけではすまされないように思われる。そこで，以下にはその問題を検討してみる。

(4) 検討（その2）

ひとしく慣習であっても，あるものは慣習法を成立させるが，あるものはそうではない。換言すれば，チップを支払う行為や挨拶されたら挨拶し返す行為や誕生日やクリスマスのプレゼントを贈る行為などに関する慣習はいくら長期間にわたり継続的且つ一般的に実行されても慣習法を成立させない，という事象を成立要件のうえでどのように説明すべきであろうか。ドイツの伝統的見解はこの問題を解決するために慣習法の主観的要件としての法的確信を援用するのである。しかし，そのような法的確信の存在という要件に頼る必要はないし，また頼るべきではないように思われる。これをわが国の私法，特に法例2条の「慣習」との関連で説明してみよう。

法例2条のもとでは，公序に反しない慣習で「法令ニ規定ナキ事項ニ関スルモノ」は法律と同一の効力をもって適用される。その場合の「法令ニ規定ナキ事項」（法の欠缺が認められる事項）は，当然のように，「法令」の規定していない事項すべてではなく，そのなかでも特に「法令」の規定が必要と考えられるもの——「法令」の規律対象となるべきもの——に限定される。そのことは，法の欠缺に関する広中教授のつぎのような論述からも知られうる。

「欠缺があると認めるについては何を尺度とすべきかという問題があるが，市民社会に成立する諸秩序が（制定法主義をとる日本で）多数の制定法を伴いつつ形成している全体としての法……を尺度とし，これに照らして必要と考えられる規律が規定としては欠けているという場合に，欠缺があると認めるべきである」[74]。

そこでは，法の欠缺が認められうる事項とは，「全体としての法」の尺度に照らして「規律が」「必要と考えられる」事項に限られる，という考えが示されているように思われる。そして当該事項は，先にのべたところの，「法令」の規定が必要と考えられる事項――「法令」の規律対象たる事項――に対応するものであろう。したがって，広中教授にあっても，「法令ニ規定ナキ事項ニ関スル」慣習は，「法令」の規定していない事項すべてに関する慣習ではなく，「法令」の規定が必要と考えられる事項でありながら，規定がないものに関する慣習であるということになろう。換言すれば，法例2条のもとに法源たる効力を取得する可能性のある「慣習」は，あらゆる事項に関する慣習ではなく，「法令」の規律対象たる事項に関するものであるということになろう。

また，加藤新平教授が法の欠缺を条理によって補充する場合についてなしているつぎのような論述も大いに参考になろう。

条理とは「大体西洋法学の『事物の自然』Natur der Sache に相応する意味あいをもっている」。この語は「おおよそ次のようにうけとっておいてよいであろう――即ち，法的規制の対象となり或いはそれにとってレリヴァントな事実・生活関係に客観的に内在していると考えられる意味・意義であって，そこから或る一定の規範的要請が湧出してくるところのもの，とでもいうように」。「今日，或る一定の場合に，右のような条理による裁判の必要なことは一般に承認されているところである。即ち，ある社会の実定法制度の趣旨からして，ある種類の生活関係が，法的処理に服するものとされていると判定される場合，しかもその種の生活関係の範囲に属する或る事がらにつ

いて，制定法・慣習法・判例法等の規定が欠けている場合——しかもいわゆる『類推』による補充もうまくゆかぬ場合——に，最も頻繁に援用されるのが条理である。（問題たる事がらが初めから法的意義がないとされるもの，つまり法外の生活関係に属するものである場合は何ら問題を生じない。……）」[75]。

そこでは，各社会の実定法において，「法的規制の対象となり或いはそれにとってレリヴァントな事実・生活関係」とそうでないもの，「法的処理に服するものとされていると判定される」生活関係とそうでないもの，「初めから法的意義がないとされる」生活関係，即ち「法外の生活関係」とそうでないものという区別が前提とされている，ということが指摘されているように思われる。そして，「ある社会の実定法制度の趣旨からして」「法的処理に服するものと判定される」生活関係又は事項，即ち「法的規制の対象となり或いはそれにとってレリヴァントな事実・生活関係」について，制定法の規定がない場合に「慣習法……の規定」——そして慣習法の規定も「判例法等の規定」もない場合には類推されるべき規定がない限り条理——が適用されるという見方が，示されているように思われる。したがって，そこからは，慣習法の規定の規律対象でありうるのは「実定法制度の趣旨からして」「法的処理に服するものと判定される」事項，「法的規制の対象となり或いはそれにとってレリヴァントな事実・生活関係」，「法的意義が」あると判定される事がらである，ということが理解される。それを法例2条にあてはめていえば，慣習法が成立しうるのは「法令」の規定が必要と考えられる事項——「法令」の規律対象たる事項——に関してである，ということになろう。

このようにみてくると，法例2条の「慣習」はあらゆる生活関係に属する事項に関する慣習ではなく，「法令」の規定が必要と考えられる事項——「法令」の規律対象となる事項——に関する慣習に限られているということになろう。そして，そのような観点から，例えばチップを支払う行為や挨拶されたら挨拶し返す行為や誕生日やクリスマスのプレゼントを贈る行為などを考察してみ

ると，それらは「法令」の規律対象たる事項には属さないので，それらに関する慣習は法例2条の「慣習」には含まれないということになろう。つまり，先に指摘したような問題点を含む法的確信に頼らなくても，慣習法を成立させる慣習とそうでない慣習を成立要件のうえで区別できるのである。実をいうと，このような見解は，今からほぼ一世紀前にすでに石坂音四郎教授によって簡潔に指摘され[76]，三潴信三教授や田中耕太郎教授によって展開されたことがあるのである[77]。例えば，田中教授がつぎのようにのべられる。

「慣習法と単なる慣習との区別」に関する「法的確信説は慣習法の法的性質を法服従者の主観的心理状態に求むるものであり，これ亦採用することを得ない。慣習法の要件は法的確信には存しないのであり，相当長期に互り反復されたる（尤も私法と公法，公法中でも憲法・行政法・国際法等に従つて差異があるであらう）慣行と，其の慣行の内容自体が客観的に正義問題に関すること即ち社会生活上ヴァイタルな利益に関係し法律規範の性質を有することとの二者が慣習法の要件である。此の故に法的確信論者が慣行説を攻撃する為夜会の服装・クリスマスの贈物・日曜日に教会参拝の慣習の如きを例に引き，これ等は慣行せらるるも慣習法に非ざるものと為すが，是れ本来正義問題に関するものでないからであり，法的確信の不存在の理由からではない。慣習法たる為には，一般的原理に従ひて客観的に法たる性質を具備する規範内容が長時間慣行せられてゐる客観的事実を以て足るのである。尤も単なる慣習と雖も他の法規の一部を構成し法律的意義を有することは有り得る。是れ民法第92条の慣習であり，法律行為の当事者がこれに依る意思を有せるものと認むべきときのみこれに依る所のものである。商慣習法と単なる商慣習との区別も上述の標準に依るべきものである」[78]。

そこにおいて，慣習法を成立させる慣行とそうでない慣行を成立要件のうえで区別するにあたり，重視されているのは，関係者の行為時の心理的状態ではなく，「慣行の内容自体」である。つまり，慣行はその内容が「正義問題に関

する……即ち……法律規範の性質を有する」・「客観的に法たる性質を具備する」ときには慣習法を成立させ，そうでないときには習俗的慣習などにとどまる，と。これまで一般に正義は法の理念とされてきたこと，しかも「正義問題に関する……即ち……法律規範の性質を有する」・「客観的に法たる性質を具備する」という論述を考慮に入れると，そこで基準とされているのは慣行の内容が法の規律対象たる事項に関するものであるかどうかであるように思われる。そして，より具体的には「社会生活上ヴァイタルな利益に関係」するものであるかどうかという基準があげられている。この田中教授の見解は注目されてしかるべきであったのであるが，その後においてあまり顧みられることはなかったようである。その理由の一端は，おそらく，上記のように，「正義問題」に関する慣習かどうかという基準でもって慣習法と民法92条の事実たる慣習との区別――及び商慣習法と単なる商慣習との区別――をも説明しようとしたところにあるように思われる[79]。というのは，伝統的な見解が事実たる慣習という言葉のもとに考えているところのものの内容が「正義問題」・「法たる性質」に関係しないとは必ずしもいえないからである。従来の学説の問題関心は慣習法と事実たる慣習の区別如何にあったところからして，田中教授の見解はまさにその観点から評価されたのであろう[80]。

4 おわりに

慣習法の成立との関係で法的確信を『当該命題は法である』という内容のものとして理解することは，Puchtaなどの歴史法学派の見解――それによると慣習法又は法は民族の法的確信において存在するものであり，慣行（慣習）はそれを認識するための手段にすぎない――からすると，不可欠であったように思われる。しかし，そのような見解に対して，法的確信そのものは外部から客観的に把握することが困難であるので，それ自体を法とみなすわけにはいかないという批判が有力になる。その結果，慣行はもはや法的確信のなかに存在する慣習法又は法を認識するための手段ではなくなり，慣習法の要件の一つを構

成するものとみなされるようになる。そのような見解に立脚するならば，法的確信を上記の内容のものとして捉える必然性はなくなったはずである。ところが，19世紀ドイツ私法学においては，上記の内容の法的確信を伴う慣行が慣習法を形成するとみなす見解が，Regelsbergerなどによって有力に唱えられた。わが国における伝統的な見解はそれに従ったものと思われる。つまり，慣習法の成立のためには慣行のほかに，慣行を法と認識してそれに従う意思という意味での法的確信――本質的には『当該命題は法である』という意識――が必要であると考えたのである。けれども，そのような内容の法的確信は，慣習法の成立要件として，慣習法の成立前の段階において要求されるものであるから，結局において法の存在に関する誤った認識たる錯誤を意味する[81]。したがって，伝統的な見解のもとでは，慣習法は法の存在に関する錯誤に基づいてのみ成立し，その錯誤がなければ慣習法は成立しえない，という不合理なことになる。このことは19世紀のドイツ私法学において多くの人の気づくところであった。そこで，法的確信を『当該命題は法であるべきである』という内容のものとして理解しようとする見解も登場した。しかし，ドイツ私法学や国際法における伝統的な見解は，上記のような錯誤の問題があることを承知のうえで，『当該命題は法である』という内容の法的確信に固執しつづけた。それは，歴史法学派の強い影響によるところもあるが，なによりも慣習法とその他の慣習規範を成立要件のうえで区別するためであった。つまり，法的確信を伴う慣習が慣習法をもたらし，それを伴わない慣習は単なる道徳的又は習俗的な慣習規範をもたらすにとどまる，と。それに対しては，上記の事態を説明するためだけであったならば，『当該命題は法である』という内容の法的確信でなく，『当該命題は法であるべきである』という内容の法的確信でもよいのではないのか，という疑問が提出されうる。実際にもそのように考える論者もいたのである。しかし，そもそも上記の事態を説明するにあたり実際に問題となっているのは，Danzが指摘したように，当該の慣習規範が「法の領域」に属するのか否かである。その点に着目して，上記の事態を説明するための慣習法の要件を考えるとすれば，それは極めて単純に，慣行の内容（慣習規範）が「法の領

域」(法の規律対象たる事項) に関するものでなければならない，ということになるのではなかろうか。つまり，問題となる慣習規範が法の規律対象たる事項に関するものであるときには慣習法となるのであり，そうでないときには慣習法とならず単なる習俗的な慣習規範にとどまる，と説明することで十分ではなかろうか。そうとすると，関係者の行為時の特殊技術的な心理状態たる法的確信（『当該命題は法である』又は『当該命題は法であるべきである』）を慣習法の成立要件とする必要がなくなってしまうことになろう。この点との関連では，わが国においてつとにかなり以前に同じ趣旨のことが若干の学者によって説かれていたことが注目される。ちなみに，ここで提唱されている法の規律対象たる事項に関するものでなければならないという要件は，関係者の行為時の主観的心理状態からは論理的に区別されるべき客観的な要件なのである。確かにそのような要件は「実定法制度の趣旨」や「全体としての法」などに照らして判定されるべき抽象的・一般的な内容にとどまり，その充足の判定——それは時代と共に変わりうる——もときとして微妙となる場合があるが，だからといってその要件が存在意義を失うことにはならない。そのような一般条項的要件はこれまでにも数多くみられてきたところである。また，なにより法の欠缺を認める際には——明確に意識しているか否かは別として——法の規律対象たる事項とそうでない事項の区別が実際に行われていることは否定できない事実なのではなかろうか[82]。というのは，法の欠缺とは，法的規律が必要と考えられる事項（法の規律対象たる事項）であるのにもかかわらず，その規律が規定として欠けている場合であり，そのような欠缺を認める際には必ず，当該の問題は法的規律が必要と考えられる事項である，という判断が前提とされるからである。したがって，ここで提唱されている法の規律対象たる事項——それは「法の領域」或いは「法的処理に服するものとされていると判定される」生活関係などと呼んでもよい——に関する慣行でなければならないという要件は，筆者が独自に新たに考案したものではなく，従来において法の欠缺を認める際に暗黙裡に前提とされてきたものにすぎないのである。

このようにして，わが国の私法学における慣習法論の分析・検討からは，伝

統的な見解の理解するような法的確信を慣習法の要件とすべきではないという結論が得られる。もう少し具体的にいうと，法例 2 条の「慣習」の要件は，同型行為の反復，そのような仕方で行動すべきであるという規範——それは法規範である必要はない——の意識，及びその規範の内容が「法令」の規律対象たる事項に関するものであること，である。このことは，検討対象とされた問題がわが国の私法に固有なものではないと思われるので，国際法上の慣習法の要件論にも大筋においてあてはまるのではなかろうか，という推測が成り立つ。もっとも，国際法には国内法にない特殊な事情もあると思われるので，その点の検証は今後に委ねられる。

1) 藤田久一『国際法講義 I』（1992 年）29-30 頁。
2) 拙稿「慣習法の成立と法的確信 (1)」法学 57 巻 1 号（1993 年）8 頁及び 58 頁を参照。
3) D'Amato は慣習国際法の成立要件としての法的確信についてのべる際に，Gény が法的確信に法的慣行と社会的慣行（非法的慣行）を区別する機能を認めていることを引き合いに出す。Cf. Anthony A. D'Amato, The Concept of Custom in International Law, 1971, pp. 67, 70.

伝統的な見解を示すものとして，ここでは北海大陸棚事件に関する 1969 年 2 月 20 日の国際司法裁判所判決（I. C. J. Reports 1969, p. 3）があげられるべきであろう。それは「確立した慣行」になっている関係行為につき，「そのような行為がそれを要求する法規の存在によって義務的なものとされているという確信」の証拠であるようなものでなければならない，又はそのような仕方で実行されていなければならないとのべ，そして，「そのような確信の必要性，即ち主観的要素の存在はまさに opinio juris sive necessitatis の観念のなかに含まれている」とみなす。そしてつぎのようにのべる。つまり，「それ故に関係国は法的義務となっているものに従っていると意識していなければならない」。行為の頻発性，又は習慣性だけでは十分ではない。例えば儀礼的及び外交儀礼的分野では，ほとんど一定不変に行われるのであるが，「法的義務の意識」によってではなく，礼儀，便宜又は伝統の考慮によって動機づけられている多数の国際的行為があるのである，と。Ibid., p. 44.
4) 筆者はかつて，フランス私法学における慣習法論を検討しつつ，慣習法の要件としての法的確信について論じたことがある。前掲拙稿 1 頁以下。本稿は，わが国の私法学における慣習法論を検討することによって，それを補充するという意味を有する。

5）穂積陳重『慣習と法律』（1929 年）152 頁以下を参照。
6）Georg Friedrich Puchta, Pandekten, 1844, S. 16.
7）Ibid., S. 16 f.
8）Ibid., S. 18.
9）Ibid., S. 18 f.
10）Puchta, Gewohnheitsrecht, Bd. 2, 1837, S. 133 ff.
11）Karl Friedrich von Savigny, System des heutigen Römischen Rechts, Bd. 1, 1840, S. 35.
12）Bernhard Windscheid, Lehrbuch des Pandektenrechts, Bd. 1, 1879, S. 43.
13）Puchta, Gewohnheitsrecht, Bd. 1, 1828, S. 141 は，つぎのようにのべる。つまり，法は二つの側面を有しており，一方は，「法であるところのものに関する確信」にあり，他方はこの確信の主張にある，と。そこでは法的確信の内容が明確に示されている。

　ちなみに，行為者の「法的確信」について，Puchta は「法規の存在の確信」とのべる。Ibid., SS. 33, 66. さらに彼は，行為者の「opinio necessitatis」を「法規の存在の確信」という言葉で言い換えている。Ibid., S. 64.
14）Ernst Zitelmann, Gewohnheitsrecht und Irrtum, AcP, 1883, S. 387.
15）Ibid., S. 377.
16）Ferdinand Regelsberger, Pandekten, Bd. 1, 1893, S. 93.
17）Otto Friedrich von Gierke, Deutches Privatrecht, 1895, S. 164.

　Windscheid, a. a. O., S. 43 もつぎのようにのべる。つまり，実行されていない法的確信は純然たる内面的なものとして考慮に値しえないのみならず，実行において表現されていない法的確信はその性質上法の基礎づけにとって十分ではない。慣行はおそらく法的確信をはじめて根拠づける，と。
18）Zitelmann, a. a. O., S. 394.

　また，Windscheid, a. a. O., S. 42 は「慣習法の拘束力の根拠に関する現在もなお支配的な見解」をつぎのように捉えていた。つまり，慣行のなかに実行者の，「自分が実行しているものは法であるという確信」が出現するのであり，この確信のなかに慣習法の拘束力の根拠がある，と。
19）Zitelmann, a. a. O., S. 392.
20）例えば Zitelmann, a. a. O., SS. 392-395 は，支配的理論のもとでは法的確信は「当該命題が法であるという確信」とされているとみなしたうえで，およそつぎのような認識を示している。つまり，関係法規がすでに存在するという確信においてなされた慣行によって，当該関係法規がはじめて成立するならば，この確信は必然的に誤りである。ここで問題になる錯誤はつねに同じであり，実行される命題は法であるという内容の錯誤である。もしこの錯誤が法の成立にとって有害であるならば，

慣習法はまったく成立しえないということになろう，と。この Zitelmann の見解の前にも錯誤の問題を指摘する文献は少なくない。Vgl. Gesterding, Beisteuer zur Theorie von Gewohnheitsrecht, Archiv für die civilistische Praxis, Bd. 3, 1820, S. 263；Puchta, Gewohnheitsrecht, Bd. 2, 1837, SS. 64, 67；Savigny, a. a. O., S. 175；Ferdinand Zrodlowski, Das Römische Privatrecht, Bd. 1, 1877, S. 33. Zitelmann の見解以後の 19 世紀の文献としては，さしあたり目に入ったもののみをあげると，Eduard Hölder, Pandekten, Bd. 1, 1886, S. 30；Regelsberger, a. a. O., S. 96 がある。
21) Regelsberger, a. a. O., S. 96.
更に，Wndscheid, a. a. O., S. 46 や Gierke, a. a. O., S. 167 f. なども参照。
22) Alois Brinz, Lehrbuch der Pandekten, Bd. 1, 1873, S. 114. ちなみに Friedrich Zoll, Über die verbindliche Kraft des Gewhonheitsrechts im Justinianischen Recht mit Bezugnahme auf die heutigen Gesetzbücher, insbesondere das allgemeine deutsche Handelsgesetzbuch, Jahrbücher für die Dogmatik des heutigen römischen und deutschen Privatrechts, Bd. XIII, 1874, S. 417 は，Brinz の指摘を「適切な」ものとみなす。
23) Josepf Unger, System des österreichischen allgemeinen Privatrechts, Bd. 1, 1856, S. 37 f. はつぎのようにいう。つまり，公布のない法律と同様に慣習のない民族確信は法ではない。というのは，「法であるべきところのもの」はすべて外面的に認識できなければならないからである。慣習によってはじめて原則が法規に，「法であるべきものについての民族の確信」が妥当する規範，現実の法になる，と。この見解も法的確信の内容を『それが法であるべきである』というところに求めているといえよう。
24) Regelsberger, a. a. O., S. 93.
さらに Gierke, a. a. O., SS. 164, 167 も参照。
25) Unger, a. a. O., S. 38 f.
彼は，本文でのべたような慣行を「自然的意味における慣習」，「自然的慣習」と呼び，法的準則を根拠づけないものとみなす。
26) Erich Danz, Laienverstand und Rechtsprechung, Jherings Jahrbücher fur die Dogmatik des bürgerlichen Rechts, 1898, S. 458 f.
27) Ibid., S.459 f.
28) Zitelmann, a. a. O., S. 370 f.
29) Ludwig Enneccerus-Hans Carl Nipperdey, Allgemeiner Teil des bürgerlichen Rechts, Erster Halbband, 1952, S. 158 f.
1958 年 1 月 30 日の BGH 判決（NJW 1958, S. 709）及び 1968 年 4 月 16 日の OLG Düsserdorf 決定（MDR 1968, S.847）は慣習法の成立要件を説明するにあたり，Enneccerus-Nipperdey の上記の文献のみを援用している。そこで，彼らの見解をみ

ておこう。
　Enneccerus-Nipperdey は，法の妥当根拠を「共同体の意思」たる Gemeinwille——それは「共同体構成員すべての意思の合計」ではなく「共同体における支配的意思」である——に求める (Ibid., S. 124)。そして，そのような「法創設的 Gemeinwille」は，明示的な法定立（法令）において又は黙示的に法生活自身（慣習法）によって表明されなければならない (Ibid., S. 125)，とみなす。そこからして，Enneccerus-Nipperdey は「慣習法の妥当根拠」についておよそつぎのようにのべる。
　　慣習法をすべての法と同様に「共同体の意思」に基づかせる見解のみが適切である。「この意思の表明（通常は慣行）」は慣習法の認識手段にすぎないのではなく，その「成立要件」を形成する。「あるものがすでに法であるという単なる思考と感情（及びその表明）」で十分であると考える「確信理論」や「ある法規を新たに成立させる意思たる法創設意思」を要求する「意思理論」は不当である。けれども，「あるものが法規として妥当すべきである，それ故に生活においてその形成力のあるところを見せるべきであるという意思（Gemeinwille の要件)」のみを要求する穏健な「意思理論」は，民族の確信を「あるものが法であるべきであるという意思力的（willennskräftig）確信」として捉える穏健な「確信理論」と，明らかに親密な間柄にある (Ibid., S. 159)。
そこでは，穏健な「意思理論」と「確信理論」に対する好意的な態度が示されているといえよう。そして，Enneccerus-Nipperdey はそのような前提のもとで，「共同体又はその機関の一般的な Rechtsgeltungswille」を慣習法の第一の要件とみなして (Ibid., S. 159)，つぎのようにのべる。
　　人が実行又は服従する際に「拘束的準則を実現する意思又は意思力的（willennskräftig）確信」が存在しなければならない。この Rechtswille が通常 opinio necessitatis と呼ばれるところのものの真の核心である。好意，礼儀感情，常習的違法及び単なる習慣性のみに起因する慣習は慣習法を基礎づけない。例えば，子供へのクリスマスプレゼントの慣習，常習的な木材窃盗又は密猟，要求されない通常の取引形式である (Ibid., S. 160)。
そのような論述からすると，Enneccerus-Nipperdey は慣習法の要件の一つたる主観的な要件を Rechtsgeltungswille として捉えるにあたり，それによって，長期にわたる慣行であってもあるものは慣習法となるがあるものはそうでないということを説明できると考えている，ということになろう。その際の Rechtsgeltungswille の内容であるが，それは多少の不明確さを残しているようにみえる。もし「拘束的準則を実現する意思」が法的準則を実現する意思を意味するとするならば，それは，法的準則が存在するという判断を前提としているので，「意思力的（willennskräftig）確信」——それは先にもみたように「あるものが法であるべきである」という内容

を意味するはずであった——とは同じではないことになるように思われるからである。ここでは，一応，「慣習法の妥当根拠」に関する Enneccerus-Nipperdey の論述と，「意思力的（willennskräftig）確信」という特殊な言葉を考慮に入れて，Rechtsgeltungswille の内容は「あるものが法であるべきである」という意思力的確信として理解しておこう。そうとすると，Enneccerus-Nipperdey においては，慣習法とその他の慣習の区別を説明するためには，「あるものが法であるべきである」という内容の法的確信で十分であり，必ずしも「あるものがすでに法である」という内容の法的確信を必要としない，と考えられているということになろう。

　Enneccerus-Nipperdey は慣習法のさらなる要件として，共同体の Rechtsgeltungswille が表明されなければならないということをあげ，それについておよそつぎのようにのべる。

　　Rechtsgeltungswille は表明されなければならないが，その表明は通例は（必ずしもそうでなくてもよい）「慣行」によってなされる。この表明は制定法の場合における公布と似た意義を有する。行動によって外部に明らかになった Rechtsgeltungswille のみが効果を有しうる。共同体自身の Rechtsgeltungswille は（制定法の外では）今日ではまれにのみ国家機構の革命的な形成又は改造や，法律や制定法規の存続に反対の根源的な一般民族意思によって「直接的に」表明される。このような法創設のためには長期にわたる慣行は要求されず，Rechtswille の一般的な事実上の貫徹のみが要求される。また，社会の構成員の「慣行」によって表明される Rechtsgeltungswille はまだ共同体のそれではなく，多数の構成員によって知られていないことが多い。裁判所又は行政官庁が当該慣行を恒常的な判決又は実務によって適用するときには，「共同体の機関」として当該慣行の承認，Rechtsgeltungswille を表明することになる。かくして，「共同体の Rechtsgeltungswille の表明」は私法の領域ではその機関たる裁判所によって行われ，慣習法は主として恒常的判決たる Gerichtsgebrauch によって生じる，と。Ibid., S. 161 f.

　そこでは，慣行を介さずに Rechtsgeltungswille の直接的な表明によって慣習法が成立する可能性が認められていることが，注目される。その場合には，慣習法の定義が，自然力によって一般的に勝利を収めたものというように拡張される（Ibid., S. 161）。また，慣習法が主として恒常的な判例によって成立するとみなす点では，Enneccerus-Nipperdey はフランスの Lambert の見解に接近している。フランスの Lambert の見解については，前掲拙稿 18 頁以下を参照。

30)　Hans Jürgen Sonnenberger, Verkehrssitten im Schuldvertrag, 1969, S. 257 f.
　　Sonnenberger は，Enneccerus-Nipperdey のように Rechtsgeltungswille の表明の際に裁判所や行政官庁が「共同体の機関」として活動するとみなす見解には，擬制的性格を理由に反対である。彼は，当該見解の扱うテーマを，慣習法とは別個独立の

法源要素とみなされる法の継続形成に関わるものとして捉える。Vgl. Ibid., S. 259 f.
31) 例えば Zitelmann の見解はその代表例とされている。彼によると,「法命題」が実際に遵守されており,そして今後も遵守されるであろうという蓋然性が存在することによって,事実的なるものの概念が法的なるものの概念へと変化する。これがいわゆる慣習法である。Zitelmann, a. a. O., 459. 彼はまたつぎのようにのべる。つまり,慣習法に妥当性を付与するのは永続的な事実の力である。一般的な法的確信はどうでもよい。ある命題が「法命題」としてこれまですでに,適用されなければならないときに現実にも適用されてきたということ,そのことのみが必要なのである,と。Ibid., S. 464. そして彼は,慣習法の拘束力の根拠から慣習法の要件も引き出すべきであるとする。Ibid., S. 467.

ここで注意すべきは,Zitelmann は永続的に実行されてきており将来も遵守されると推定される命題がすべて慣習法になるとは考えていない,ということである。彼はそのような状況の命題のなかから,ここでは特に「法命題」というように限定しているのである。その点について彼は説明をしていないが,おそらくは,法の規律対象たる事項に関する命題を念頭においているのではなかろうか。

32) Michel Fromont et Alfred Rieg, Introduction au droit allemand, t. 1, 1977, p. 198 は,ドイツの学説及び判例においては一致して慣習法の要件として,慣行のほかに,opinio necessitatis 又は opinio juris と呼ばれるところのものがあげられると指摘しつつ,そこでは「一般に実行されている準則が法的価値と力を有するという確信」が問題となっている,と説明する。
33) Helmut Heinrichs, in Palandt BGB Bd. 7, 2002, S. 4.
34) Werner Hartmann, in Soergel BGB Bd. 10, 1996, S. 11.
35) Wolfgang Hefermehl , in Erman BGB Bd. 1, 1993, S. 371.
36) BverfGE 28, S. 21 [28 f.].
37) BverfGE 34, S. 293 [303 f.].
38) 鳩山秀夫『日本民法総論』(1927 年) 5 頁。
39) 同 6 頁。
40) 同 6 - 7 頁。
41) 同 329 頁。
42) 田島順『民法総則』(1938 年) 11-12 頁。
43) 同 13-14 頁。
44) 同 242-243 頁。
45) 松本烝治『商法総論』(1927 年) 78-79 頁。
46) 同 82 頁。
47) 我妻栄『民法(改訂版)』(1961 年) 7 頁。
48) 我妻栄 = 幾代通『全訂第 1 版民法案内 2 (民法総則)』(1985 年) 165 頁。

49) 田中成明『法理学講義』（1994 年）59 頁。
50) 船越隆司『民法総則』（1997 年）13 頁。
51) 五十嵐清『法学入門〔新版〕』（2001 年）59 頁。
52) これに対して，法的確信という言葉のもとに，伝統的な見解とは異なるものを理解するのが，来栖三郎「いわゆる事実たる慣習と法たる慣習」鈴木竹雄先生古希記念『現代商法学の課題上』（1975 年）所収である。それは，諸外国では「法たる慣習にあっては，その適用が当事者の意思にかからしめられないのに対し，事実たる慣習にあっては，その適用が当事者の意思にかからしめられている」（234 頁）としつつ，「両者の区別をいわゆる法的確信の有無に求める説は正しい核心をもっている」（240 頁）——但し法例 2 条と民法 92 条のいずれの慣習も「法たる慣習」である（241-242 頁）——とする。そして，「法たる慣習」が伴う「法的確信」は「義務・強制の意識」であり，それを伴わない「事実的慣行は当事者に当該の場合においても従われるであろうという期待を生ぜしめ」るにすぎない（242 頁）とする。そこでは，法的確信が「義務・強制の意識」とされているにすぎず，法的義務・法的強制の意識とされていない点に注意すべきであろう。したがって，「法たる慣習」が存在するためには伝統的な意味での法的確信までもが要求されていないのである。そのことは，上記の論文の 5 年前に書かれた来栖三郎「法の解釈における慣習の意義」『兼子博士還暦記念・裁判法の諸問題（下）』（1970 年）所収 623 頁からも知ることができる。それによると，法例 2 条と民法 92 条のいずれの慣習も「opinio necessitais つまり一定様式の社会行動の繰り返しが当事者の承認，しかも好意的承認ではなく義務的承認に基づくという必然ないし強制の意識」——「必然ないし強制の意識は徳義上のそれで足りる」のであり，「政治権力によるサンクションはいらない」——を伴っていることを必要とするのであるが，「法的確信によって支持されていなければならないというのはミスリーディングである」，と。この 5 年前の論文では，法的確信という言葉のもとに，伝統的な見解と同じようなものが考えられているといえよう。来栖教授のように法的確信を「義務・強制の意識」・「必然ないし強制の意識」として捉える立場は 19 世紀ドイツ私法学においてはつとにDanz によって言及されていたところのものであり，Danz はそれに対して，そのような法的確信では慣習法とその他の慣習規範の区別ができない旨を指摘していた。しかし，来栖教授はそのような論点については言及されていない。また，法に直接に関わらない「義務・強制の意識」を『法的』確信と呼ぶことには，言葉の使い方として問題がなくはないように思われる。

ちなみに，法例 2 条及び民法 92 条の「法たる慣習」の要件とされている「強制の意識」については，来栖教授は 1970 年の論文においてつぎのようにのべておられる。

「慣習は強制の意識を伴うことを必要とするが，それは一般的に強制の意識を

伴って慣行されているということで，個々の具体的場合に当事者間でこれに異なる定めをすることを必ずしも排斥しない。取引上の慣習の場合には，むしろ原則として当事者間でこれに異なる定めをすることが許されるであろう。そしてそのことは慣習であることを否定するものではないことに注意しなければならない」（623頁）。

そこからすると，「強制の意識」は，当事者間の合意による別段の定めがない限りそうしなければならない，という程度の意識ということになろう。そうとすると，「法たる慣習」の要件たる「強制の意識」と，「事実たる慣習」・「事実的慣行」における「当該の場合においても従われるであろうという期待」（1975年の論文240頁）――それも結局は一定の仕方で行動すべきであるという規範の意識といえる――との間の相違は，極めて微妙なものとなるのではなかろうか。したがって，そのような心理状態の微妙な相違を個別的ケースにおいて実際にどのように認識するのかという問題が生ずる。結局は，慣行の度合いから推測せざるをえないのではなかろうか。その点については，前掲拙稿64-65頁を参照。

53）　前出の田中教授や船越教授や五十嵐教授の文献のほかにも，高桑昭＝江頭憲治朗編『国際取引法〔第2版〕』（1993年）22頁（江頭教授執筆）があげられよう。それによると，「慣習法とは，慣習が恒常的に行われてきた結果，関係者（例えば業界人）が『法的確信』を持つまでに至ったものをいい，裁判所には当事者の主張・立証がなくてもそれを適用する義務があるため（法例2条），単なる事実たる慣習（民法92条）と異なり，法源の一種と認められたものである」。

54）　西原寛一『日本商法論第一巻』（1943年）229-230頁。
55）　服部栄三『商法総則・商行為法講義』（1978年）5頁もそれに賛成している。
56）　星野英一「編纂過程からみた民法拾遺」法学協会雑誌82巻3号（1966年）6頁。
57）　同7頁。
58）　同8頁。
59）　鈴木禄弥『民法総則講義』（1984年）96頁。
60）　石田穣『民法総則』（1992年）24頁。
61）　同23頁。
62）　川島武宜『民法総則』（1965年）23頁及び253頁などを参照。
63）　幾代通『民法総則』（1969年）231頁。
64）　広中俊雄『民法綱要第一巻総論上』（1989年）52頁。
65）　Hans Kelsen, Théorie du droit international coutumier, Revue International de la Théorie du Droit, 1939, p. 263.
66）　石坂音四郎「慣習法ヲ論ス」京都法学会雑誌2巻7号（1907年）61頁。
67）　先にもみたように来栖教授は「opinio necessitais」につき，「徳義上の」「必然ないし強制の意識」で十分であり，「法的確信」である必要はない旨をのべておられ

68) 但し，鳩山教授が「法的認識（opinio juris et necessitatis）」の存否によって慣習法と「宗教上，道徳上ノ規範」を区別することを考えておられたことは先にもみたごとくである。
69) 川島・前掲 23 頁。
70) 同 22-23 頁。
71) 同 24 頁。
72) 川島武宜『法社会学上』（1958 年）93 頁。
73) 同 94 頁。
　さらに，同 66-67 頁は，「社会規範は行動の義務を規定するものでありますが，その行動の義務に対応して「権利」という法固有のカテゴリー――法以外の社会規範にあっては，「権利」は存在しません――が存在している点で，法は他の社会規範から区別されます」，とのべている。
74) 広中・前掲 67 頁。
75) 加藤新平『法哲学概論』（1976 年）274-275 頁。
76) 石坂「慣習法ヲ論ス」京都法学会雑誌 2 巻 9 号（1907 年）31 頁は，慣習法の成立要件としての opinio juris et necessitatis について，つぎのようにのべている。
　「之ヲ解シテ法律感情ナリト解シ慣習ヲ行フニ此感情アルヤ否ヤニ依リテ道徳風俗ト区別スヘシトナスモノアリ此意義ニ於テハ或慣習カ法律ニ関スル慣習ナリヤ否ヤヲ云フモノニシテ即価値ノ判断ニ属ス恰モ契約ノ目的カ法律上保護スヘキ価値アリヤ否ヤ（例之散歩饗応ヲ約スル約束カ法律上ノ効力ヲ生セサルカ如シ）ノ問題ト同シ慣習タル規則ノ内容ノ問題タリ亦或慣習カ公ノ秩序善良ノ風俗ニ反セサルヤ否ヤノ問題ト等シク人民一般ノ観念ニ従フテ判断スルヲ要ス」。
　そこでは，慣習法と「道徳風俗」上の慣習規範を成立要件のうえで区別する際に問題となるのは，「或慣習カ法律ニ関スル慣習ナリヤ否ヤ」という「慣習タル規則ノ内容」である旨が，指摘されている。そして，「或慣習カ法律ニ関スル慣習ナリヤ否ヤ」という問題は，「人民一般ノ観念」に従って判断されるべきである，とされているのである。
77) 三潴信三『民法総則提要』（1924 年）は，「慣習法成立ノ一般要件」の一つとして，「法的内容ニ関スル慣行アルコト」（303 頁）をあげ，「慣行ハ法的内容ニ関スルモノ即チ法ノ関与スヘキ価値アル行為不行為ノ続行タルコトヲ要ス其果シテ此価値ヲ有スルヤ否ヤハ単ニ主観的標準ニ依ルヘキモノニ非ス国民ノ権利確信カ此標準ヲ示スモノナルヘシ」（304 頁）とのべる。そして，そのような観点から「茶代授受ノ如キ」慣行は「法的価値ナク」慣習法ではないと説明する（304 頁）。そこでも，慣習法を成立させる慣習かどうかを区別する基準が，「法ノ関与スヘキ価値アル行為不行為」に関するものであるかどうかという，慣習の内容に求められている。その際には，

「国民ノ権利確信」という標準が示されているが，それは結局，国民が当該慣行を「法的価値」あるとみなしていることを意味するにすぎない。その意味では，「国民ノ権利確信」という標準は石坂教授のいう「人民一般ノ観念」の標準と似ているといえよう。

78) 田中耕太郎「商慣習法」『法律学辞典第二巻』(1935 年) 所収 1275-1276 頁。
79) 田中耕太郎『改正商法総則概論』(1943 年) 195 頁は,「私は商慣習法と単なる慣習とは其の規範の性質が其れ自体法律的のものであるか，又は事実的の，単に意思探求の材料に過ぎざる習俗的のものなるやに両者の差異を認め」,「各人が法たる確信を持つに至ると云ふ主観的要件は慣習法の成立に必要でないと考えふる」，とのべている。
80) 例えば，西原・前掲 229-230 頁は,「慣習法と事実たる慣習との区別の標準」という観点から田中教授の見解を考察し，それを「事実たる慣習を単なる事実的乃至習俗的性質のものに過ぎないと見る説」として捉える。そして,「一個の意思表示に包括される事実についても，例へば給付すべき品種・支払の時期及び場所等の如く，それ自体独立の法規範的意義を有する慣行は存在し得」る，と批判している。
81) 但し，もし恒常的判例を慣習法の存在形式の一つと認める立場を採用するときには，つぎの点に注意を要するように思われる。つまり，そのような立場に立脚しつつ，慣習法の成立要件の一つとして伝統的な見解における法的確信を考えようとするならば，その試みは論理的に不可能である，と。というのは，慣習法の要件の充足を有権的に認定する機関が裁判所であること，及びその裁判所が『それが法である』という法的確信のもとで下す判決は所与の慣行については慣習法の要件の充足の認定を含むということ，を自覚すると，上記の試みは，慣習法の要件充足の有権的認定を慣習法の要件のなかに取り込むという，論理的な不可能事を構成することになるように思われるからである。
82) Vgl. Karl Larenz, Methodenlehre der Rechtswissenschaft, 1991, S. 371 f.

第 2 章
慣習国際法の成立要件としての法的確信

1 はじめに

　これまで国際法における伝統的な見解は，慣習国際法の成立要件として，客観的要件たる一般慣行のほかに，主観的要件たる法的確信（opinio juris）をあげ，そしてその法的確信という言葉のもとに既存の法規に従う又は法的義務を履行する意識を理解してきたように思われる[1]。それはフランスの私法学者たる Gény の見解の影響によるところが少なくないようである[2]。確かに Gény 自身は，19 世紀ドイツ私法学の慣習法論の研究をふまえたうえで，慣習法の要件として，慣行のほかに，法的義務を履行する又は既存の法を適用する意識という意味での法的確信を必要とみなしていた。彼がそのような法的確信を慣習法の要件の一つとしてあげたのは，慣習法とその他の慣習規範（例えばチップや記念日のプレゼントなどの慣習規範）の成立要件上の違いを説明するという意図からであった[3]。そしてまさしく国際法における伝統的な見解も法的確信の要件の存在意義を，慣習国際法とその他の国際慣習規範（例えば国際礼譲）の成立要件上の相違を説明することに見出している[4]。

　このような伝統的見解に対して，周知のように，1939 年の Kelsen の論文が法的確信を不要とする立場から根本的な問題提起を行った。それ以後，慣習国際法の成立に法的確信が必要か否かが活発に論じられたが，まだ問題の決着はみていないように思われる[5]。本章は，この難問に取り組むものである。つまり，上記のような法的確信を慣習国際法の成立要件とすることにはどのような問題点が存在するのか，何故に伝統的見解が慣習国際法の成立に法的確信を必

要と考えてきたのか，法的確信という要件を放棄するとはたして伝統的見解の説くように説明できない問題が存在するのであろうか，もし法的確信という要件に問題があるとするならば伝統的見解が当該要件に期待してきた役割は何によって取って代わられるべきなのであろうか，と。したがって，本章の目的は慣習国際法の成立要件についてこれまで多くの人を悩ませてきた抽象的・理論的な問題を合理的に解明することにあるにすぎないのであって，具体的なケースにおける慣習法の存否の認定を従来よりも容易ならしめるような，実用的な具体的・実践的な基準を提言すること[6]にあるのではない。何よりもこのことをまず強調しておきたい。

以下には，まず，これまで慣習国際法論に影響を与えてきたと思われる私法学の慣習法論を一瞥することによって，問題の解決の手掛かりをえることが試みられる。ついで，慣習国際法論における Kelsen の問題提起，及びそれを強く意識していると思われる近時の三つの有力な見解が分析され検討される。そして最後に，それらの作業をふまえたうえで，上記の問題について結論的な態度が表明される。

2　私法学の慣習法論への一瞥

慣習国際法の要件に関する伝統的な見解に影響を与えたのは 19 世紀のドイツ私法学の慣習法論，及びフランスの私法学者たる Gény の慣習法論である。そこで，伝統的な見解の意義と問題点を理解するために，まず，それらを簡単に一瞥しておこう。問題の解決の糸口が見出せるかもしれないからである。

19 世紀ドイツ私法学においては，慣習法の成立要件としての法的確信の意義と内容について様々な見解があった[7]。まず，法的確信という観念につきその後の見解に大きな影響を与えたのは，Puchta や Savigny の見解である。

Puchta によると，慣習法は「全体」としての民族の「法的確信」において，法規たる命題として存在するものであり，慣習は民族の法的確信を確実に推断させうるものとして，慣習法の認識手段にすぎない。Savigny も同様の考えで

あるように思われる。彼によると，実定法の真の基礎は「民族の共通意識」のなかに存在するのであり，それは慣行や慣習のなかに現れる。それ故に，慣習は「民族の確信」のなかに存在する実定法の「標識」であって，その成立原因ではない。

　そのように慣習は法的確信のなかに存在する慣習法又は法を認識する手段にすぎないという前提から出発すると，必然的に，法的確信は，『これは法である』というような，法の存在を内容とするということになろう。また，慣行は「慣習法の第一の認識手段」であり，それ以外の「第二の認識手段」などがあるという構成からすると，『慣行を伴わない慣習法』なるものが存在することになるが，その場合にはそれはもはや慣習法という言葉に値しないのではないのか，という指摘が一部の学者によってなされていた。やがて，法的確信の主体を多少神秘的な「全体」としての民族にではなく，現実の人間に求める見解が有力になっていく。それと同時に，法的確信そのものは外部から客観的に認識することが困難であるという理由から，そのなかに慣習法又は法の存在を見出して慣習を慣習法又は法の認識手段にすぎないとみなす見解に対して批判が強くなっていく。その結果，慣習はもはや法的確信のなかに存在する慣習法又は法を認識するための手段ではなく，法的確信と共に慣習法を成立させる要件の一つを構成するものとみなされるようになる。そのような見解に立脚するときには，もはや法的確信を『これは法である』という内容のものとして捉える必然性はなくなったはずである。ところが，そのような内容の法的確信を伴う慣行が慣習法を形成するとみなす見解が Regelsberger などによって有力に唱えられた。けれども，『これは法である』という内容の法的確信は，すでに法が存在すると認識することを意味するのであり，それを慣習法の成立要件の一つとして要求することは，まだ法が成立してもいない段階において，すでに法が存在すると認識することを要求することになり，結局において法の存在に関する誤った判断（錯誤）を慣習法の要件とすることにほかならなくなる。したがって，錯誤に陥った慣行でないと慣習法が成立しない，換言すれば，慣習法が成立するためには必ず錯誤に陥った行動が必要とされる，という奇妙な議論

になってしまう。この点で注目されるべきは，そのような理論的な問題点はすでに 19 世紀ドイツ私法学において多くの論者によって意識されていたということである。そのような問題があることを自覚しつつも，それが慣習法の成立の障害を構成しないと考えて，法的確信を『これは法である』という内容のものとして捉えたのが Regelsberger などであった。法的確信をそのように捉えたのは，Puchta や Savigny の強い影響によるところもあるが，さらに，ひとしく一般慣行であってもあるものは慣習法を成立させるがあるものはそうでないという事実——慣習法とその他の慣習規範——を成立要件のうえで説明するためでもあった。つまり，法的確信を伴う慣行が慣習法を成立させ，それを伴わない慣行は単なる習俗的な慣習規範を成立させるにとどまる，と。それに対しては，上記の事態を説明するためだけであったならば，『これは法である』という内容の法的確信ではなく，『これは法であるべきである』という内容の法的確信であってもよいのではないのか，という問題が提出されうる。実際にも，Brinz や Unger などは，『これは法である』という考えは慣習法が成立した後に生ずるものであるので慣習法の要件とはならないとみなし，法的確信を『これは法であるべきである』という内容のものとして捉えたうえで，それによって慣習法とその他の慣習規範の成立要件上の相違を説明しようとした。しかし，慣習法の成立要件としてそのような法に関わる特殊技術的な内容の法的確信の存在を主張する見解に対しては，慣習法の主観的要件として「法を創設する意思」を持ち出す見解について Zitelmann が指摘していたのと同じような問題点が指摘されうる。つまり，これまで慣習法の成立の際に慣習に従う人々がつねにそのような法に関する特殊技術的な内容の意識を有していたということは，あまり考えられないことである，と。それでは，より単純に，法的確信の内容を単なる『そのように行動すべきである』という規範意識（必然性又は強制の意識）として理解するということも考えられるが，その見解に対しては，Danz は，それによっては慣習法が成立する場合とそれ以外の慣習規範が成立する場合の区別ができない旨を指摘していた。そもそも，ひとしく一般慣行であってもあるものは慣習法を成立させるがあるものはそうでないという事

実——慣習法とその他の慣習規範の区別——を成立要件のうえで説明するにあたり実際に問題になっているのは，Danz が適確に認識したように，当該の慣習規範が「法の領域」に属するのか否かである。そして，実定法が「法の領域」と法外の領域——法の規律対象たる事項とそうでない事項——の区別を知っており，法の欠缺——法的規律が必要と考えられる事項であるにもかかわらず，規定が欠けている場合——という観念もそのことを前提としているということを考慮に入れると，上記の事態はその区別を利用して説明されるべきことになろう。つまり，慣行（慣習規範）はその内容が法の規律対象たる事項に関するものであるときには慣習法となるのであるが，そうでないときには慣習法とならず，単なる習俗的な慣習規範にとどまる，と。したがって，慣行の内容が法の規律対象たる事項に関するものであることが，慣習法の要件の一つ——それは主観的要件ではなく客観的要件である——となるのである。このような観点からすると，問題となる慣習規範が「法の領域」に属する旨の行為者の主観的な感情を法的確信の内容と考える Danz の見解に対しては，つぎのような問題が指摘されよう。つまり，その場合の法的確信は，慣習法の要件そのものではない。それは，『慣行の内容が法の規律対象たる事項に関するものでなければならない』とする客観的要件が所与の事案においては満たされている，という個別的・主観的な判断にすぎない，と。このようにみてくると，慣習法とその他の慣習規範を成立要件のうえで区別するためには，関係者の行為時の，法に関する特殊技術的な心理状態たる法的確信（『これは法である』又は『これは法であるべきである』）を慣習法の要件とすることは必ずしも必要ではないということになろう。この点との関連では，わが国においてかなり以前に同じ趣旨のことが田中耕太郎教授などによって説かれていたことが注目されるべきであろう。

　上記の学説のなかでフランスの Gény に強い影響を与えたのは，Regelsberger の見解であったように思われる。つまり，法的確信は既存の法を適用する又は既存の法に従う——それは『これは法である』という認識を前提とする——という意識又は意思であり，それを慣習法の要件の一つとすることによ

り慣習法とその他の慣習規範の相違が成立要件のうえで説明できることになる，という見解である。そして，現代のドイツの判例・学説の主な傾向もそのような見解を支持することにあるようである[8]。

　もっとも，注意すべきは，わが国の私法学においても当初はそのような見解が支配的であったが，今日ではむしろ法的確信を慣習法の要件としない見解が有力になりつつあるということである。その際には，従来，具体的な事案において上記のような法的確信が存在するかどうかを社会学的に認定することは極めて困難であるという技術的な理由がしばしばあげられてきた。しかし最近ではそのほかに，上記のような法的確信は錯誤にほかならないということや，慣習法とその他の慣習規範の相違を成立要件のうえで説明するためには慣習規範の内容が法の規律対象たる事項に関するものであるという要件で十分であるということが，理由としてあげられるに至っている[9]。先にものべたように，そのような方向こそが支持されるべきものと思われる。そして，そのような私法上の議論は国際法上の議論についても大筋においてあてはまるように思われる。

3　国際法学の慣習法論

　以上においては，慣習法の成立要件としての法的確信をめぐる議論を，特に19世紀ドイツ私法学に焦点をしぼってながめてみた。そこでの成果をふまえつつ，以下には，国際法学の議論を検討することにしたい。もちろん，ここでは諸見解の網羅的な紹介・検討が試みられるのではない。私法学の議論の分析・検討からえられたものを手掛かりとして，問題の解決に向けて有益と思われるいくつかの代表的な見解のみが取り上げられる。

（1）　Kelsen の問題提起

　先にみた19世紀ドイツ私法学の慣習法論における支配的見解は，特に Gény の見解を通じて，国際法における慣習法論に大きな影響を与えた。その結果，

国際法学における支配的な見解は慣習国際法の成立要件として一般慣行のほかに，法的確信をあげるのである。それに対して Kelsen は，その著名な 1939 年の論文において根本的な問題提起を行った。

彼はまず，支配的な見解に対してつぎのように批判する。

　支配的な理論によると，《慣習》と呼ばれる事態は二つの本質的な要素から成り立っている。即ち物質的又は客観的な要素と心理的又は主観的要素である。物質的又は客観的要素は，同じ外部的行動の長期にわたる恒常的な反復にある。……心理的又は主観的要素は，その行為によって慣習を構成する個人は，その行為によってすでに妥当している規範を実施する，義務を履行する又は権利を行使する，と確信していなければならない，ということにある[10]。支配的理論は，ここで（その行為が国際慣習を構成するところの主体の主観的意図において）問題となるのは国際法規範の実現である，とするものである。しかし，かかる行為をなす主体が，そうすることによりすでに実定法を執行していると考えるならば，彼らは思い違いをしている。というのは，この法はまだ生成途上の状態にあるにすぎないからである[11]。慣習を構成する行為は法的義務を履行する又は（言葉の技術的意味における）権利を行使する，即ちすでに妥当している法規を実施する，という意図において行われるべきである，とするこの理論は明らかに誤りである。というのは，《opinio juris sive necessitatis》といわれる心理的要素に関するこのような解釈は，「慣習法は慣習を作り上げる主体の錯誤（erreur）によってのみ生じうる」，ということを結果としてもたらすからである[12]。

そこでは，慣習法の成立に際して，即ち慣習法の形成途上の段階において，既存の法規を適用する——法的義務を履行する又は権利を行使する——意図を要求することは行為主体に「錯誤」を要求することになる旨，したがって支配的理論は誤りである旨が指摘されている。また，Kelsen はそれに関連して，「若干の著述家」が右の批判を回避するために心理的要素を「法となるべき規

範，道徳又は正義の命令（それらはまだ実定法ではないが単なる《国際礼譲》の規範でもない）を実現する」という主観的主張又は「道徳又は正義の要求即ち実定法となるべき規範に従う」という主観的見解として理解している，と指摘する[13]。

Kelsen はさらに，多くの場合に心理的な要素は慣習の成立において役割を演じないことが証明されているとする。そして特に，かなりの数の条約が同じ準則を含んでいるという事実，特定の事態が多数の条約によって同じ仕方で規律されているという事実によって創設される慣習法の場合について，つぎのようにのべる。

　この場合には，《opinio juris sive necessitatis》は慣習の成立に不可欠の要素ではない。というのは，条約を締結する際に当事者は一般には「既存の実定法の準則又は道徳や正義の規範を適用するという意図」を有しないからである。当事者は通常は当事者の範囲内で妥当する「新たな規範を創設する意図」を有しているのである[14]。

そこでは，慣習法の成立の場合に現実には必ずしもつねに「既存の実定法の準則又は道徳や正義の規範を適用しているという意図」でもって行為がなされているのではない，ということが，特に条約による慣習法の形成の場合を例にとって，指摘されている。そこからすると，Kelsen は，主観的要素として「既存の実定法の準則」——「すでに妥当している法規」——を適用しているという意図を要求する「支配的な理論」のみならず，「道徳や正義の規範」——「法となるべき規範」——を適用しているという意図を要求する「若干の著述家」の見解にも反対であるということが知られうる。

Kelsen はさらに，心理的な要素たる行為者の過去の感情や意識を証明することが困難で非現実的であることを理由に，心理的要素の放棄を説く。彼はつぎのようにのべる。

慣習の存在の証明に関しては，物質的要素と心理的要素を区別しなければならない。物質的要素即ち反復された行為の証明は困難ではない。それは客観的に認定しうる要素だからである。これに対して，心理的要素の存在，即ち過去において慣習を構成する行為を行った個人の感情又は考えの存在を証明することは，ほとんど不可能である。それ故に，国際裁判所は慣習法規として規範を適用するときには，心理的要素の存在を——それを検討するのが不可能なので——検討しない[15]。

また，Kelsen は，opinio juris sive necessitatis といわれる要素とは別に，又はそれに代わるべきものとして，他の要素を慣習の成立に不可欠なものとみなす理論的傾向があるとして，それに取り組む。彼はつぎのようにのべる。

　道徳，正義，国際共同体の要請などに合致することは，慣習法の成立の客観的要素を構成しえない。それは価値判断の表明であるので，あらゆる価値判断と同様に，まったく主観的な性格を有する。ある準則が道徳，正義などに合致するかどうかという問題に対する答えは，それを適用する権限を有する者のまったくの自由裁量に依存する。慣習という事態について客観的に決定しうる要素を定式化することで満足する理論の観点からすると，唯一の不可欠の要素は，積極的又は消極的な同じような行為の長期にわたる恒常的な反復である，即ち拘束的とみなされるべき行動がかなりの期間反復された行為によって表明されているという事実である[16]。

そこでは，慣習法を成立せしめる慣習の要件を定式化するにあたり，できるだけ法適用者の価値判断に依存しない「客観的に決定しうる要素」を求めるという観点が示されている。そして，そのような観点から，同型行為の長期にわたる反復という事実のみが，慣習法の要件とされているのである。

以上のように 1939 年の Kelsen の論文は支配的理論に対しておよそ二つの問題を提起したのであるが，以下にはそれらを吟味してみよう。

第一に，法創設的慣習の要素の一つとして『既存の法規を実現するという意識』たる opinio juris を要求する支配的理論に立脚するときには，結局において行為主体に錯誤を要求することになる，という問題提起である。この問題点は，あえて Kelsen の指摘を待つまでもなく，先にもみたようにつとに19世紀ドイツ私法学において多くの人が意識していたところでもある。確かに，慣習国際法が成立するためには法の存在に関する行為者の錯誤が不可欠であるとする見解は，奇妙であり不合理である。したがって，支配的理論は重大な欠陥を有することになるように思われる。

　しかしながら，国際社会の分権的構造を視野に入れると——Kelsen 自身は気づいていないようであるが——支配的理論は極めて深刻な問題を含むことになる。それはこうである。つまり，国際社会の分権的構造のもとでは，関係国は所与のケースにおける国際法の定める要件（慣習国際法の成立要件も含む）の充足を自己との関係で認定することを授権されている[17]。そして，関係国が所与のケースにおいて法的確信のもとに慣行に従うという行為は，法的確信の内容からして，所与のケースにおける慣習法の成立要件の充足を認定するという行為を含むことにならざるをえない。上記のことを意識して「支配的理論」を分析すると，それは慣習国際法の成立要件のなかに，その成立要件の充足を有権的に認定するという行為を取り込むという，論理的に不可能事を試みていることになるのではなかろうか，と。先ほど支配的理論が極めて深刻な問題を含むことになるとのべたのは，この意味においてである。これに対して，国内私法の場合には慣行に関与する行為者は原則として法律要件充足の有権的な認定機関ではないので，そのような深刻な問題が生じない。

　その点は別として，Kelsen はさらに，多数の条約によって慣習法が形成される場合を例にとって，『既存の法規を実現するという意識』という要件が機能しないことがある，と指摘していた。多数の条約の締結後に多くの国が上記の意識をもつに至るということが考えられなくはないが，上記の意識のもとで条約を締結するということは——既存の慣習法を明確化する意図のもとで条約を締結する場合は別として——確かに合理的には考えられないように思われ

る。さらには，そもそも，これまで慣習法の成立が認められた場合に必ず上記の意識のもとでの行為があったといえるかどうかは，確かでないように思われる。

　第二に，行為者が行為時に opinio juris を有していたかどうかを証明することはほとんど不可能である，という問題提起である。確かに，第三者が行為者の行為時における内心の意識それ自体を直接的に認識すること，及びその存在を証明することは極めて困難であり，そのようなものを法律要件とすると要件充足の判断に不確実な要素を持ち込むことになる。しかし，人の内心の意識を法律要件とする場合はこれまでにおいても民法などにおいて認められてきており，その場合にはそのような意識を何らかの客観的なもの（例えば外部的行為）から推断することが行われてきたことに注意すべきである。また，慣習法を創設するものとしての慣習の要件を規定するにあたり，同型行為の反復のみを取り上げて，関係者の意識，特に規範意識をまったく視野の外におくことには，問題があるように思われる。というのは，そのような見地に立脚すると，規範意識をまったく伴わない同型行為の単なる偶然的な反復の場合にも慣習法の成立を認めることになりかねないからである。それらのことを意識してか，その後において Kelsen は，法創設的慣習について，同型行為の反復たる客観的な要件のほかに，一定の意識たる主観的要件をも認めるに至るのである。

　1945 年に彼は慣習法一般について論ずる。彼は，opinio juris sive necessitatis の要件の通常の解釈を，自らの行為によって法創設的慣習を構成する個人は「法的義務を履行する又は法的権利を行使すると信じていなければならない」，という趣旨のものとみなしたうえで，その見解のもとでは関係者は勘違いして（in error）行動しなければならなくなる旨を指摘する。そして，その見解を正しくないと断じつつ，つぎのようにのべる。

　　関係者は法規によって拘束されていると間違って信じることがあるかもしれないが，この誤りは法創設的慣習を構成するのには必要ではない。行為する個人は自分が何らかの規範によって拘束されていると思う，ということで

十分である[18]。

そこでは Kelsen は, 1939 年の論文におけるのと同様に, 既存の法規に従うという意識を法創設的慣習の主観的要件とすることに対しては錯誤を理由に反対しているが, 行為者が何らかの規範によって拘束されているとみなすこと, という意味での主観的要件の必要性を認めているのである。ちなみに, そのような内容の主観的要素は 19 世紀ドイツ私法学においてはつとに Danz によって論評されていたところのものである。

そして 1952 年に彼は, 一定の行為又は差控えが一定の期間繰り返し行われてきたという事実を,「慣習と呼ばれる法創設的事実の一つの要素」にすぎないとみなし, つぎのようにのべる。

> 第二の要素は, 慣習を構成する行為をなす個人は行為又は差控えによって義務を履行する, 又は権利を行使すると確信していなければならないという事実である。「彼は規範を適用すると信じていなければならないが, 適用するのは法規範であると信ずるにはおよばない」。彼は自らの行為を義務的又は正しいとみなさなければならない。国家の行為がこの行為は義務的である又は正しいという意見を伴っていないときには, いわゆる『慣行』（usage）が確立されたのであり, 法創設的慣習ではない[19]。

そこでは, 慣習法を創設する慣習の第二の要素として, 行為者が行為の際に「規範を適用する」という意識を有していることが, あげられている。その際には「適用するのが法規範である」という意識は要求されていない。これはおそらく, それを要求すると, 1939 年の論文で彼自身が指摘したように行為主体の「錯誤」に基づく行為を要求することになる, という問題を考慮に入れたからであろう。

ところで, 彼は 1939 年の論文では法創設的慣習の要素としていなかった何らかの規範意識という主観的要素を提示し, それの存否によって法創設的慣習

と単なる慣行を区別している。その場合の慣行とは具体的にどのようなものを指すのであろうか。その点について彼はいわゆる慣行といっているだけで明示していない。彼のいう意味での主観的要件を欠くものであるから，抽象的には，行為者が何らの規範意識ももたないで行うところの，同型行為の単なる反復，ということになろう。しかし，そのような慣行はあるとしても実際にはほとんど重要性をもたないであろう。むしろ，法創設的慣習と区別されるべきものとして重要なのは国際礼譲などといった他の慣習規範をもたらす慣習なのではなかろうか。しかし，法創設的慣習と国際礼譲などを創設する慣習の区別は彼の主観的要件たる規範意識の存否によって行うことができないように思われる。後者もまた，前者と同様に，規範意識を伴うからである。それでは彼はその区別を成立要件のレベルにおいてどのように説明するのであろうかという問題が残ろう。ちなみに，19世紀ドイツ私法学においてはつとに Danz は，opinio necessitatis という言葉のもとに「必然性，強制」を理解する立場に対してそのような問題点を指摘していた。

　ちなみに，慣習国際法は諸国の共通の同意（黙示的同意）によって創設されるという見解に対して，Kelsen はつぎのように批判している。そのような同意が現実にすべての国家によって与えられてきたという仮定は政治的擬制である。一般国際法は慣習法であり，国際共同体のすべての国家を拘束するので，慣習は黙示的同意であるという理論によると，国際共同体のすべての国家はその現実の行為（慣習の創設への参加）によって一般国際法のすべての規範に同意を与えていたということを証明する必要があるであろう。しかしそのような証明は国際法によっては要求されていないのであり，また，一般国際法が法創設的慣習の創設に参加する機会を有しなかった国（慣習創設後に誕生した新国家など）に適用されるときには，まったくありえないのである[20]。

（2）　D'Amato の見解

　伝統的な理論に対する Kelsen の上記のような問題提起をふまえたうえで，D'Amato は，opinio juris について独自の議論を展開した。以下には，それを

分析・検討してみてみよう。

1　彼はまず，伝統的な理論における opinio juris の「循環性」を指摘し，慣習の心理的要素が既存の法に従う意識における行為を要求するならば，いかにして慣習は法を創設できるのか，とのべる。もっとも彼は「このジレンマ」を，慣習の形成期間中に関与者は勘違いして法的義務が存在すると考えて行動すると説明することによって，回避できるとみなす。そして彼は，この「循環性」の問題から逃れる試みが Kelsen の 1939 年の論文によってはじめて提案された，と指摘する。しかし D'Amato はそのような説明に反対し，慣習の形成に参加するすべての国家がその法律顧問によって既存の国際法の要求に関して誤ってアドバイスを受けるということは想像し難い，とみなす[21]。彼によると，『錯誤』の仮説は，「証拠の観点からすると」opinio juris それ自身と同様に証明するのに困難であり，そして慣習の心理的要素の性質を明らかにするのに役立たない[22]。

このような D'Amato の批判的論述のなかに，後にみる彼の提案を理解するにあたり重要と思われる視点が，示されているように思われる。それは，「証拠の観点からすると」opinio juris を証明することが困難であるという点である。それでは彼は Kelsen と同様に伝統的な opinio juris を放棄するのであろうか。必ずしもそうではなさそうである。彼は，1952 年に Kelsen が提案した主観的要素をつぎのように批判する。

　1952 年に Kelsen は，行為者はその行為を義務的又は正しいとみなさなければならないが，適用するのが法規範であると信じる必要はない，と論じた。しかし，彼の仮説に対する即座の反対理由はこうである。つまり，行為者は誰でも自分自身の行動を，たとえ自分の知る確立された法的義務に違反するときであっても，正しい又は要求されていると考えることにより，合理化しがちである，と。かくして彼の見解は，一定の種類の行動を他のものから区別することを可能ならしめないのであり，したがって不必要な法的擬制

にひとしい。さらに，彼の提案は，「法的慣行と社会的慣行を区別する際における opinio juris についての Gény の機能的見解」を混乱させる。というのは，「社会的礼儀又は礼譲を創設する慣行」は道徳，公平又は正義の感情，或いは『何らかの規範』によって支持されることがよくあるからである[23]。

そこでは，慣習国際法の主観的要素を Kelsen のように何らかの規範——法規範である必要はない——の意識として広く捉えると，「法的慣行と社会的慣行」の区別，法的慣行と「社会的礼儀又は礼譲を創設する慣行」の区別ができなくなる，という点が強調されているように思われる。先にものべたように，この点は19世紀ドイツ私法学においてつとに Danz によって指摘されていたところでもある。そこからすると，D'Amato は opinio juris に「法的慣行と社会的慣行」を区別するという重要な意義を認めているのであり，opinio juris それ自体を放棄すべきであるとは考えていない，ということになろう。しかし他方では，先にもみたように，彼は opinio juris それ自身を「証拠の観点からすると」証明困難なものとみなしていた。この困難に対処するにあたり，まず，慣行に従うという態度や慣行に抗議しないという態度から opinio juris を推断する，という仕方が考えられる。しかし彼はそのような仕方には反対である。彼はおよそつぎのようにのべる。

　　国家Aが国家Bの行為（例えば外交官の輸入品に対する課税）に従うときには，Aが当該行為に黙示的に同意したとみなし，その推定された同意から opinio juris を引き出そうとするものがいる。しかし，この推論はあまりにも狭いパースペクティブでなされている。というのは，Aは，Bに対する復仇（例えばBの外交官に対する法的いやがらせ）として報復をし，実際には同意を与えていないことを示すかもしれないからである。又は，AはBの方が強大な権力を有しているので『同意する』ということがあるかもしれないが，そのような同意は，Bがそのような行為をする権利を有するという確信とは決して同等ではない[24]。抗議をしないということは，しばしば政治的又

は外交的考慮からなされる。また，ある国家がある行為又は慣行に直接に関係しないときには，その抗議は，関係国によって不当な介入とみられるであろうが，他方では，当該慣行への注意を惹くのに役立ち，且つその悪評を確立するのに役立つかもしれない。最後に，抗議がなされないのは黙認を表明するためではなく，当該慣行が「社会的礼儀又は礼譲の領域」に属し「法の領域」の外にあるにすぎない旨の信念を表明するためである，ということもありうる。このようにして，我々は，抗議をしないことから，「法的慣行と非法的慣行を区別する」役割を果たすと Gény が考えていたところの opinio juris を，推断することはできない[25]。

 そこでは，ある国家が他の国家の行為に従うとみえる場合であっても，そこから直ちに，前者が opinio juris を有していたということを帰結することはできない旨，換言すれば，国家の行為はさまざまの意識のもとでなされる旨が指摘されているとみられうる。さらに，抗議しないということは法的な考慮からのみなされるのではないので，そこから直ちに opinio juris を引き出すことができないとされている。そしてその際に，opinio juris の役割が「法的慣行と非法的慣行を区別する」ことに求められている。この点は注意を要するところである。

 以上からすると，D'Amato は，既存の法に従う意識という意味での opinio juris については――国家が慣習国際法の成立過程においてすでにそのような opinio juris に基づいて行動するという蓋然性に懐疑的な態度を示しつつも――「法的慣行と社会的慣行を区別する」又は「法的慣行と非法的慣行を区別する」という意義を強調しているということになろう。また，「証拠の観点からすると」そのような opinio juris の存在を証明することが困難であることを指摘したうえで，例えば慣行に従うという態度や慣行に抗議しないという態度から直ちに国家の opinio juris を引き出すことは無理である旨を説いているということになろう。

2 つぎに，D'Amato が慣習の質的要素としての明言（articulation）を提案している。彼はつぎのようにのべる。

opinio juris に関する最も単純な客観的見解は，慣習の量的な要素を構成する行為に先立って，又はそれと同時に，国際的合法性の客観的請求が明言されることを要求することである[26]。

彼によると，「ここで議論している意味での明言」は，「所与の準則は国際法の準則である」というものであって，「それは国際法の準則として受け入れられるべきである」という「懇願的性質」のものではない[27]。したがって，その明言の内容は伝統的な見解における opinio juris と同じである，ということになろう。それは何故であろうか。彼によると，それは，「法的行為を社会的習慣，礼儀，礼譲，道徳的要求，政治的便宜，普通の『慣行』，又は他の何かの規範から区別することを国家に可能ならしめる」[28] ためである。したがって，彼の提言する明言は伝統的な見解における opinio juris と同じような機能を果たすことが期待されていることになろう。そのことは，先にもみたように，彼が伝統的な opinio juris に「法的慣行と社会的慣行」を区別するという重要な意義を認めていたことに符合する。それでは，そのような明言は慣習の形成に参加する国家のすべてによってなされなければならないのであろうか。そうではない。彼によると，明言は国家の行為に先だって，又はそれと同時になされなければならないが，その明言の主体は国家でなくてもよいのである。それは何故であろうか。彼はつぎのようにのべる。

行動又は自制する国家には法的準則の明言のことを知っている根拠がなければならない。「行動する国家自身がその役人を通じて当該法的準則を明言したということは必要ではない」。国家はしばしばその行動につき公的な説明を与えないし，我々もそのことを国家に期待しない。国際法に関する著述家，裁判所又は国際組織は慣習の質的要素を大変によく提供しうるであろ

う。しかし，それは，国家の役人又はその法律顧問には参照する根拠がある場所で，公表されなければならない。主な国際法雑誌，主な教科書，国際法に影響を与える法的決定の記録，国際組織の決議，これらすべては準則の明言のための淵源でありうる。外交文書は同様によい淵源である。国際法の発展の現段階では，多くの明言された準則は条約，国際法委員会の条約案及び国連総会の決議のなかに見出されうる[29]。

つまり，彼が上記のような形での「国際法の準則の明言」に期待しているのは，「国家に，その行為又は決定が法的インプリケイションをもつことを通知する」[30]という機能なのである。

以上からすると，D'Amato の議論はつぎのように要約されうるであろう。つまり，opinio juris は「法的慣行と社会的慣行を区別する」又は「法的慣行と非法的慣行を区別する」という重要な意義を有するが，内心の意識たる opinio juris は「証拠の観点からすると」証明困難である——その問題点は上記のようにつとに Kelsen が指摘していたところである——ので，それを何らかの外部的な事象から推断する手掛りが必要であり，それが明言である。慣習国際法が成立するためには，行為をする国家自身がその役人を通じて「所与の準則は国際法上の準則である」と明言する必要はなく，すでに他の誰か（国家，国際組織，裁判所又は学者など）がそのような明言を「合理人」[31]としての国家の役人又はその法律顧問が参照しうる形で公表しておればよい。その場合には，当該国家が行為の際に当該明言を意識していたはずであり，その行為も当該明言に従ってなされたものと「推断する (infer)」[32]ことができる，と。したがって，彼は結局，国家が慣行に従った行為をなす際に「所与の準則は国際法上の準則である」旨の意識——それは内心の意識というよりも合理的に推断された意識である——をもっていることを要求していることになろう。そうとすると，彼は opinio juris の観念それ自体を完全に放棄したのではなく，その存在の立証との関連において上記のような明言というファクターを導入したにすぎないということになろう[33]。彼が自己の見解を opinio juris に関する最も単純

な客観的見解とのべていたのも、そのようなコンテクストからするとよく理解できる。

ところで、国家、裁判所、国際組織又は学者などによって行われる最初の「明言」において示されている「所与の準則は国際法上の準則である」旨の判断、及び関係国のその後の行為について推断される同様の判断は、まだ慣習法が成立する前の段階のものであるが故に、国際法規の存在に関する誤解又は錯誤といわざるをえない。特に、関係国によって示されるそのような判断を慣習国際法の成立要件にすることは、慣習国際法の成立要件の充足の有権的な認定行為を慣習国際法の成立要件のなかに取り込もうとする試みとして、論理的な不可能事である。その意味において、彼の見解は、既存の法に従う意識たるopinio juris を要求する伝統的な見解と本質的には異ならないといえよう。結局、彼の見解の特徴は、opinio juris という内心の意識の存在を真に証明することが困難であるという Kelsen の問題提起を意識したうえで、そのような内心の意識の存在を上記のような「明言」という客観的な事象から推断するという方法を提案したところにあるように思われる[34]。

（3） Thirlway の見解

Thirlway も、伝統的な見解における opinio juris に対する Kelsen の批判から出発する。彼はつぎのようにのべる。

　opinio juris と行為時に既存の法規とみなされるものに従う意思を同一視することは、論理的に分析すると慣習法の創設に関する「循環論法」を必然的に含む、という Kelsen などの批判にさらされてきた[35]。

彼は、Kelsen が伝統的な見解における opinio juris のなかに「循環論法」を見出したかのように考えているが[36]、それは正しくない。先にもみたように、Kelsen は、伝統的な見解は「慣習法は慣習を構成する主体の錯誤によってのみ生じうる、ということを結果としてもたらす」、と指摘しているにすぎない

のである。それでは，何故に Thirlway は伝統的な見解について「循環論法」を語るのであろうか。彼はつぎのようにのべている。

　慣行が現れ発達するにつれて，国家は実際にそうである前に当該慣行を法によって要求されているとみなすようになるかもしれない。しかし，慣行は，国家が法によって要求されているという「『正しい』信念」において慣行に従うようになるまで，法とはなりえないならば，いかなる慣行も法となることができない。というのは，それは不可能な条件だからである。また，communis error facit jus（共通の過失は法をつくる）というきまり文句，即ち法規の存在に関する国家の信念はたとえ誤ったものであっても信じられた準則を創設するのに十分であるという論拠も，多くの支持者を有しない[37]。

そこでは，慣習法が成立するためには法規の存在に関する国家の信念が「正しい」ものでなければならないならば，伝統的な見解における opinio juris のもとでは慣習国際法の成立が可能ではない旨が説かれている。しかし，慣習法が成立するためには法規の存在に関する国家の信念が「正しい」ものでなければならないこと，したがってそれが誤っているときには慣習法が成立しえないことそれ自体は，実定法上の実証を必要とすることがらであろう。伝統的な見解は opinio juris が錯誤であるという Kelsen の指摘を受けた後においても依然として力を保持しており，また，先にもみたように，19世紀ドイツ私法学においても同様に錯誤が慣習法の成立の障害となるかが論じられたが，多数説は，伝統的な見解における opinio juris が錯誤を意味することを意識しつつも，その opinio juris に固執する傾向にあったのである。このようにみてくると，Thirlway は，伝統的な見解について「循環論法」を語る理由を適切には説明していないということになろう。むしろ，彼は循環論法という言葉を厳密な意味で用いていないのかもしれない[38]。彼自身も，法規の存在に関する国家の信念は「正しい」ものでなければ慣習法を成立させないという仮説――それ自体は実証を必要とするが――のもとでのみ，伝統的な見解における opinio juris

は慣習法を成立させないといっているにすぎないからである。また，もし彼が伝統的な見解のなかに真の意味での循環論法が存在すると考えるならば，伝統的な見解そのものを成り立ちえないものとみなすべきことになったはずである。先にものべたように，筆者は，彼の上記のような仮説が実証されるのか否かとは無関係に，伝統的な見解は循環論法を含むものであって，論理的には成り立ちえないものと考える。そして，伝統的な見解のなかに「循環論法」を見出すためには，先にも指摘したように，国際社会の分権的構造を視野に入れたうえでの説明が不可欠なはずであるが，Thirlway はそのような観点からの説明を行っていないのである。

他方では，彼は，法的に拘束的な慣習を創設するためには一般的且つ恒常的な慣行で十分であり，何らの「特定の心理的態度」の証明もいらないという，単一要素理論についてはつぎのようにのべる。

　単一要素理論の主な難点は，「法的に拘束的な慣習を生ずる慣行と，単なる礼儀又は便宜の領域にとどまる慣行を区別する手段」を与えないことである。しかし，この区別を可能ならしめるためには，「既存の法に従っているという関係国の信念」の存在又は不存在を主張する必要はない。伝統的理論への Kelsen の異議に対する答えとなると同時に，慣習が実際に発展する仕方の真実により近いのは，つぎのようにいうことである。つまり，opinio juris の要件は，問題の慣行が「法に従う意識」，又はそれが「国際共同体の必要性に適合するものとして潜在的に法であり」，単なる便宜又は礼儀の問題ではないという見解，によって伴われていたことが必要である，ということにすぎない，と。かくして，心理的要素は，「問題の慣行が法によって要求されていないとしてもそのようになるプロセスにあるという見解」も含むことになろう[39]。

そこでは，法創設的慣行とそうでない慣行を区別するために，法創設的慣行であるためには慣行のほかに「特定の心理的態度」も必要とされている。しか

し，その心理的態度は，伝統的理論のように「法に従う意識」にこだわるのではなく，当該慣行を「国際共同体の必要性」に適合するものとして法になるプロセスにあるものとみなす見解でもよいとされている。その際には，慣行が潜在的には法であって単なる便宜又は礼儀の問題ではないという点が強調されている。それは，ここで問題になっているのは国際法によって規律される必要がある事項か否かである，ということを示唆するものであろう。

彼は，また，「問題の慣行が――立法論的に――一般国際法の準則であるべきである又はそれになるべきであるという見解」を伴う国家の慣行は，慣習法創設のプロセスをスタートさせるのに十分であるが，当該慣行が慣習法となるためには「当該準則は存在するという見解」を伴う国家の慣行が少なくともいくつか必要であるという解釈について，およそつぎのようにのべる。

　そのような解釈は「Kelsen の注意をひいた論理的ジレンマ」を免れることができない。「当該慣習が法であるべきであるという見解」が十分に一般的な慣行と結びついて当該慣習を法にするという効果を有するときにのみ，後の慣行が「当該慣習が法であるという正しい見解」と結びつきうる。この見地からするとつぎのように考察することになる。つまり，慣習国際法の準則に成長することになる慣行を始める国家は opinio necessitatis ――「問題の慣行が単に便宜の問題としてではなく法として必要であるという見解」――の影響のもとに行動する，そしてそのような慣行の結果として法的準則が生まれ出るのであり，その後に慣行に従って行動する国家は最も厳密な意味での opinio juris に従って行動しているといわれうる，と。「初期の段階における opinio necessitatis は法規を創設するのに十分である」が，その法規の継続的存在は opinio juris によって伴われる後の慣行に依存する。その慣行がない場合には，生まれたばかりの準則は病弱な赤ん坊と判明して，長く生存することができないであろう[40]。

以上からすると，Thirlway の見解はつぎのように要約されうるであろう。

つまり，慣習法を成立させる慣行とそうでない慣行を区別するためには，慣習法の成立要件として一般慣行のほかに「特定の心理的態度」が必要であるが，それは，既存の法規に従うという意味での opinio juris ではなくてもよく，「当該慣習が法であるべきであるという見解」又は「問題の慣行が単に便宜の問題としてではなく法として必要であるという見解」という意味での opinio necessitatis で十分である[41]，と。その際には，彼は伝統的な見解における opinio juris を法創設的慣習の要素とすると「Kelsen の注意をひいた論理的ジレンマ」——慣習法が成立する前の opinio juris は「『正しい』信念」又は「正しい見解」ではない旨——に陥るということを強く意識している。上記のような opinio necessitatis を法創設的慣習の要素とすることで，opinio juris は慣習法が成立した後の「『正しい』信念」又は「正しい見解」ということになる，というのであろう。また，他方では，ここで問題になっているのは国際法によって規律される必要がある事項か否かである，ということもある程度意識されていることに注意すべきであろう。

　ちなみに，彼の考える opinio necessitatis は，Kelsen が錯誤という批判を回避しうる心理的要素として紹介していたもの，即ち「道徳又は正義の要求即ち実定法となるべき規範に従う」という主観的見解又は「法となるべき規範，道徳又は正義の命令（それらはまだ実定法ではないが単なる《国際礼譲》の規範でもない）を実現する」という主観的主張に対応する。それはさらには D'Amato が拒否した「それは国際法の準則として受け入れられるべきである」という「懇願的性質」の判断に対応するといえよう。そして，先にものべたように，そのような見解は，実をいうと，つとに 19 世紀ドイツ私法学において Brinz や Unger などによって説かれていたところでもあったのである。そして，Thirlway の見解については，彼らに対するのと同様な問題を提起することができよう。つまり，これまで慣習法の成立の際に慣行に従う人々はつねにそのような，法に関する特殊技術的な内容の意識又は意思を有していたのであろうか，また，法創設的慣習とそうでない慣習の区別はそのような特殊な主観的な要件がなければ説明できないのであろうか，と。

（4） Mendelson の見解

Mendelson は，かつて opinio juris を不必要とみなした Kelsen や Guggenheim が後に少なくともある程度においてその見解を撤回したことにつき，その撤回は「早まったものであり不必要であった」とみなす[42]。彼はつぎのようにのべる。

　我々は，何故に国家が確立された慣習規則に従うのかの説明として opinio juris を援用してもよいであろう。しかし，その説明はある意味では余分である。国家が慣行に従うのはそれが法だからであるということを意味するにすぎないからである。そのことは条約上の義務の遵守にもあてはまる。国家が法に従うのはそれが法だからである。他方，そのように確立された慣習法のケースではなく，新たな準則の創設ということになると，「権利又は義務の承認という言葉で伝統的に定式化された opinio juris の概念」はまったく役に立たない。というのは，慣行が——大陸棚に関するトルーマン宣言のように——前の法の違反を含む新たなものであるならば，関係国は法に従って行動しているという見解をもつはずがないからである。Kelsen が指摘したように，理論的には国家は勘違いをして行動しているとのべることにより，この困難の裏をかこうとする人がいるかもしれない。しかしそのことは当該実例ではアメリカ合衆国の場合に明らかにありそうもないことであり，他のほとんどのケースにおいてもそうである。Kelsen 自身もこの提案をありそうもないこととして退けた。新たな慣行を導入する国家は「その行為が既存の法によって許容又は要求されているという信念」をもたないし，その行為に積極的又は消極的に応答する最初の国家もそれをもたないのである[43]。

そこでは，新たな慣習法の成立の場合には最初に行動する国は伝統的な見解における opinio juris をもっているということはありえないので，opinio juris の概念はまったく役にたたない旨が説かれている。確かに，国家の行為が最初

から opinio juris を伴うことはあまりないかもしれないが，国家は慣行が確立されていくにつれてやがて——まだ慣習法が成立する前でありながらも錯覚して—— opinio juris をもって行為するようになるということはありえないわけではない。伝統的な見解が主として念頭においているのはそのような事態なのではなかろうか。そのことを考慮に入れると，必ずしも無条件に，「論理的には，新たな行為が新たな準則を創設しうるかどうかを考察しているときに，既存の義務に従う感情について語ることは矛盾である」[44]と断ずるわけにはいかない。また，Thirlway のいう「当該慣習が法であるべきであるという見解」又は「問題の慣行が…法として必要であるという見解」という意味での主観的要素の可能性もありうるように思われる。

そのように Mendelson は慣習法の成立の際に主観的要素に何の意義も認めないかのような論述をしているのであるが，他方では，それに限られた有用性を認めるかのような論述もしている。つまり，opinio non juris のような概念は，一定の行為の場合が「法的にレレヴァントな先例」としてカウントされない旨を決定するのを助ける点で「有用な道具」でありうるが，それらはむしろ「かなり例外的ケース」である[45]。我々はそのような仕方で主観的要素に「限られた例外的な役割」を認める[46]，と。その点に関して彼は詳細にのべているが，それはおよそつぎの二つの場合にわけられるであろう。

まず，慣行又は慣習規範が明確であるが，その内容が国際法の規律対象に属さないという場合である。彼はおよそつぎのようにのべる。

　第一に，規則正しく遵守されているが，その性質上慣習的義務を生み出すことができないように思われる種類の行為に属する慣行がある。例えば，国家の指導的地位にある人の死亡につき弔辞を送る行為である。何故にこの慣行が礼譲にすぎないのかを説明しなければならないとすれば，我々はおそらく，「国際的共同体においては当該慣行が法的義務を生み出さないと一般に信じられている（一種の opinio non juris）」，又は——換言すると——誰もがこの義務の履行を法的権利の問題として請求しない，とのべるであろう。し

かし，真実は，そのようなコンテクストにおける法的義務の欠如は今日では，ちょうど国内法において社交的招待が自明の如く「法的規制の問題」ではないとして取り扱われているように，自明のこととみなされているのである。したがって，この慣行は法的先例としてはカウントされない。第二に，法的権利義務を生み出す性質の慣行でありながら，そのようなものではないという「共通の信念」（再び opinio non juris）のために，又は——換言すると——そのような請求がなされていないために，たまたまそのようなものではない，というケースがある。例えば，外交官が個人的使用のために輸入した商品につき関税が免除されることである。この免除が「法的規制の対象」でありうることは 1961 年の外交関係に関するウィーン条約 36 条によって示されているが，同条約の採用以前では当該特権は「礼譲の問題」であるにすぎないものとみなされていた。ここでも当該慣行は法的観点からは先例ではないのである[47]。

そこでは，慣行からいかなる内容の慣習規範が引き出されるべきなのかが判明している，ということが前提とされている。そのうえで，法創設的慣行とそうでない慣行の区別を前提としつつ，所与の慣行が法創設的慣行ではない旨を説明するという目的との関連で，opinio juris の不存在の有用性が語られている。しかし，その区別の際に実際に問題となっているのは，Mendelson も意識しているように思われるが，当該慣行（慣習規範）が関係するのは国際法の規律対象たる事項——彼の言葉によれば「法的規制の問題」又は「法的規制の対象」——であるか否かである。そして，ここで注意されるべきは，後にものべるように，法の規律対象たる事項とそうでない事項の区別はいかなる実定法も知っているところのものであり，特に法の欠缺を認める際には実際に使用されている，ということである。そのことを考慮にいれると，Mendelson が opinio juris の概念に「有用な道具」たる「役割」を限定的且つ例外的に認める上記の場合については，opinio juris の概念は不必要ということになろう。実定国際法の認める国際法の規律対象たる事項とそうでない事項の区別をその

まま利用することで事足りるのであって，ことさらに，個別国家の行為時における主観的見解たる opinio juris[48]なるものを持ち出すべきではない。そうとすると，慣習国際法は国際法の規律対象たる事項に関わる慣習規範であり，そうでない慣習規範は国際礼譲などである，ということになろう。そのような要件は行為者の心理的状態に関するものとしての主観的な要件ではなく，行為者の心理的状態とは区別されるべきものとしての客観的な要件なのである。Mendelson が行為をなす個別国家の opinio juris ではなく，「共通の信念」（「国際的共同体において……一般に信じられている」ところのもの）について語るのも，その観点からすると興味深い。ちなみに，国際法の規律対象たる事項であるか否かの判断は結局において実定国際法全体の趣旨にかんがみてなされることになるが，その判断は時代と共に変わりうるのであり，外交官の関税免除はその一例を示すものとして捉えられるべきである。

　つぎに，慣行又は慣習規範が不明確な場合である。Mendelson によると，国際裁判所が Lotus 事件，North Sea Continental Shelf 事件及び Nicaragua（Merits）事件において opinio juris という言葉で表現される主観的要素に訴えているが，そこでは，問題となっている国家の行為が曖昧で，それに先例としての価値を認めることができないということを説明するために opinio juris の不存在が利用されている。Lotus 事件においては，これまで公海上での船舶衝突事故の場合に旗国以外の国家が刑事訴追を差控えてきた理由が「国際法の要求するところのものについての国家の見解（請求と応答）と関係している」，という「証拠」はないのである。North Sea Continental Shelf 事件においては，国家が大陸棚を等距離に基づいて限界づけてきたという行為は「opinio juris」又は「国際法に基づく明確な請求と応答」に基づくといえなかった。Nicaragua（Merits）事件においては，不干渉義務の原則と矛盾するような行為については，それが新たな干渉する権利又は不干渉義務の原則に対する新たな例外という観点から正当化されておらず，「権利の請求」という形で行われていない[49]。このようにして Mendelson は，国際裁判所が慣習法の要件としての opinio juris を使用する場合のほとんどにおいては，慣行に曖昧性や不確

かさがあったのであり、上記のような特別の事情における不確かさを解決し、外見上の先例を法創設的慣行としてカウントしないことを証明するにあたり opinio juris が「必要な道具」であった[50]、とみなす。しかし、それらの事件においては、国際法の規律対象たる事項に属すると思われることがらについて、どのような内容の慣行が存在するのか、どのような慣習規範又は規範意識が存在しているのかが問題となっているにすぎない。したがって、あえて国際法規範に関する意識たる opinio juris を持ち出す必要はなかったのではなかろうか。

ちなみに、Mendelson は、「前に略述した仕方で主観的要素に限られた例外的な役割を認めるという条件で、標準的な普通のケースにおいては主観的要素が探求されるべき特別な理由はないように思われる」[51]とのべる。そのケースとは、「……明確に法的コンテクストにおいて生ずる、恒常的で一様且つ明確な、十分な一般性をもった慣行が存在するという標準的なタイプのケース」であって、その場合には「opinio juris の存在の証明を要求すべき特別の理由はない」[52]とされるである。ここで注意されるべきは、opinio juris の存在の証明を要求すべき特別の理由はないとされる「標準的なタイプのケース」の定義のなかに、「明確な」一般慣行が存在すること、そしてその一般慣行が「明確に法的コンテクストにおいて生ずる」こと、という二つの条件がつけられているということである。その二つの条件のうちの前者は慣習規範の内容が明確であるということを意味し、後者は慣習規範の内容が明確に国際法の規律対象たる事項に関するものであることを意味するように思われる。そして、その二つの条件は、先にもみたように、彼が opinio juris に「有用な道具」たる役割を認めていた「かなり例外的ケース」においては満たされていなかった。そのことを想起すると、opinio juris は「かなり例外的ケース」においてのみ「有用な道具」となるという彼の命題が真に意味するところはつぎのようになろう。つまり、国際裁判所の前に登場してくる事件は、その「大抵の場合においては」[53] opinio juris の存在という要件の充足が明確であるので、特にその存在を立証する必要性は認められないが、「かなり例外的ケース」では事情は異なる、と。

したがって，opinio juris の存在という要件が「かなり例外的ケース」についてのみ認められるという趣旨が説かれているのではないのである。その意味で，彼も，──明確に意識しているか否かは別として── opinio juris の存在を慣習法の主観的要件として認めているということになろう[54]。

(5) 若干の考察

以上，Kelsen の問題提起を分析・検討し，さらに D'Amato や Thirlway や Mendelson の見解を分析・検討してみた。そこからは，まず，先においてそのつど指摘したように，今日の国際法学者の法的確信に関する議論は 19 世紀ドイツ私法学においてすでに何らかの形で存在しているという興味深い事実が引き出されうるように思われる[55]。これは，慣習法の議論は基本的には国際法と国内法とであまり違わないという事情によるものであろう。そこで，以下には，私法学における慣習法論の最近の成果をふまえつつ，慣習国際法の成立要件としての法的確信について要約的な検討を試みておこう。

1 検討（その 1）

問題の出発点は，慣習法を創設する慣習の要件としては，客観的要件たる慣行（同型行為の反復）のほかに主観的要件が認められるべきなのか否か，認められるべきとするならばその主観的要件は何かである。1939 年の Kelsen の論文によると，伝統的見解はその主観的要件たる opinio juris sive necessitatis を，当該慣行を法だと認めてそれに従う意識として捉える。彼はこの伝統的見解に対して問題提起をするのであるが，その後の議論との関係で最も著名なのは，伝統的見解によると「慣習法は慣習を作り上げる主体の錯誤によってのみ生じうる」ということになってしまう，という問題（錯誤問題）である。もっとも，厳密にいえば，国際社会の分権的構造を視野に入れると，伝統的見解は法の存在に関する誤った判断（錯誤）を慣習法の要件にするという批判を受けるだけではすまず，さらに──Kelsen 自身は意識していなかったようであるが──より深刻な批判を免れないように思われる。つまり，国際社会の分権的

構造のもとでは，関係国は所与のケースにおける国際法の定める要件（慣習国際法の要件も含む）の充足を自己との関係で認定することを授権されている。そして，関係国が所与のケースにおいて法的確信のもとに慣行に従うという行為は，当該の慣行を法だと認めてそれに従うという行為，したがって所与のケースにおける慣習国際法の成立要件の充足の認定を含む行為にほかならない。それらのことを意識して伝統的見解をみると，それは慣習国際法の成立要件のなかに，その成立要件の充足を有権的に認定する行為を取り込むという，論理的に不可能なことを主張していることになるのではなかろうか，と。伝統的見解については，ときとして，Kelsen が『循環論法』を指摘したとのべられることがあるが，厳密にいえばそうでないのである。伝統的見解のなかに『循環論法』を見出すためには，国際社会の分権的構造を視野に入れたうえでの上述のような説明——それはこれまであまりなされてこなかったようである——が必要となるように思われる[56]。その点は別として，彼が錯誤問題とは別個に指摘していた，opinio juris の存在を証明することはほとんど不可能である，という問題（証明問題）も見落とすことができない点であろう。しかし，内心の意識が問題となるときには民法学においてはそれを外部的な行為などの客観的なものから推断するという仕方が一般に行われてきている。そのことを考慮に入れると，上記の証明問題はあまり過大視されるべきではないように思われる。実際に，Kelsen 自身も，後になって，一定の主観的要素を認めるに至っている。

　Kelsen の問題提起の後の学説が最も頭を悩ましたのは錯誤問題である。というのは，Kelsen の指摘自体の正当性は疑う余地がないが，だからといって，1939 年の Kelsen のように客観的要件たる慣行のみを残して，主観的要件を削除してしまうと，つぎのような問題にぶつかるからである。つまり，行為者が何らの規範意識も有しないで行うところの，同型行為の単なる偶然的な反復としての慣行であっても，そこから慣習法規を引き出すべきであるのか，と。おそらく，その問題に気づいて Kelsen は 1952 年の著書において，主観的要件を導入せざるをえなかったように思われる。同著書によると，彼が考える主観的

要件は，伝統的見解の考えるような，当該慣行を法だと認めてそれに従う意識ではなく，何らかの規範意識であればよいというものであった。そのように彼が主観的要件として規範意識を要求するようになったのは，何らの規範意識も生ぜしめることのない単なる慣行と慣習国際法を創設する慣行を区別するという目的からであったように思われる。そして彼が主観的要件を何らかの規範意識というようにゆるく解して，法規範の意識である必要はないとしたのはおそらく，彼が指摘した錯誤問題を回避するためであったように思われる。しかし，そのように何らかの規範を適用する意識であればよいということになると，国際慣習法を創設する慣行とその他の慣習規範（例えば国際礼譲）を創設するにすぎない慣行とを成立要件のうえでどのように区別するのか，という問題にぶつかる。慣習国際法以外の国際礼譲などの慣習規範が成立する場合にも，規範意識を伴う慣行が前提とされるからである。残念ながらKelsenはその問題について特に説明するということはなかった。当該問題の存在を国際法の平面で指摘したのはD'Amatoである。彼は，Kelsenの理解するような主観的要件では「法的慣行と社会的慣行」の区別，慣習国際法を創設する慣行と「社会的礼儀又は礼譲を創設する慣行」の区別を説明できないと考える。その結果，主観的要件を「所与の準則は国際法の準則である」という判断として捉える。もっとも，その際にはKelsenの証明問題を意識してか，その判断は純然たる信念としては捉えられていない。D'Amatoは，「証拠の観点からすると」そのような判断を示す「明言」が，行為する国家以外のものによってでもいいから，予めなされているという状況を必要とみなす。そして彼は，その状況のもとでは爾後の国家の行為をそのような判断に基づいてなされたものと「推断する」。けれども，慣習国際法の成立要件として要求されるそのような判断は，慣習国際法の成立前の段階における判断であるが故に法の存在に関する誤った判断であるといわざるをえない。その意味で，D'Amatoの見解はKelsenの錯誤問題を回避しえていないように思われる。ちなみに，関係国に要求する判断を「それは国際法の準則として受け入れられるべきである」という「懇願的性質」のものとして捉えるならば，法の存在に関する誤った判断という問題はな

くなると思われるが，彼はそのような見解を——特に理由を明示することなく——拒否していた。これに対して，そのような見解を採用するのがThirlwayである。彼も，慣習国際法を創設する慣行と単なる国際礼譲などを創設するにすぎない慣行を区別するために，慣行だけでは不十分であるとする。そのうえで，要求される心理的な態度を，当該慣行を法だと認めてそれに従うという意識としてではなく，それに代えて「当該慣習が法であるべきであるという見解」又は「問題の慣行が……法として必要であるという見解」として捉えるべきであるとみなす。そのような内容の心理的な態度は，慣習国際法の成立前の段階で要求されても法の存在に関する誤った判断とはみなされず，Kelsenの錯誤問題を回避できるということなのであろう。このようにして，慣習国際法を創設する慣行と単なる国際礼譲などしか創設しない慣行を区別するという同じ目的をめざしていても，D'AmatoとThirlwayは，関係国の側に要求されるのは問題の慣行が国際法の準則であるという判断なのか，それとも国際法の準則であるべきであるという判断なのか，という点で相違を示しているのである。そして両説を比べると，関係国に法の存在に関する誤った判断を要求しないという点で，Thirlwayの見解の方に分があるといえる。しかし，彼の見解については，はたしてこれまで慣習国際法の成立の際に関係国がつねにそのように所与の準則は国際法上のものになるべきであるという意識に基づいて行動してきたといえるのか，そのような意識に基づく行為しか慣習国際法を成立させることができないのか，という問題は残るであろう。伝統的見解やD'Amatoの見解についても類似のことがあてはまるように思われる。それらの説は慣習国際法の成立時における関係国の判断や心理状況——それらは多種多様でありうる——に関する実証的分析に基づいて唱えられているものではなく，むしろ，慣習国際法を創設する慣行と単なる国際礼譲などを創設するにすぎない慣行の相違を成立要件のうえで説明するという，極めて法技術的な要請に迫られて考案された解決策にすぎないのである。問題は，そのような法技術的な要請に応ずる必要があるとしても，もっと別の解決策がないのかであろう。その点で注目されるのが，Mendelsonの見解であろう。というのは，彼は，かつて

主観的要素を不要とみなしていた Kelsen などがその見解を撤回したことにつき，その撤回を「早まったものであり不必要であった」とみなすからである。もっともその真意は，opinio juris を慣習法の要件とみなさないということにあったのではないようである。彼は「明確に法的コンテクストにおいて生ずる」「明確な」一般慣行が存在するという「標準的なタイプのケース」においては「opinio juris の存在の証明を要求すべき特別の理由」がない旨を強調するだけであって，慣習規範が慣習国際法ではなく国際礼譲にすぎないと判断する場合や慣行の内容が明確でなく曖昧な場合——彼によるとそれらは「かなり例外的なケースにすぎない」——には，opinio juris の有用性を認めるからである。そこでは，伝統的見解と同じように opinio juris を慣習国際法の成立要件とみなすということが前提とされているのであり，ただ，そのような主観的な要件の存否が国際裁判所などの前で重要な争点として登場してくる場合は実際には「かなり例外的なケース」にとどまる，ということが強調されているにすぎないのではなかろうか。

2　検討（その2）

　従来，多くの人が opinio juris（又は opinio necessitatis）の観念に固執してきたのは，慣習国際法の成立プロセスに関する実証的研究の結果によるというよりも，むしろ慣習国際法となる慣行と単なる国際礼譲などにとどまるにすぎない慣行の区別を成立要件のうえで説明するという，極めて法技術的な要請によるものであった。しかし，その区別の際に実際に問題となっているのは，19世紀ドイツ私法学においてつとに Danz が，そして国際法学においては Mendelson が的確に認識したように，当該の慣習規範が「法の領域」（Danz）又は「法的規制の対象」（Mendelson）に属するのか否かである。そして，およそ実定法なるものは法の規律対象たる事項（「法の領域」又は「法的規制の対象」）とそうでない事項の区別を知っており，そしてその区別は後に言及するように法の欠缺を認める際に実際に使用されている，ということを考慮に入れるならば，つぎのような結論になるはずであった。つまり，法創設的慣行と

そうでない慣行の区別を成立要件のうえで説明するに際しても，実定国際法の認める国際法の規律対象たる事項とそうでない事項の区別をそのまま利用すればよい——実をいうと Mendelson 自身もそれを不完全な形においてではあるが利用している[57]——のであって，個別国家の行為時における主観的見解たる opinio juris（又は opinio necessitatis）なる概念を持ち出す必要はない，と。この点との関連では，わが国の私法学においても，慣習法とその他の慣習規範を成立要件の平面で区別するという目的からすると，法の規律対象たる事項という客観的な要件で十分であり，法的確信のような主観的な要件は不要であるとする見解が唱えられるに至っていることが，注意されるべきであろう[58]。そうとすると，慣習規範はその内容が国際法の規律対象たる事項に関するものであるときには慣習国際法となるのであり，そうでないときには単なる国際礼譲などにとどまる，換言すれば国際法の規律対象たる事項に関する一般慣行が慣習国際法を創設し，そうでない事項に関する一般慣行は国際礼譲などを創設する，と説明することになろう。ちなみに，ここで提唱されている国際法の規律対象たる事項に関するものという要件は，関係国の行為時の意識や信念からは論理的に区別されるべき客観的な要件なのである。確かにそのような要件は実定国際法全体の趣旨に照らして判定されるべき[59]抽象的・一般的なものにとどまり，その充足の判定——それは時代と共に変わりうる——もときとして微妙となる場合があるが，それだからといってその存在意義を失うものではない。そのような一般条項的な要件はこれまでにもいろいろな実定法において数多くみられてきたところである。例えば，国際法の平面でも一例をあげれば，ICJ の管轄に関する ICJ 規程 36 条 2 項は，選択条項によって強制管轄を受諾する場合について，法律的紛争を限定するに際して「国際法上の問題」（b 号）という抽象的・一般的な要件を提示している。これなどは抽象的・一般的な要件の最たるものであろう。また，実際にも国際法の規律対象たる事項に関するものという抽象的・一般的な要件はこれまでにも暗黙裡において使用されてきているのである。例えば，国内法において法の欠缺を認めるにあたり，法の規律対象たる事項とそうでない事項の区別が前提とされる[60]のと同様に，国際法に

おいても欠缺を認める際には——明確に意識しているか否かは別として——国際法の規律対象たる事項とそうでない事項の区別が実際に行われていることは否定できない事実なのではなかろうか。つまり，ICJ 規程 38 条 1 項 c 号の法の一般原則に関しては，多数説の考えによると，条約も慣習もないときに（いわゆる国際法の欠缺の場合に）それが適用されることになる。それでは，条約も慣習も存在しない事項すべてについて国際法の欠缺が認められ法の一般原則が適用されるのかというと，当然のことながらそうではない。国際法の規律対象たる事項であるのにもかかわらず，その規律が条約や慣習のなかに見出すことができない場合に，国際法の欠缺が認められ，法の一般原則によって補充されるのである。したがって，国際法において欠缺が認められ法の一般原則が適用されるときには必ず，当該の事態は国際法の規律対象たる事項であるという判断が前提とされているのである。換言すれば，法の一般原則の適用又は国際法の欠缺に関する従来の多数説的な説明は，国際法の規律対象たる事項とそうでない事項の区別ぬきでは成り立たないのである。

　なお，伝統的な見解の支持者の論述のなかにも，慣習国際法が成立するためには慣行又は慣習規範の内容が国際法の規律対象たる事項に関するものでなければならない，という見解の萌芽が実質的に見出されうる。例えば Brownlie は，「礼儀，公正，もしくは道徳からの動機に対立するものとしての法的義務の意識」たる opinio juris を国際法における慣習の成立に「必要な要素」とみなしたうえで，「法的カテゴリーによって支配される領域」において「一般慣行」が証明されるときには「opinio juris の存在を推定すること」が裁判所に期待されうる[61]，とのべている。そこでは，「法的カテゴリーによって支配される領域」におけるという条件が「一般慣行」に付されていることに，注意すべきであろう。つまり，「法的カテゴリーによって支配される領域」とそうでない領域という区別が認められるべきであり，そして前者における「一般慣行」のみが慣習国際法を成立させ，後者における「一般慣行」はそうではない，と考える立場の萌しを見出すことができるのではなかろうか。そして，そこでの「法的カテゴリーによって支配される領域」という言葉は国際法の規律

対象たる事項——「法的規制の対象」(Mendelson)——を意味するものと思われる。同様なことは，山本草二教授にもあてはまるように思われる。同教授は「国際法の規律している事項について，一般慣行が確立している旨の，原告側の立証がなされれば，国際裁判所としては，これをもって，法的確信の存在を一応推定することが許される」[62]とのべられるからである。つまり，そこでも，「国際法の規律している事項」——それは Brownlie のいう「法的カテゴリーによって支配される領域」に対応する——とそうでない事項という区別が認められるべきであり，そして前者に関する「一般慣行」のみが慣習国際法を成立させる，という方向が実質的に萌芽的な形で示されているのではなかろうか。

3 検討（その3）

先にのべたように，伝統的な見解が慣習国際法の成立要件の一つとして認めてきた法的確信は，問題を含むものとして放棄されるべきである[63]。伝統的見解が法的確信という要件に期待していた，法創設的慣行とそうでない慣行の区別を説明するという役割は，実定国際法が知る国際法の規律対象たる事項に関するものという客観的要件によって果たされうる。このような見解は，実をいうと，これまでにもすでに一部の国際法学者によって実質的に示されてきているのである。以下には，そのことを示そう。

まず，Suy がその著書の第 7 章「一方的行為と慣習の成立」において展開しているつぎのような議論が興味深い。彼はまず，opinio juris を慣習国際法の要件としてあげることを拒否する Guggenheim の見解に対して，「慣習と単なる慣行との間には，opinio juris を拒否したのでは説明できない根本的な区別がある」，と批判する[64]。したがって，彼は法創設的慣行とそうでない慣行の「根本的な区別」を説明するために opinio juris を必要とみなしていることになろう。しかし，彼はその場合の opinio juris を伝統的な見解と同じようなものとして理解しない。彼は伝統的な opinio juris 理解に対する Kelsen の批判に賛成したうえで[65]，opinio juris を「慣行を法であるとして受け入れることとい

う意味」として捉える。彼によると，それは条約，承認，一定の条件のもとでの抗議の欠如などの諸要素によって証明されうるのであり，「承認や抗議は慣行を法であるとして受け入れること又は拒否することの証拠である」[66]。このようにして彼は上記のような意味における opinio juris を維持するのであるが，さらに上記の第7章の最後においてつぎのようにのべるのである。

　我々は，opinio juris に関する伝統的な解釈を《慣行を法であるとして受け入れること又は承認すること》という解釈に替える。そして，我々は，国家は一定の慣行に実際に従うこと又はそれを拒絶することによって，当該慣行を法であるとして受け入れる又はそのことを拒絶する，という結論に到達した。確かに opinio juris の問題に対するこのような解決は慣行によって確認されてはいるが，この章の冒頭で提起したつぎの問題を完全に解決するものではない。「何故に恒常的，一般的，一律的且つ確定的な慣行が，あるときは慣習の形成に導き，あるときは単なる慣行の形成に導くのか」。「何故に確定的で一致した慣行が，ある場合には法であるとして受け入れること又は承認することを意味し，他の場合には単に礼譲又は慣行であるとして受け入れることのみを意味するのか」。具体的にいうと，何故に一般的，一律的，恒常的に且つ異議なく実行されてきた軍艦同士の海上の挨拶がそれに対応する権利義務を生ずる慣習ではないのに，二つの飛び領土間の通航，一律的，恒常的で確定した通航は慣習を生ずるのか。この問題をアプリオリに解決することは不可能である。慣習又は慣行の存在を確実に確認しうるのは学説ではない。「その問題に対して我々が与えることができる唯一の答え」は「国家間の関係にとって重要な事項と，白紙の使用や海上の挨拶のような，そうでない事項を見分ける」というものである[67]，と。

このようにみてくると，Suy は最初に，法創設的な慣行とそうでない慣行の「根本的な区別」を説明するという観点から opinio juris の必要性を認めておきながら，最後には，その「根本的な区別」の説明には opinio juris が役に立た

ないということ——したがって慣習法の成立要件としては opinio juris が必要でないこと——を事実上告白しているにひとしい，ということになるのではなかろうか。何故に同じ慣行でありながらあるものは慣習法を成立させ，他のものはそうでないのかという問題との関係で，彼の「唯一の答え」は「国家間の関係にとって重要な事項と……そうでない事項」又は「国際関係の安全及び調和にとって重要な事項」[68)]とそうでない事項を見分けることだからである。そして，彼のそのような答えを抽象化したうえで，慣習国際法の成立についてのべれば，『国際法の規律対象たる事項』に関する慣行のみが慣習法を成立させるということになるのではなかろうか。というのは，彼の「国家間の関係にとって重要な事項」又は「国際関係の安全及び調和にとって重要な事項」という言葉は，それを多少抽象化すると，国際法の規律対象たる事項になるように思われるからである。

この点との関連で興味深いのは，Quadri の見解である。彼は慣習国際法を成立させる慣習を「純然たる慣行」又は「純然たる伝統」として捉えて，opinio juris を不要とみなすのである。そして彼は，法創設的な慣行と国際礼譲やその他の法的には重要でない慣行の区別について，「相違は，価値判断 (de minimis non curat jus 法は些事を顧みず) にある」[69)]，とのべる。その言葉も，国際法の規律対象たる事項に関する慣行のみが慣習法を成立させるという命題を示唆するものとして捉えられるべきではなかろうか。

ちなみに，Verdross は，Suy が慣習国際法規範と国際習俗規範との区別の基準を国際関係にとって重要であるものかどうかに求めているとして，それについてつぎのように批判する。つまり，Suy は，重要であるところのものは極めて相対的であること，及び同じ領域において国際習俗規範が慣習国際法規範に，逆に慣習国際法規範が国際習俗規範に変わりうるということを，見落としている[70)]，と。確かに，何が国家間の関係又は国際関係にとって「重要な」事項であるのかは実定国際法全体の趣旨に照らして判断されるべき問題であり，その判断も時代と共に変わりうる。しかし，それだからといって，実定法においてそのような抽象的・一般的な要件を設けることはできないということには

ならない。その点については，国際法の規律対象たる事項に関するものという要件との関連で先にのべたことがそのままあてはまるであろう。

　さらに，Akehurst による Quadri 批判を取り上げてみよう。彼は，opinio juris が必要であるという観点からつぎのように論じる。つまり，Quadri は慣習法と礼譲の区別が問題の相対的な重要性――de minimis non curat lex（法律は些事を顧みず）――に基づくことを示唆する。しかし，その基準は許容的法規と義務を課す法規を区別するための手段を提供しない[71]，と。許容的法規と義務を課す法規を区別する基準についてであるが，国家間にどのような規範――必ずしも法規範である必要はない――の意識があるのかという慣習規範の内容が基準となる，と答えることで十分なのではなかろうか。換言すれば，opinio juris という主観的要件は必要ではないのである。Quadri の論述では，慣習法の要件は慣行のみであって，関係国の規範意識をまったく問わないかのような見地が示されているが，それは問題であろう。単なる同型行為の反復のみで関係国の間に何の規範意識も生じていない場合にまで，慣習法の成立を認める必要はないからである。また，いかなる内容の慣行が成立したのかを確定するためには，ときとして同型行為の反復という外形的行為のみを観察していたのでは十分でなく，関係国にいかなる規範意識があるのかを問う必要があるように思われる。

4　お わ り に

　伝統的には慣習国際法の成立要件の一つとして，当該慣行を法と認めてそれに従う意識という意味での法的確信があげられてきた。Kelsen はそれに対して，慣習法の成立する以前の段階において関係国にそのような法的確信を要求することは法の存在に関する「錯誤」に陥った行為を要求することになる，と批判した。そのような欠点――それはすでに19世紀ドイツ私法学においては多くの人によって知られていた――にもかかわらず，伝統的な見解が今日まで多くの人の支持するところとなっている。それは，同型行為の継続的な反復で

あっても，慣習国際法を成立させる場合と国際礼譲などを成立させるにすぎない場合がある，ということを慣習国際法の成立要件との関係で説明するためであった。法的確信を不要とする見解ではそのことを説明できないと考えて，多くの人は——Kelsen の上記の批判を甘受しつつ——伝統的な見解に従ってきたものと思われる。しかし，伝統的な見解は採用されるべきではないように思われる。第一に，伝統的な見解のもとでは，Kelsen の指摘するように，法の存在に関する錯誤に陥った行動のみが慣習国際法を成立させる，という不合理な議論になる。しかし批判はそれだけではすまないように思われる。より根本的に，伝統的な見解はそもそも論理的には成り立ちえないものと考えられるからである。それはこうである。関係国が所与のケースにおいて法的確信のもとに当該の慣行に従うという行為は，法的確信の内容からして，当該慣行を法だと認めるという行為を含むことになる。ところが，当該行為は，国際社会の分権的構造のもとでは——関係国は所与のケースにおける国際法の定める要件の充足を自己との関係で認定することを授権されている（そのことは国家承認の場合に特に顕著に表面にでる）ので——慣習国際法の成立要件の充足の有権的な認定という意味をもたざるをえない。そのことを考慮に入れると，伝統的な見解は慣習国際法の成立要件のなかに，その成立要件の充足を有権的に認定するという行為を取り込むという，論理的に不可能なことを主張していることになろう。第二に，慣習国際法となる慣行と単なる国際礼譲などにとどまる慣行を成立要件のうえで区別するという目的からしても，法の存在に関する特殊技術的な内容の法的確信を主観的な要件として持ち出す必要はない。それはこうである。その区別の際に実際に問題となっているのは，当該の慣習規範が「法の領域」(Danz) 又は「法的規制の対象」(Mendelson) に属するのか否かである。そして，およそ実定法なるものは法の規律対象たる事項とそうでない事項の区別を認めており，その区別は例えば法の規律対象たる事項に関する法規の欠如の場合についてのみ法の欠缺を認める，という仕方で実際に使用されている。それらのことを意識するならば，慣習国際法を創設する慣行と単なる国際礼譲などを創設するにすぎない慣行の区別を成立要件のうえで説明するに際

しては，実定国際法の認める国際法の規律対象たる事項とそうでない事項の区別——国際法の欠缺（ひいては法の一般原則の適用）という観念もその区別を前提にして成り立っている——をそのまま利用すればよいのであって，個別国家の行為時における主観的見解たる法的確信なる概念を持ち出す必要はない，ということになろう。したがって，一般慣行（慣習規範）は，その内容が国際法の規律対象たる事項に関するときには慣習国際法になるが，そうでないときには国際礼譲などにとどまる，と説明することになる。一般慣行の内容が国際法の規律対象たる事項に関するものでなければならないという要件は，関係国の行為時の意識や信念——たとえそれが客観的な事態から推断されるものであっても——からは論理的に区別されるべき客観的な要件である。何が国際法の規律対象たる事項に関するものであるかは，実定国際法全体の趣旨に照らして判断されるべき問題である。そしていうまでもなく，そのような要件を認めることは，必ずしも，慣習国際法の成立の際には規範意識は一切不要であるということまでも意味するものではない。他国との関係で何らの規範意識も伴わない単なる同型行為の反復に法源たる効力を認めるということは誰もが考えていないと思われるからである。その意味で，規範意識としての主観的要件——それは多くの場合には客観的な事情から推断されることになるが——は必要と思われる。ただ，ここで重要なのは，主観的要件として規範意識が必要であるといっても，それは必ずしも国際法規範の意識である必要はないということである。

　以上のことをふまえて，慣習国際法の成立要件を具体的に定式化すればつぎのようになろう。つまり，同型行為の反復があること（客観的要件），それがそのような仕方で行動すべきであるという規範の意識——それは必ずしも国際法規範の意識である必要はない——を伴うこと（主観的要件），及びその規範の内容が国際法の規律対象たる事項に関するものであること（客観的要件）である。換言すれば，一般慣行（慣習規範）は，その内容が国際法の規律対象たる事項に関するものであるときにのみ，慣習国際法規範となるのである。

1) その見解を実質的に示す一例としては,北海大陸棚事件に関する 1969 年 2 月 20 日の国際司法裁判所判決があげられる。それは,「確立した慣行」になっている関係行為につきつぎのようにのべる。つまり,そのような行為は,「それを要求する法規の存在によってこの慣行が義務的なものとされているという確信」の証拠となるようなものでなければならない,又はそのような仕方で実行されていなければならない。「そのような確信の必要性,即ち主観的要素の存在はまさに opinio juris sive necessitatis の観念のなかに含まれている」。「それ故に関係国は法的義務となっているものに従っていると意識していなければならない」,と。I. C. J. Reports, 1969, p. 44.
2) 藤田久一『国際法講義 I』(1992 年) 29-30 頁。
   Paul Guggenheim, Contribution à l'histoire des source du droit des gens, RdC, Vol. 94, 1958-II, p. 52 によると,物質的要素たる慣行と心理的要素たる opinio juris という定式は国際法理論の創作物ではなく,その起源は歴史法学派にある。
   なお,国際法学において慣習国際法の要件として法的確信があげられるようになる過程については,島田征夫「慣習国際法の形成と法的確信の要件」宮崎還暦記念『二十一世紀の国際法』(1986 年) 所収 95 頁以下を参照。
3) 拙稿「慣習法の成立と法的確信 (1)」法学 57 巻 1 号 (1993 年) 8 頁及び 58 頁を参照。
4) 北海大陸棚事件に関する 1969 年 2 月 20 日の国際司法裁判所判決は慣習国際法の「主観的要素」を「opinio juris sive necessitatis の観念」のなかに見出し,慣習国際法の成立には法的義務に従う意識を必要とみなしたうえで,つぎのようにのべる。つまり,行為の頻発性又は習慣性だけでは十分ではない。例えば儀礼的及び外交儀礼的分野では,ほとんど一定不変に行われるのであるが,「法的義務の意識」によってではなく,礼儀,便宜又は伝統の考慮によって動機づけられている多数の国際的行為があるのである,と。I. C. J. Reports, 1969, p. 44. また,D'Amato は慣習国際法の成立要件としての法的確信についてのべる際に,Gény が法的確信に法的慣行と社会的慣行(非法的慣行)を区別する機能を認めていることを引き合いに出すのである。Cf. Anhony A. D'Amato, The Concept of Custom in International Law, 1971, pp. 67, 70.
5) 慣習国際法の成立要件に関する諸見解の対立については,森川俊孝「一般慣習国際法における意思主義と客観主義の相克」山形大学紀要(社会科学)22 巻 2 号 (1992 年) 115 頁以下及び小森光夫「慣習国際法」国際法学会編『国際関係法辞典』(1995 年) 158-159 頁などを参照。
6) それとの関連では,阿部達也「慣習国際法の認定過程の理論構成 (1) (2・完)」法学論叢 150 巻 4 号 (2002 年) 84 頁以下,151 巻 2 号 (2002 年) 94 頁以下が注目される。

7) 拙稿「慣習法の成立要件としての法的確信」法学新報110巻7・8号（2003年）4頁以下を参照。
8) 同15-16頁を参照。
9) 同31頁以下を参照。
10) Hans Kelsen, Théorie du droit international coutumier, Revue International de la Théorie du Droit, 1939, p. 262.
11) Ibid., pp. 262-263.
12) Ibid., p. 263.
13) Ibid., p. 263.
14) Ibid., p. 264.
15) Ibid., p. 264.
　　ちなみに，Kelsenによると，Lotus事件に関する1927年9月7日の常設国際司法裁判所判決は支配的理論を受け入れたが，裁判所の訴訟記録のなかには，適用された法規を創設した慣習の心理的要素についての真の検討は見出せない。Ibid., p. 265.
16) Ibid., pp. 265-266.
17) このことを端的に示すのは，国家の成立要件の充足を認定する行為としての国家承認であろう。その点については，拙稿「わが国の国際法学における国家承認論（2・完）」法学新報108巻2号（2001年）35頁以下を参照。
18) Kelsen, General Theory of Law and State, 1945, p. 114.
19) Kelsen, Principles of International Law, 1952, p. 307.
20) Ibid., pp. 311-312.
　　さらに，Kelsen, Théorie du droit international coutumier, Revue International de la Théorie du Droit, 1939, pp. 269-270 も参照。
21) D'Amato, op. cit., p. 66.
22) Ibid., p. 67.
23) Ibid., p. 67.
24) Ibid., pp. 68-69.
25) Ibid., p. 70.
26) Ibid., p. 74.
27) Ibid., p. 76.
28) Ibid., p. 76.
29) Ibid., pp. 85-86.
30) Ibid., p. 75.
　　彼は続けてつぎのようにのべる。つまり，そのような通知を受けて，政治家は「彼らの行為が国際法を創設又は修正するかもしれない」ことを知りつつ，さまざまな政策を自由に決定することができるであろう，と。

31) Ibid., p. 86.
32) Ibid., p. 84.
　　そのような思考方法は D'Amato のつぎのような議論のなかに端的に示されている。彼はのべる。つまり，慣習国際法の成立に寄与しうる唯一の種類の不作為は，そのような状況のもとでは行為を差控える義務があるという趣旨の法的準則が先立って又は同時に明言されることによって国家に通知されていた場合における，不作為である。Lotus 事件において裁判所は，国家が自らを，自制するよう国際法上義務づけられているものとして「承認」していたかどうか，を強調した。国家は，意識する又はしないということができない人為的な存在である。たとえ国家という言葉の代わりに国の決定権者という言葉をあてるとしても，義務の意識を証明することは不可能であろう。しかし，より客観的な解釈も可能である。「客観的な観点からすると」，かつて誰も以前にこれらのケースでは国家は自制する義務があると主張したことがなかったならば，我々は，国家が自制する国際法上の義務があると承認していたと「推断する」ことはほとんどできない。換言すれば，政治家又は信頼できる法律家がこれまでに一度も，国家は異なる国の旗艦同士の公海上での衝突に関するケースにおいて外国船の船員に対して刑事管轄権を行使できない，という趣旨の法的準則を明言していなかったならば，国家（即ちその定権者）が自らを自制すべき国際法上の義務のもとにあるものとして承認することができたと論ずることは，説得力に欠けるであろう。かくして，国家の自制という事実は法的結果をもたらさない。国家は礼譲，礼儀，政策，無関心又はまったくのものぐさの理由から自制したかもしれないのである。Lotus 事件においては，フランスは，船舶の衝突の以前に法的準則の明言がなされていたことを証拠としてあげることができなかった。「この客観的な意味において」，裁判所は正当にも，国家が自らを自制すべき義務のもとにあると承認していたということの証明がない，と判示した，と。Ibid., p. 84.
33) もっとも，H. W. A. Thirlway, International Customary Law and Codification, 1972, p. 49 は，D'Amato が「opinio juris の概念の放棄」を提案したと解している。また，橋野篤「慣習国際法における『法的確信』概念に関する一考察——従来の学説のもつ問題点——」社会科学ジャーナル29号（1）（1990年）131頁は，「ダマトは，『法的確信』という概念を捨て，それに代わるものとして『明晰化』という新しい概念の導入をはかった」とのべる。さらに，村瀬信也「現代国際法における法源論の動揺」立教法学25号（1985年）91頁も，D'Amato が法的確信の排除を唱えているとみなす。
34) 特定の国家の「明言」から直ちにその他の諸国の「所与の準則は国際法上の準則である」旨の意識を「推断」することについて，批判的な態度を示したと思われるのは Akehurst である。彼はつぎのようにのべる。つまり，日本は1872年に西暦を採用するときに，国際法によって課せられている義務に答えてそうするとのべた。

しかし私が知っている限り，いかなる国家もかつて，西暦は国際法によって許されているが要求されていないという見解を明言したことがない。その見解はもちろんのことと考えられてきたが，決して明示的にのべられなかった。D'Amatoの推論に基づくと，1872年以来西暦を使用したすべての国家は，そのような使用を義務とする国際法の準則を確認してきたということになるが，そのことは明らかにばかげている，と。Michael Akehurst, Custom as a Source of International Law, BYIL, 1974/75, p. 36.

　もっとも，Akehurstは，「重要なのは声明（statements）であって，信念（beliefs）ではないという重要な事実」を認めているとして，D'Amatoの見解を評価する。そして，Akehurstは，opinio jurisを「あるものがすでに法であるという主張」のなかに見出すのであり，「それが法であるべきであるという声明」や「それが道徳，礼儀，礼譲，社会的必要性などによって要求されるという声明」のなかにではない。Ibid., pp. 36-37. したがって，彼の見解は，D'Amatoの見解と同様に，基本的には伝統的な見解に基づきつつ，opinio jurisを声明という外部的事象からのみ引き出そうとするものである。彼によると，opinio jurisは慣習規則の創設にとって必要である。国家慣行は，慣習規則を創設するためには，一定の行為が国際法によって許容，請求又は禁止されているという声明（行為が許容されているという請求はそのような行為の存在のみから推定されうるが，行為が要求又は禁止されているという請求は明示的になされる必要がある）によって伴われなければならない（又はそれから成り立たなければならない）。そのような声明をなす国家はそれが真実であると信ずる必要はない。必要なのは，その声明が他の諸国によって攻撃されないということである。Ibid., p. 53.

35) Thirlway, op. cit., p. 47.
36) 森川・前掲45頁も，Kelsenの1939年の論文は法的信念の「論理的矛盾」とその存在の立証の困難さを理由に，心理的要素を不要とみなした，とのべている。さらに，田畑茂二郎『国際法Ⅰ（新版）』（1973年）99頁も，「ケルゼンやグッゲンハイムが批判しているように，慣習国際法の成立以前に，自ら一定の法的義務を実践しているといった意識を予定することは，論理的に矛盾である」とのべている。
37) Thirlway, op. cit., p. 47.
38) 例えば，篠原梓「慣習国際法の形成における国連総会決議の異議」国際法外交雑誌88巻1号（1989年）82頁は，「法的確信の形成は錯誤によってしか説明されえない」ということのなかに「一種の論理的矛盾，すなわち循環論法」を見出す。そこでは，『循環論法』や『論理的矛盾』という言葉が厳密な意味では使用されていないのではなかろうか。
39) Thirlway, op. cit., p. 53.
40) Ibid., pp. 55-56.

41) 田畑・前掲 99 頁は「法的信念」を「一定の慣行を法的に拘束的なものと認めるべきであるとする信念」とみなす。これはおそらく Thirlway の見解と同じものと解されうる。もっとも，同 104 頁では，「それを法的なものと認める」ことが「法的信念」とされている。

42) Mendelson, The Formation of Customary International Law, 272 RdC 1998, p. 290.

ちなみに，Mendelson は，慣習法の主観的要件として国家の同意（consent）を要求する見解——彼はそれを意思主義（voluntalist）的アプローチと呼ぶ——に対して，およそつぎのように批判する。

第一に，当該見解は現実と一致しない。例えば，外交官の免除特権，海賊行為や私略行為の禁止，及び大陸棚に対する主権的権利に関するもののような，普遍的に適用可能な慣習的準則については，各国家が当該準則の出現に積極的に同意を与えていたということを示すことは，不可能である。当該準則と直接に関係しない国家が同意を表明していなかったにもかかわらず，慣習法となった当該準則によって拘束されることになるのを，いかにして説明するのか。そのような国家が当該準則に対して何らの態度も示さなかったことのなかに，黙示的な同意を見出そうとする見解もあるが，それは擬制又は法律上の推定にすぎず，結局において客観主義に帰着することになる。第二に，国家は全体としての国際法体系を不要とみなして行動することも可能であるという意味で，国際法は国家の同意に基づいていると考えても，そのことは必ずしも，国際法体系のなかにおける個別的準則の創設と拘束力は各国家の同意に依存するという結論にはならない。特定のプロセスが国際法の法源として採用されるためには国家の同意が必要であると考えられるかもしれないが，そのことは必ずしも，法源として採用された当該プロセスの中身がその時々における国家の同意を要求するものでなければならないということを意味しない。例えば，ローマ教皇の宣言やコンピューターの無作為な選択や国連総会決議——それは少数国家の同意なくして成立する——を法源とすることも考えられるからである。確かに，各法源が個別的同意の表明を要求することがあるかもしれないが，そうであるかどうかは先入観なしに経験的に決定されなければならない。国際裁判所の判決も圧倒的多数の国家実行もあらゆる国家の個別的同意を要求しているようにはみえない。Ibid., pp. 255-264.

そこでは，必ずしも当該慣習に同意を与えているとはいえない国家も，当該慣習によって創設された国際慣習法規によって拘束されることが，強調されているように思われる。それは，慣習国際法の成立に諸国の共通の同意（黙示的同意）を要求する見解に対してつとに Kelsen が展開していた批判に，対応しているといえよう。また，意思主義については，森川・前掲 118 頁以下が詳しい。

なお，Mendelson によると，国家が準則に同意を与えるときには，当該国家は当該準則によって拘束される。Ibid., p. 292. 慣習的準則によって拘束されると申し立

てられている特定の国家が慣行を始めた又は慣行を模倣したときには，この意思行為は当該準則を当該国家に対して拘束的ならしめるのに十分である。Ibid., p. 265. しかし，そこで考えられている同意の内容は何であろうか。その点について示唆的なのはつぎの文章であろう。

「厳格な意思主義的理論は，若干の国家（又は大多数の国家さえも）が新たな慣習的準則の存在を欲したということで十分であるとはみなさない」のであり，原則として一つ一つの国家に問題の慣習的準則に同意を与えることを要求する。Ibid., p. 255.

そこからすると，彼は同意という言葉のもとに慣習法規の存在を欲する旨，したがって Thirlway の opinio necessitatis と同じようなものを考えていると推測できよう。ただ，そのような理解に立つときには，何故に国家は一定の内容の慣習法規の存在を欲するという意思を表明しただけで，そのような内容の慣習法規を課せられることになるのか，その点についての説明が要求されることになろう。これに対して，同意という言葉のもとに，当該慣行又はそこに示されている準則が慣習法規である旨，したがって伝統的な見解における opinio juris を理解するならば，そのような内容の意思行為は，分権的構造の国際社会のもとでは，慣習法規の要件の充足を有権的に認定する行為そのものを意味することになり，彼が同意に認める上記のような効果もそのような観点から理解されることになろう。

43) Ibid., pp. 279-280.
44) Ibid., p. 282.
さらに彼は，準則の創設のコンテクストにおいて opinio juris という表現を使用するときには，「循環性」のリスクをおかすことにもなる旨をのべている。Ibid., p. 282. しかし，それについても無条件には賛成できない。
45) Ibid., pp. 278-279.
46) Ibid., p. 290.
47) Ibid., pp. 272-273.
48) Mendelson は主観的要素としての opinio juris についておよそつぎのようにのべる。
Virally などは，国家の信じているところのものを知ることができないと指摘する。若干の場合には国家の見解を知ることができると思われるが，その指摘は有用である。そこで，我々が語るべきは慣習における心理的要素についてではなく，主観的要素についてである。問題なのは，国家の機関がその国内的プロセスにおいて又は他国との相互作用において国際法についてとる立場（positions）であって，国家の信念（beliefs）ではないのである。この観点は，慣習のプロセスは請求（claim）と応答（response）のそれであり，そのプロセスでは「法的請求とそれに関係する応答」が明示的である必要はなく黙示的でもよい，という McDougal の考察と無関係

ではない。Ibid., pp. 269-270.

そこでは opinio juris を純然たる心理的なものとして捉えるのではなく，外部的な行為から推断されるものとして捉えるという見地が示されている。opinio juris という内心の意識の存在を何らかの客観的なものから推断する試みの一つであろう。そして，Mendelson は opinio juris という言葉よりも請求と応答という言葉の使用に傾いているようである。Ibid., pp. 282, 292. しかし，その請求と応答については必ずしも明確でない点がある。というのは，彼は一方では「国際法が要求するところのものに関する国家の立場（請求又は応答）」(Ibid., p. 274) 又は「opinio juris 又は換言すれば国際法に基づく明白な請求と応答」(Ibid., p. 275) 又は「権利の請求又はその承諾」(Ibid., p. 282) と記しつつも，他方では，なされる請求は必ずしも既存の慣習法が許可又は要求するところのものに関係せず，「立法論的な (de lege ferenda) 請求」でもよい (Ibid., p. 190) と記しているからである。もし請求が前者のように国際法に基づくものであらねばならないとするときには，その請求は国際法規の存在を認めるという判断を前提としているので，内容的には，伝統的な opinio juris に近づくことになろう。これに対して，後者のように請求が「立法論的な」ものでもよいとするならば，その請求は，内容的には，Thirlway の理解する opinio necessitatis に近づくことになろう。

49) Ibid., p. 273 et seq.
50) Ibid., pp. 285-286.
51) Ibid., p. 290.
   彼はさらに，「一般的な正説に反して，私は，大抵の場合において opinio juris や同意の存在を立証することは理論的にも（特に）実務的にも不必要であると主張したい」とのべる。Ibid., p. 285.
52) Ibid., p. 292.
   なお，当該ケースは，「法的コンテクストにおける，十分な一般性をもつ恒常的で一様な慣行」が存在する場合として記されることもある。Ibid., p. 292.
53) Ibid., p. 285. それについては，注 (51) の引用文を参照。
54) 彼によると，上記のような「標準的なタイプのケース」においては opinio juris の存在の証明を要求する特別な理由がないという見解は，「理論上の問題」として「正当な期待の創設」という見地から正当化されうる。そして彼は，「法的コンテクストにおける，十分な一般性をもつ恒常的で一様な慣行が存在する場合には」，共同体の成員が互いにその慣行を遵守し続けることを期待することは正当であるように思われる，とのべる。Ibid., p. 292. また，彼は「政策の問題」としても上記の見地を合理的なものとみなす。そして彼はつぎのようにのべる。つまり，慣行が広く普及しているならば，それは法になるべきであり，opinio juris の証明を要求することは過度で不必要である。同時に国家の主権や合理的な利益も保護されうる。十分な

数の同じ考えの国家は新たな慣行に反対であるならば，彼らは当該慣行が一般的な法になることを阻止できるのである。そのうえ，個別国家は慣行の形成時に一貫した反対者（persistent objector）となることにより個別的に脱落することができる，と。Ibid., pp. 292-293. そのような議論にあえて異を唱えるつもりはないが，上記のような「標準的なタイプのケース」の場合には，本文において指摘したことを考慮に入れると，opinio juris を慣習法の要件の一つとする伝統的な見解も，Mendelson と同様に，opinio juris の存在の証明を要求しないのではなかろうか。

55) そのことは Bin Cheng のインスタント国際慣習法論——それについてはさしあたり長谷川正国「インスタント国際慣習法論」日本法学 59 巻 2 号（1993 年）337 頁以下を参照——についてもいえるように思われる。例えば，本章の 1 における Puchta の慣習法論に関する論述を参照。

　ちなみに，ドイツの慣習法論においては慣習法の妥当根拠とその成立要件を切り離して議論することはあまりなかったように思われる。Hans Jürgen Sonnenberger, Verkehrsitten im Schuldvertrag, 1969, S. 250 も，opinio juris はその機能において一部は「慣習法の成立要素」として一部は「慣習法の妥当根拠」として現れる，とのべる。しかし，両者は理論的には別個の問題として論じられるべきである。何故に慣習法が遵守されるべきかという，慣習法の妥当根拠の問題と，いかなる慣習に法としての資格を認めるのかという，慣習法の成立要件の問題は，論理的には次元を異にする（松本烝治『商法総論』（1927 年）79 頁を参照）。また，慣習法の妥当根拠の問題と慣習法の実効根拠の問題は区別されるべきである。法がいかなる根拠に基づいて拘束性をもつのかという問題と，法が実際に遵守されているのは何に由来するのかという問題は，論理的にまったく異なる次元にあるからである（菅野喜八郎『国権の限界問題』（1978 年）13 頁以下を参照）。その点をドイツの慣習法論は明確に意識して議論していないように思われる。そして，類似のことが慣習国際法の議論についてもいえる場合がある。例えば，「国際法は主権国家の同意に基づくということが一般にいわれている」（Mendelson, op.cit., p. 261）ようであるが，「国際法は主権国家の同意に基づく」という命題は，国際法の妥当根拠に関する命題として捉えるときには問題を含む。というのは，それは国際法の効力を主権国家の同意という事実から説明しようとするもの——当為を存在事実から引き出そうと試みるもの——であるからである。むしろ，上記の命題は，国際法が実際に遵守されているのは何に由来するのか，という国際法の実効性の根拠に関する命題として捉えられるべきであろう。いずれにせよ，上記の命題から直接に慣習国際法の成立要件——例えば主権国家の同意を慣習国際法の成立要件の一つとする立場——が導出されうるわけではない。Cf. Mendelson, op. cit., p. 261 et seq.

56) この点との関連では，分権的構造をとらない国内社会における状況が興味深い。例えば，ドイツ私法学においては伝統的な opinio juris を慣習法の成立要件とするこ

とについては，錯誤をその成立要件とすることになる旨が古くから指摘されたが，『循環論法』や『論理的矛盾』が語られることはあまりなかったようである。国内私法においては行為者が慣習法の成立要件の充足を有権的に認定する機関ではないからであろう。

57) Mendelsonが「opinio jurisの存在の証明を要求すべき特別の理由」はないとみなす「標準的タイプのケース」を特徴づけるにあたって使用している基準の一つは，注目に値する。つまり，一般慣行が明確に「法的コンテクストにおいて生ずる」場合であるという基準である。「法的コンテクストにおいて」という言葉は，彼の使用する「法的規制の問題」又は「法的規制の対象」においてという言葉と同義であるように思われるので，彼の上記の基準は，結局，一般慣行が明確に国際法の規律対象たる事項に関して生じている場合と言い換えることが可能であるように思われる。この点は先にものべたとおりである。

58) 前掲拙稿法学新報110巻7・8号37頁以下を参照。

59) ある事態が法の規律対象たる事項に属するかどうかという問題は，特に法の欠缺を認める際に登場する。法の欠缺を認める際の基準については，加藤新平『法哲学概論』(1976年) 274-275頁が参考になる。それはつぎのようにのべている。

「ある社会の実定法制度の趣旨からして，ある種類の生活関係が，法的処理に服するものとされていると判定される場合，しかもその種の生活関係の範囲に属する或る事がらについて，制定法・慣習法・判例法等の規定が欠けている場合――しかもいわゆる『類推』による補充もうまくゆかぬ場合――に，最も頻繁に援用されるのが条理である」。

そこでは，法の欠缺を認める際の基準を「法的処理に服するもの」としたうえで，ある生活関係がそれに該当するかどうかの判定を「実定法制度の趣旨」に照らして行う，という見方が示されているように思われる。また，広中俊雄『民法綱要第1巻上』(1989年) 67頁は，「ある事態に対して必要と考えられる規律が規定としては制定法に欠けている場合」について，つぎのようにのべている。

「欠缺があると認めるについては何を尺度とすべきかという問題があるが，市民社会に成立する諸秩序が（制定法主義をとる日本で）多数の制定法を伴いつつ形成している全体としての法……を尺度とし，これに照らして必要と考えられる規律が規定としては欠けているという場合に，欠缺があると認めるべきである」。

そこでは，法の欠缺を認める際の基準の一つを，法的規律が必要と考えられる事態としたうえで，ある事態がそれに該当するかどうかの判断を「全体としての法」を尺度として行う，という見方が示されているように思われる。

60) その点については注 (59) を参照。

61) Ian Brownlie, Principles of Public International Law, 1979, p. 8.

62) 山本草二『国際法』(1985年) 40頁。

63) なお,「『法的確信』という心理的要素を排除する……立場は,慣習法を事実たる慣習に同化するものであり,慣習法の規範性を著しく希薄なものにする」(村瀬・前掲91頁)という議論もあるが,その点については,さしあたり前掲拙稿法学57巻1号66-67頁を参照。
64) Eric Suy, Les actes unilatéraux en droit international public, 1962, p. 233.
　　彼はつぎのように続ける。つまり,Guggenheimによると,慣習と慣行の相違は権限ある機関によって二つの基準に基づいてなされる。恒常的で実効的な行為という一つ目の基準は単なる慣行についてもひとしく実現される,ということが指摘されるべきである。違反の場合にはサンクションを伴うという二つ目の基準は,慣習が何によって慣行から区別されるのかを教えるが,恒常的且つ実効的な仕方で実行されてきた一定の行為がいかにして一定の場合に規範を生ぜしめ,他の場合に単なる慣行の水準にとどまるのか,を説明しない,と。
65) Ibid., p. 231.
66) Ibid., p. 266.
67) Ibid., pp. 264-265.
68) Ibid., p. 267.
69) Rolando Quadri, Droit International Public, 113 RdC 1964 (III), p. 328.
70) Alfred Verdross, Das Völkerrechtliche Gewohnheitsrecht, The Japasese Annual of Interntional Law, 1963, S. 4.
71) Akehurst, op. cit., pp. 33-34.

第3章
わが国における慣習法と事実たる慣習

1　はじめに

　民法92条の「慣習」と法例2条の「慣習」との関係如何は,「民法の中に存在する謎の一つ」[1]とか「民法学上の難問の一つ」[2]とかいわれてきた。それについての理論状況は近時において大きく変わりつつあるようにみえる。古くから通説たる地位を占めてきた見解（伝統的な見解）はつぎのように要約されている。つまり,「慣習には二種類あり,法例2条と民法92条とはそれぞれ別種の慣習に対応する」。法社会学のレベルにおいて,慣習を,「法たる慣習,慣習法（法的確信を伴った慣習）」と「事実たる慣習（法的確信を伴うところまでに達していない慣習）」とに区別し,法例2条の「慣習」は前者をさすのに対し,民法92条の「慣習」は後者をさす。法例2条の「慣習」は法たる慣習であるから当事者がそれによる意思を有するか有しないかを問わずに適用されるが,民法92条の「慣習は」事実たる慣習でしかないから当事者が「之ニ依ル意思ヲ有セルモノト認ムヘキトキ」に限って権利義務の内容を決める基準となることができるにとどまる[3],と。そして,「判例も,法例2条の『慣習』＝法たる慣習,民法92条の『慣習』＝事実たる慣習,というフォーミュラを採用しているとみてよい」[4]とされている。ところが,そのような伝統的な見解は近時においては支持者を失いつつあり,あたかも克服されてしまったかのような観を呈しているように見受けられる。それに取って代わり「今日の通説」とよばれている見解は,「これまでの考え方のように慣習は2本あるとする」のではなく「慣習は——法解釈学レベルでは——法たる慣習か事実たる慣習か

を問わないで 1 本しかないと解」するものとして要約されている[5]。もっとも，そのような「今日の通説」のなかにあってもさらにいくつかの見解が対立している[6]。

上記の問題については，これまで多くの人が論じてきており，すでに論じ尽くされてしまっているかのような観がある[7]。しかし，従来の議論を子細に検討してみると，論ずべき点がまったく残っていないとは必ずしもいえないように思われる。本章は，それを示そうとするものである。以下には，まず，伝統的な見解の源流をなすと思われる 19 世紀後半のドイツの支配的な見解をふまえたうえで，伝統的な見解の内容と意義を捉えなおすことが試みられる。ついで，伝統的な見解に対して向けられてきた諸批判及び近時の諸見解を吟味することが試みられる[8]。

付言するに，慣習法と事実たる慣習に関するわが国の現行法の条文は 2007 年に施行された法の適用に関する通則法 3 条と 2005 年に施行された民法 92 条であるが，本章は旧法の条文たる法例 2 条と民法 92 条を前提にして論ずることにする。本章で扱う諸文献が法例 2 条と現代語化される前の民法 92 条のもとで議論を展開しているので，本章もそれに対応した形で論ずるほうが便宜であると考えたからである。上記の旧法の条文と現行法の条文は内容的には現代語化されているか否かという点において異なるにすぎないので，本章の議論はそのまま現行法の条文にもあてはまるということになろう。

2 19 世紀後半のドイツの議論

(1) ADHGB 1 条と 279 条

わが国の伝統的な見解は，慣習法（法例 2 条の慣習）と事実たる慣習（民法 92 条の慣習）を区別していたが，それを理解するためには，類似の考えを展開しているドイツの議論を眺めておくのが便利であるように思われる。

19 世紀後半のドイツでは，我が国の伝統的な見解に類似するような立法がなされている。それは，ドイツの法典編纂において歴史法学派の法源論の作用

のもとにはじめて慣習法を法律と並ぶ独自の法源として認めたものとみなされている[9]。1861 年の Allgemeines Deutsches Handelsgesetzbuch（ADHGB：一般ドイツ商法典）である。この ADHGB は，その 1 条においては慣習法に関して規定し，そしてその 279 条においては事実たる慣習に関して規定している，と一般に解されている。そこで，順を追って，その二つの条文に関する説明を概観してみてみよう。

　ADHGB の 1 条は，「商事においては，この法典が規定を含んでいない限りで，Handelsgebräuche（商慣例）が，それがないときには一般民法が適用される」と定めた。この「Handelsgebräuche」という言葉のもとに，一般に，商慣習法が理解されている。立法者が率直に商慣習法という言葉を使用せずに，Handelsgebrauch という言葉を使用するにとどまったのは，商慣習法という言葉を使用すると諸州における裁判官に各州それぞれの異なる一般民法の慣習法概念を適用させることになる，とおそれたからであるといわれている[10]。判例と学説も一致してつぎのように考えた。つまり，当該条文は慣習法成立のための新たな又は特別な要件を定めるものではなく，Handelsgebrauch は，これまで一般に妥当している普通法の慣習法概念の基準によって定められるべきである[11]，と。ちなみに，19 世紀の普通法は，慣習法を慣習と法的確信（opinio necessitatis et juris）によって成立するものとみなしていた[12]。

　他方，ADHGB は，その 279 条において，「商人間においては，行為及び不作為の意義及び効果に関しては，商取引において妥当している Gewohnheiten（慣習）及び Gebräuche（慣例）が顧慮されるべきである」と定めた。その条文については，Hahn がつぎのようにコメントしている。

　　279 条は一般民法に属する「解釈準則」を含んでいる。個別の事件における意思を規定するためには，「商取引における一般的な意思」を顧慮しないわけにはいかない。Gewohnheiten 及び Gebräuche は，1 条とは異なり，ここでは Gewohnheitsarechtssätze（慣習法規）ではなく Handelssitte（商慣習）を意味する。Handelssitte はそれ自体「法規範」（Rechtsnorm）ではな

く，個人がそれに関して意思表示を（積極的行為により又は受動的態度により明示的または黙示的に）することによってのみ，法律関係の判断にとって意義を獲得しうる。関連づけは，Sitte そのものへの言及（例えば『株式市場の慣習（Börseüsanncen）に従い』）によって，又は Sitte によって専門用語となった言葉（例えば『fix』や『wie besehen』）の使用によって，行われる。Sitte が一般的なものであるときには，その関連づけは推定される[13]。

このコメントにおいては，ADHGB 1 条は慣習法には補充的な法源性しか認めていない，という前提のもとに，法律行為の解釈の際には「商取引における一般的な意思」としての慣習を顧慮すべきであるという考えが示されたうえで，279 条における慣習を「法規範」としてではなく，「推定される」当事者の意思を介して法律行為の内容となるものとして理解する，という立場が示されているように思われる。ADHGB 1 条のもとでは商法典の任意規定がない場合には慣習が補充的法源たる慣習法として顧慮される。したがって，法律行為の解釈の際には「商取引における一般的な意思」としての慣習を顧慮すべきであるという観点からすれば，問題となるのは商法典の任意規定のある場合ということになろう。そうとすれば，ADHGB 279 条の本来の存在意義は，商法典の任意規定がある場合，したがって慣習法なるものが適用されない場合にも，一定の仕方で慣習を顧慮することを可能ならしめる，という点にあることになろう。

また，Staub がつぎのように説明する。

　商慣習法は客観的に「特別の Unterwerfungswille（服する意思）」なくして，且つ法律に反しない限りで補充的に妥当するが，商慣習は「法」ではなく，当事者の意思の解釈のための手段としてのみ妥当し，それに服する者に対してのみ——しかし任意法に反しても——妥当する。商慣習の妥当は「特別な Unterwerfungswille」を前提とする[14]。

さらに，同様な考えは，Regelsberger によっても示されている。彼は，一方では，一定の生活関係において或る規範が長期間一様にその法的妥当性の確信において適用され，この確信が支配的なものになることによって，慣習法が成立する，とみなす[15]。そして，ドイツ商法典の1条では，商事においては商法典が規定していない限りにおいてのみ商慣習法の適用が命じられている，とみなす[16]。他方では，彼は慣習法とは異なるものとしての取引慣行（Geschäftsgebrauch）という範疇を認める。彼によると，取引慣習は「（表示されていない）当事者意思」として補充的な法規範に優先するのであり，しかも慣習法が法律に反するために適用されない場合であってもそうである[17]。彼は取引慣習についてはおよそつぎのようにのべる。

　取引慣習は，法律行為の内容の確定にとって意義を有する。法律行為上の慣習が重要性を有するのはつぎのような経験による。人間は理由なくいつものものから離れないのを常とすること，さらに，法律行為の当事者は既存の慣行に従う個所についてはこの慣行秩序を自明のものとみなすのでしばしば明示的な規定を怠ること，である。このことが，法律行為における不明確な表現を個別的又は一般的な言語慣用によって解釈すること（解釈的効果）を正当化するだけでなく，明示的に規定されていない取引個所についても慣行どおりのものが欲せられたとみなすこと（補充的効果）を正当化する。　1　取引慣行は当事者の意思の補充ではなく，その表現のみの補充である。それ故に，個別的な法律行為内容の発見にとっては，それは，行為者の意思がいつものものに向けられていたという前提のもとにおいてのみ，使用されうる。当該個所に関する何らの当事者の意思もない場合には，この欠缺を補充するのには法規（Rechtsvorschrift）のみがふさわしい。したがって，問題個所に当事者の注意が向けられていないときに当事者は既存の取引慣習と一致する仕方で定めたであろうか，ということが問われるのではなく，この規制が当事者によって欲せられていたか，そして正式な表現が便宜さのみから又は自明であるが故になされなかったのか，ということが問われるのである。　2　取引

慣習に関する意思決定の推定は，行為者がこの取引慣習を知っていることを前提とする。しかし，知識が必要なのは当該取引慣習の存在についてのみであり，その内容についてではない。当事者は彼の知らない準則にも服しうる。一定の取引（例えば株式取引）に入るものは，後から取引慣習の無知を──彼が知っていることを取引相手が前提とし，そしてそうすることに理由がある限り──援用できない。ここでは知るべきであることが知っていることと同等である[18]。

このように，通説は慣習法と事実たる慣習（取引慣習）を区別し，前者を法規範とみなし後者を法規範とみなさない。その基準は，慣習が直接に裁判官を拘束するものとして構成されているのか，それとも当事者の意思を介して間接的にのみ裁判官を拘束するものとして構成されているのか，という点に求められているように思われる。そのように両者は法律構成の点では顕著な相違を示すのであるが，さらにそれだけにはとどまらず成立要件の点においても相違を示すものとして考えられていたのであろうか。その点について少しみておこう。

例えば，Regelsberger によると，ある種の法律行為の際に規則正しく行われ又は決められるのを常とするものは取引慣行を形成する[19]。そうとすると，取引慣行は法律行為に関わる慣習ということになり，慣習法とどこが違うのかが問題になる。彼は取引慣行と慣習法を概念的につぎのように区別する。つまり，慣習法の場合には人は「服従の感情」において支配的な様式に従うが，取引慣行の場合には「有用性の考慮において又は便利さから」支配的な様式に従う[20]，と。その場合の「服従の感情」というのは，彼が慣習法の成立要件の一つとみなす法的確信──慣行に関連して「既存の法の適用において行動するという行為者の意識」[21]──に該当するのであろうか。そうとするならば，慣習法の成立する前におけるそのような法的確信は法の存在に関する誤った判断（錯誤）にほかならないので，それを慣習法の成立要件の一つとみなすことは不合理である，という指摘が可能となる[22]。しかし，ここでは，特に法に従う

意識という側面が強調されていないので,「服従の感情」を法的に服従する感情としてではなく単なる服従する感情という意味で理解して,それと有用性や便利性の意識との区別について検討してみよう。まず,任意法規としての慣習法を認めるのであるならば,その場合における「服従の感情」という言葉は,慣習と異なる定めをしていない限りは慣習に従って行動すべきである又は判断されるべきである,という意識・感情という程度の意味となろう。そうとすると,それは取引慣行の場合にもあてはまることになるのではなかろうか。反復されてきた行動と異なる定めをしていない場合に,それに従って行動すべきである又は判断されるべきであるという意識や感情が欠けているときにも,換言すれば単なる偶然的な行為の一致があるだけで規範意識がまったく存しないときにも,あえてそれを顧慮する必要がないと思われるからである。つぎに,有用性や便利性の意識についていえば,慣習法の場合においても慣習に従う際にそのような意識をもつということも十分にありうるのではなかろうか。有用性や便利性のことを考えると,慣習と異なる定めをしない限りは慣習に従って行動すべきである又は判断されるべきである,という意識をもつに至ることは,十分に考えられるのではなかろうか。Regelsberger は,株式取引における一般的な取引条件を取引慣行とみなすのであるが[23],関係者がそのような取引慣行に従うときには,それと異なる定めをしていない限りそれに従って行動すべきである又は判断されるべきであるという意味での「服従の感情」(規範意識)を,有しているように思われる[24]。このようにみてくると,Regelsberger における慣習法と取引慣行の定義上の相違は必ずしも明確ではないということになろう。

　さらに,Staub の以下のような論述も,慣習法と取引慣習の区別如何という問題との関連で,きわめて興味深い。1897 年の覚書を含む商法典の草案においては,商慣習法の補充的法源性を認める AGHGB 1 条のようなものがまったくなくなってしまったこととの関連で,彼は AGHGB 279 条についてつぎのようにのべる。

279条の商慣習と1条の商慣習法との間に，なるほど「大きな理論的相違」が主張される。そして私もコンメンタールにおいては3つの相違をきちんと列挙した。しかし，率直にいえば，私には「本当の相違」は決して明らかではなかった。後に改版する際に私は上記の相違に触れなくてすむので，心の重荷をおろすことができる[25]。

そこでは，商慣習法と商慣習との間に相違を見出すことが困難であることが，告白されているのである。そもそも，事実たる慣習という法律構成の存在意義は，慣習法には補充的法源としての地位しか認めないという成文法優先の思想のもとにあっても，法律構成上それに抵触しない形で，法律行為の解釈の際には任意規定に優先して慣習を顧慮すべきであるという取引社会の要請にこたえる，という点にあったと思われる。そのような見地からすると，事実たる慣習から，慣習法を成立させる慣習（法創設的な慣習）——当時の支配的な見解によれば法的確信を伴う慣習——を除外すべきではないということになろう。そうでないと，任意規定がある事項について法的確信を伴う慣習があるときには，それは——成文法優先の思想のもとに——慣習法として適用されないことになるのみならず，事実たる慣習に該当しないことにもなり，法律行為の解釈に関して慣習が顧慮されない局面ができてしまい，事実たる慣習という法律構成の存在意義が大幅に損なわれることになるからである。法律行為の解釈の際には任意規定に優先して慣習を顧慮すべきであるという観点からすると，その慣習が法的確信を伴うものであるか否かは重要ではないということになるように思われる。

ちなみに，19世紀後半のドイツにおける上記のような（商）慣習法と事実たる（商）慣習の区別は，今日においても維持されているようである。例えば，Capelle/Canarisは，「商人間においては，行為又は不作為の意義及び効果に関しては商取引において妥当する慣習（Gewohnheiten）と慣例（Gebräuche）が顧慮されなければならない」と定めるHGB 346条を本質的にはBGB 157条——それによると，契約は取引慣習（Verkehrssitte）を顧慮して信義誠実が要

求するように解釈されなければならない——と同種の規定とみなし，HGB 346 条においては商人間の取引慣習たる商慣習（Handelsbrauch）が問題になっていると考える。彼らによると，商慣行の成立要件は，一般的な事実上の実行（Übung），一定の期間，及び当該取引社会による自発的な承認の三つである。その三番目の成立要件は「慣習法論の意味における『opinio juris』」と同じ意味ではなく，商慣習が経済的に優勢なるものによる一方的な圧力によって貫徹されたものではないということである[26]。そのようなものとしての商慣習について，彼はつぎのようにのべる。

　事実上の実行として商慣習は事実上の法の成立の源泉ではあるが，規範的な法の妥当の源泉ではない。したがって，それは，BGB157 条，HGB346 条の適用領域においてはそれ自体として法的拘束力を有するのではなく，——それの助けを借りて解釈又は補充される——法律行為を通じて法的拘束力を有する。その場合には，商慣習は法規範のように『外側から』契約上の規律に作用するのではなく，解釈を通じて契約上の規律の構成要素になるのである[27]。

ここでも，事実たる慣習としての取引慣習（商慣習）は法的確信を伴わないが故に慣習法ではなく，法源ではないとみなされている。また，事実たる慣習が法規範ではないと説明する際に，慣習が直接的に裁判官を拘束するのか，それとも当事者の意思の内容となって間接的に裁判官を拘束するのか，という点が重視されているように思われる。なお，そこでも，商慣習と商慣習法がopinio juris の存否という点において実体的に相違を示すものとして捉えられている。

（2）考　　察

以上からすると，AGHGB は，一方では，商法典の定めがない場合に適用されるものとしての商慣習法という観念を認め（1条），他方では，商事契約の

解釈に関して当事者の（推定的）意思を通じて契約の内容として適用されるものとしての商慣習という観念を認めている（279条），と一般に解されているということになろう。その結果，契約の領域においては，一方では，商慣習法は商法典の任意規定に劣後するが，他方では，事実としての商慣習は当事者の（推定的）意思を介して契約内容となることにより，結果的に商法典の任意規定に優越することになる。このことは，一見すると，商法典の任意規定との関係で，法たる慣習が事実たる慣習よりも法的効力において劣後することになり，筋が通らないのではないのか，という問題——これは後にもみるように日本では重視され，今日の議論においてもかなり決定的な意義をもたされている——を提出するようにみえる。その点は，ドイツでも意識されなかったわけではない。例えばRegelsbergerがつぎのようにのべる。つまり，HGB1条によると，事態が商法典において規律されているときには「商慣習法」は適用されないが，このことは，その場合に「商慣習」が顧慮されることと「矛盾しない」[28]，と。それは，慣習法は法規範としてそれ自体の力によって直接的に裁判官を拘束するものであるが，事実たる慣習は法規範そのものではなく，当事者の（推定的）意思を介して法律行為の内容となり間接的に裁判官を拘束するにすぎない事実なので，両者を法規範の効力という平面において比較する——例えば慣習法よりも事実たる慣習が法規範としての効力の点で優越するという「矛盾」が生ずるとみなす——ことができない，という趣旨なのではなかろうか。ドイツでは，そのような法律構成の相違が比較的に強く意識されたせいか，慣習法と事実たる慣習について法的効力上の優劣との関連で「矛盾」を指摘する立場はなかったように思われる。なお，商法典の任意規定の規律する事態については「商慣習法」が適用されないが，それはその場合に「商慣習」が顧慮されることと矛盾しない，というRegelsbergerの論述は，その場合の「商慣習法」の基礎をなす慣習と「商慣習」の基礎をなす慣習が同じであるということを前提としてはじめて可能となるように思われる。換言すれば，法的確信を伴う慣習は，商法典によって規律されている事態については，慣習の補充的法源性を定めるHGB1条のために慣習法としては顧慮されないが，事実たる

慣習としては当事者の（推定的）意思を介して顧慮される，という趣旨が彼の論述において前提とされているように思われる。そうとすると，「商慣習」又は事実たる慣習の基礎をなす慣習は——論者が明確に自覚しているか否かは別として——法的確信を伴う慣習をも含むものとして捉えられている，ということになるのではなかろうか。

　上記のような ADHGB の立場は，おそらくつぎのように理解されるべきであろう。つまり，啓蒙主義の時代の自然法論の影響[29]，及び法の統一と安定性への強い欲求[30]のもとに当時は慣習に法たる資格を認めることに消極的な考えが依然として強かったので，歴史法学派の台頭にもかかわらず，成文法との関係では慣習にあくまでも補充的な法源としての地位しか認めないという立場が採用された（因みに BGB においては論争の後に慣習法に関する規定を設けないこととされた）。しかし，それでは，契約の解釈の領域においては，任意規定のない場合は別として，それがある場合には慣習が顧慮されないことになる。その結果，契約の解釈に関しては慣習が顧慮されるべきであるという取引社会の要請に十分にはこたえることができない。そこで，ADHGB は，一方では，慣習に，法としては，任意規定にも劣後する補充的な地位しか認めない，という成文法優先の思想に固執しつつも，他方では，慣習に，事実としては，当事者の（推定的）意思を介して契約のなかに取り込まれるものとしての地位を認めることよって，法律構成上は成文法優先思想に抵触しない仕方で上記の取引社会の要請にこたえようとしたのである，と。

　商慣習（事実たる慣習）という法律構成の上記のような存在意義を意識するならば，商慣習の実体をなす慣習と，商慣習法の実体をなす慣習（法創設的慣習）を異なる内容のものとみなす必要がないように思われる。ところが，ドイツの支配的見解は，慣習法の成立には一般慣行のほかに法的確信も必要であるという見解——これは後にもみるように理論的な観点からして問題を含むものであるが——に拘泥したこともあって，上記の二つの慣習の間に法的確信の存否という相違点を見出そうと努めた。もっとも，その試みは必ずしも成功していないように思われる。実際にもその旨を告白するかのような論述も見受けら

れたのみならず，商慣習法の基礎をなす慣習と商慣習の基礎をなす慣習が同じであることを前提としなければ理解できないような論述も見出された。

いずれにせよ，「商人間においては，行為及び不作為の意義及び効果に関しては，商取引において妥当している Gewohnheiten 及び Gebräuche が顧慮されるべきである」と定める ADHGB 279 条については，それは，支配的な見解によって，契約の解釈の際には事実たる慣習は当事者の（推定的）意思を介して顧慮されるべきであるという「解釈準則」を定めるものとして，捉えられたのである。ここで注意すべきは，同条では，文言上は，慣習が顧慮されるべきであるということのみが定められており，それが当事者の（推定的）意思を介して顧慮されるべきであるという条件が明示されていない，という点である。これに対して，日本民法 92 条では，慣習は「法律行為ノ当事者カ之ニ依ル意思ヲ有セルモノト認ムヘキトキハ」顧慮される，と定められている。したがって，ADHGB 279 条の文言よりも一層ドイツの支配的見解に適合するような条件が民法 92 条によって示されている，ということになろう。しかも，民法 92 条は，文言上は，任意規定がある場合の慣習についての規定という体裁をとっており，その意味で，あたかも事実たる慣習という法律構成の上記のような存在意義を意識したかのような内容になっているといえる。このような事情からすると，わが国の法例 2 条と民法 92 条に関する伝統的な見解が上記のようなドイツの見解に類似するようなものとなっていることは，単なる偶然ではないように思われる。この点との関連において，「慣習法ト事実タル慣習トヲ区別スルハ独逸学者ノ通説ニシテ我邦学者之ニ従フヲ常トス」[31] という松本烝治教授の論述が大変に興味深い。その点は別として，わが国の伝統的な見解を理解するにあたっては，上記のようなドイツの議論が参考になるように思われる。

3　わが国の議論

わが国の法例 2 条は「公ノ秩序又ハ善良ノ風俗ニ反セサル慣習ハ法令ノ規定ニ依リテ認メタルモノ及ヒ法令ニ規定ナキ事項ニ関スルモノニ限リ法律ト同一

ノ効力ヲ有ス」（現行の法適用通則法 3 条では「公の秩序又は善良の風俗に反しない慣習は法令の規定により認められたもの又は法令に規定されていない事項に関するものに限り，法律と同一の効力を有する」）と定めている。この条文は公序良俗に反しない「慣習」に成文法との関係で補充的な法源性を認めるものである――同条にいう「法令ニ規定ナキ事項」というのは強行規定のみならず任意規定も欠く事項を指す――，という解釈が古くから一般的に採用されてきている。例えば，「学説は，法例 2 条の『法令ノ規定』には，強行規定および任意規定の両方を含むと解している。この点についてはほとんど異論をみない」[32]といわれている。伝統的な見解を示される我妻栄教授も，「第 19 世紀における歴史法学派の説の隆盛は，結局，慣習法の否定から，その補充的効力を明言するまでの進歩をさせたのである。そして，わが国の法例第 2 条は，慣習法に対して補充的効力を認めているから，正にこの最後の段階と思想を共通にするものである」[33]，とのべておられる。かくして，法例 2 条は ADHGB の 1 条と同様な内容のものとして捉えられてきたのである。法例 2 条と民法 92 条の関係に関する伝統的な見解は，まさに，法例 2 条に関するそのような解釈を前提にして展開されていた。この点は留意されるべきであろう。

　他方，わが国の民法 92 条は「法令中ノ公ノ秩序ニ関セサル規定ニ異ナリタル慣習アル場合ニ於テ法律行為ノ当事者カ之ニ依ル意思ヲ有セルモノト認ムヘキトキハ其慣習ニ従フ」（現行の 92 条では「法令中の公の秩序に関しない規定と異なる慣習がある場合において，法律行為の当事者がその慣習による意思を有しているものと認められるときは，その慣習に従う」）と定めている。この条文は，任意規定と異なる慣習がある場合には法律行為の当事者は「之ニ依ル意思ヲ有セルモノト認ムヘキトキ」に限り，慣習は法律行為の内容となって裁判官に間接的に作用する，という体裁をとっている。これは ADHGB の 279 条に関する支配的な見解と類似の内容を示すものとなっているといえよう。むしろ民法 92 条は，先にものべたように，「之ニ依ル意思ヲ有セルモノト認ムヘキトキ」という文言を付加することにより，ADHGB の 279 条の文言よりも，ドイツの支配的な見解に一層適合的な形になっているとさえいえる。わが国の

伝統的な見解はこの民法92条を，ADHGBの279条に関する支配的な見解と類似した仕方でもって，解釈した。

(1) 伝統的な見解

まず，わが国の伝統的な見解の内容と意義を確認しておきたい。そのためには，伝統的な見解の代表的な論者の一人と目される鳩山秀夫教授の論述が参考になる。例えば，鳩山教授は，「慣習法……ハ一般ノ慣行ト之ヲ法トシテ認ムル認識トニ因リテ成立スル法」[34]とみなされる。そして，同教授は法例2条と「慣習法ノ理論」に基づいて「慣習法ノ要件」を説明するとされ，「慣習ノ存在」——そのためには「社会則即チ社会規範ノ存在ヲ認メ得ル程度ニ於テ同型行為ノ反復ヲ必要トスル」——という要件の説明のあとに，「法的認識（opinio juris necessitatis）」という要件についてつぎのようにのべられる。

「法的認識又ハ法的必要観念トハ国民ガ慣習ヲ以テ法的社会則ト認ムルコトヲ謂フ。唯事実上ノ慣例ト認ムルニ止マル場合ニ於テハ事実タル慣習タルニ止マリ，意思表示ノ補充及ビ解釈ノ材料タル効力ヲ有スルニ過ギズ（民，92条）」[35]。

そのような論述からすると，鳩山教授は，法例2条の「慣習」の要件として「慣習ノ存在」と「法的認識（opinio juris necessitatis）」（法的確信）をあげられたうえで，「慣習ノ存在」が認められてもその慣習が法的確信によって伴われない場合のことを事実たる慣習とみなされ，それを「意思表示ノ補充及び解釈ノ材料」にすぎないものとして位置づけられている，ということになろう。もっとも，鳩山教授は，他の個所で，民法92条の「慣習」である事実たる慣習として，法的確信を欠く慣習のみならず法的確信を伴う慣習をもあげておられることに注意すべきである。つまり，鳩山教授は，民法92条における「事実タル慣習」を，「慣習法タルベキ他ノ要件ヲ具備スルモ法タル要件ヲ具ヘザル慣行」と定義されたうえで，それをつぎのような「二種」にわけられる。

「其ノ一ハ所謂法的認識ヲ缺キ随ッテ法的慣行ニアラザルガ為ニ法タル要件ヲ具ヘザルモノナリ。其ノ二ハ法令ニ規定アル事項ニ関シ而シテ法令ニ於イテ認メラレタルモノニアラザルガ為ニ法例第 2 条ニ依リ慣習法タルコトヲ得ザルモノ是ナリ」[36]。

　鳩山教授のいう第二の種類の事実たる慣習とは，法例 2 条の「慣習」には該当するが同条の他の要件を満たさないので慣習法とならないものとして説明されているので，法的確信を伴う慣習になるように思われる。換言すれば，鳩山教授のいう事実たる慣習のなかには，法的確信を伴わないが故に慣習法とならない慣習のみならず，法的確信を伴うが「法令ノ規定ニ依リテ認メタルモノ」にも「法令ニ規定ナキ事項ニ関スルモノ」にも該当しないが故に慣習法とならない慣習も含まれるのである。したがって，鳩山教授は，民法 92 条の「慣習」を，法的確信を欠く慣習のみを指すものとしてではなく，任意規定に反する，法的確信を伴う慣習をも含むものとして捉えているのである。そのことは十分に理解可能である。というのは，法例 2 条の「慣習」に該当する慣習——伝統的な見解によると法的確信を伴う慣習——のなかで任意規定に反するものが民法 92 条の「慣習」のなかに含まれないことになると，任意規定がある場合に慣習法の適用を認めない法例 2 条との関連で，契約の解釈の際に慣習がまったく顧慮されない局面ができてしまい，事実たる慣習という法律構成の存在意義が大幅に失われることになってしまうからである。
　このようにみてくると，伝統的な見解は民法 92 条の事実たる慣習を法的確信によって伴われない慣習とみなしているという，これまで一般に流布してきた命題は，あたかも伝統的な見解における事実たる慣習が法的確信によって伴われていない慣習のみを意味するかのような印象を与え，ミスリーディングであるということになろう[37]。

(2)　伝統的な見解に対する諸批判

　今日では，伝統的な見解はもはや通説たる地位を失ってしまったようである。それでは，伝統的な見解にどのような問題点が指摘されたのであろうか。つぎに，その点について検討してみよう。

　1　まず，「今日の通説」は，総じて，法的確信の存否の認定が困難である旨を強調してきた。例えばつぎのような論述があげられよう。

　「法社会学レベルにおいて，慣習をこれは法たる慣習，あれは事実たる慣習，というぐあいに，截然と区分できるものかどうか。法的確信を伴っているかいなかで識別するといっても，実際にはそれはきわめて微妙，むつかしい作業となろうし，区分けしえない場合が多いのではないか。両者の境界，差異は大変あいまいなのが普通であろう」[38]。「ごく微妙な判断の差が原因になって，一方は任意規定に劣後し，他方は逆に優先するというような大差が生ずる事態も予期しなければならなくなるけれども，このような事態は回避されるべき」[39]である。

　そこでは，法的確信を伴う慣習であるか否かの認定が困難であるという観点から，法例2条の「慣習」と民法92条の「慣習」を法的確信の存否によって区別しないという態度が示されているように思われる。確かに，法的確信の存否の判断，したがって法的確信を伴う慣習であるかどうかの判断にはたえず困難がつきまとう。しかし，それだけでは必ずしもまだ法的確信という要件を認めるべきではないという結論には導かないように思われる[40]。要件事実の存否の認定の困難性は，程度の差はあれ，およそ主観的要件に関してつねにつきまとうが，それだからといってそのような主観的要件はこれまでまったく認められてこなかったわけではないからである。例えば，民法を例にとると，民法180条の「自己ノ為メニスル意思」，同162条，同185条及び同186条の「所

有ノ意思」,同462条2項の「主タル債務者ノ意思」,同474条2項の「債務者ノ意思」,同96条3項,同162条2項,同186条1項,同189条及び192条の「善意」などという主観的要件が認められており,それについては,「かかる意識を外部から把握することは無理であるので,何らかの客観的なものから意識の存在を推論せざるをえない」[41]という仕方で対応がなされている。慣習法の主観的要件としての法的確信について,その存否の判定が困難である旨は,国際法学においてはつとに1939年にKelsenによって指摘されたが[42],そのような問題点はKelsen以後の議論において決定的な重要性を持たされることはなかった。例えば,上記の問題については,「法的確信の要因の有無についての立証は,関係機関の心理的動機など内面的な過程そのものを探るのではなく,外面に現れた行態からそれを推論するしかない」[43]という対応の仕方がなされている。

2 つぎに,「今日の通説」は,伝統的な見解に対して,法例2条の内容と民法92条の内容の論理的整合性という観点から,つぎのような問題点を重視してきた。

> 伝統的な見解によると「いわゆる慣習法は,法例2条によって『法令ニ規定ナキ事項ニ関スルモノニ限リ法律ト同一ノ効力ヲ』与えられるから,任意法規の存在する場合,つまり法令に規定のある事項に関する場合には,効力を有せず,社会的には弱い拘束力しかないはずの『事実たる慣習』より慣習法の方がかえって弱い法的効力しか与えられない,という矛盾した結果になる」[44]。

そこにおいては,伝統的な見解のもとでは,法的確信を伴う慣習とされる法例2条の「慣習」は,それを伴わない慣習とされる民法92条の「慣習」よりも社会的には強い拘束力を有するはずなのに,任意法規の存在する場合には,社会的に弱い拘束力しか有しないはずの事実たる慣習よりも「弱い法的効力」

しか与えられていない，という「矛盾した結果」になる旨がのべられている。この問題点は，伝統的な見解の「致命的な欠陥」[45]とさえいわれている。そのような批判を展開する際に，これまで多くの論者はしばしば末弘厳太郎教授の批判的な指摘を援用してきた。その意味では同教授の指摘は上記のような批判の源流といえるが，それについては検討を要する点があるように思われる。末弘教授は伝統的な見解の支持者の一人である我妻栄教授の「事実たる慣習は実際上慣習法に近き効力を有し，法律行為の解釈に関する限り慣習によって任意法規が改廃せらるる結果となる。注目すべき現象である」という論述を取り上げられ，それをつぎのように批判される。つまり，我妻教授は事実たる慣習と慣習法を「範疇を同じうするの概念」として捉え，前者をいわば「後者よりも程度の低い法規範」とみなすので，「法としてむしろ高度の性質を有するもの」たる慣習法は任意法規に反して成立しえないのに対し，「低度のもの」たる事実たる慣習がかえって任意法規に優先するという「一見はなはだ奇異な結論」を認めることになっている[46]，と。しかし，伝統的な見解は必ずしも慣習法と事実たる慣習を程度の高い「法規範」と「程度の低い法規範」の関係にある――したがって慣習法と事実たる慣習はいずれも法規範として法的効力の強弱を問いうる関係にある――ものとはみていないことは，先にみた鳩山教授の論述からしても明らかである。また，末弘教授自身の見解は鳩山教授のそれと本質的にはあまり異ならないように思われる。というのは，末弘教授はつぎのようにのべておられるからである。

　法例2条では「慣習法が法として問題になっている」[47]が，民法92条では「『同型行為ノ反復』なる外形的事実が法律行為解釈の資料として役立つのみであって，それにともなって法的規範が成立しているかどうかのごときはここでは全く問題にする必要がないのである。かかる事実としての慣習が存在する場合には，取引上人々がそれによるの意思を有すと認むべきが常識的であり合理的であるから，その慣習的事実を資料として法律行為を解釈し，意思表示の不明もしくは足らざる点を補足するのである。したがってこの場合

には，かかる慣習に伴って法的規範が成立しているかどうかを全く問題にする必要なく，かかる法的規範が存在するや否やに関係なく，慣習的事実そのものが事実として問題になるにすぎない」[48]。

そこにおいては，法例2条の場合には慣習法が「法」として問題になるが，民法92条の場合には「ただ『同型行為の反復』なる外形的事実が法律行為解釈の資料として役立つのみであって，それに伴って法的規範が成立しているかどうかのごときはここでは全く問題にする必要がない」とのべられているが，そのことは鳩山教授も認めておられるところではなかろうか。そもそも，法例2条は「慣習」に法たる地位を認めているが，民法92条は「慣習」に当事者の（推定的）意思を介して法律行為の内容として顧慮される事実たる地位を認めているにすぎない，という伝統的な見解からは，慣習法と事実たる慣習は程度の高い「法規範」と「程度の低い法規範」の関係にあるという命題を引き出すことができないのではなかろうか。ADHGB 1条と279条に関するドイツの議論も，そのことを示しているように思われる。

ちなみに，先にもみたように，鳩山教授においては，事実たる慣習は，社会規範の存在を認めうる程度における同型行為の反復（慣習の存在）という点では，慣習法と同じであると理解されていた。したがって，社会的に拘束力が強い慣習が慣習法であり，弱い慣習が事実たる慣習である，ということは考えられていなかったのではなかろうか。確かに，鳩山教授のいう二種類の事実たる慣習のうち第一の種類のものは，法的確信を欠くという点において，慣習法と異なるとされている。しかし，この法的確信という要件はドイツ法やフランス法や国際法において必要とみなされてきたのは，本来的には，同型行為の反復に基づいて成立した慣習規範であってもあるものは法規範となるが，あるものは習俗などにとどまるということを，成立要件の平面で説明するため——この点については後述を参照——であり，「社会規範としての規範性の強弱」[49]を示すためではなかったように思われる。また，規範性の強弱という観点からすると，法的確信を伴う任意規定という形の慣習規範よりも，それを伴わない他の

慣習規範（習俗）のほうがときとして事実上強い拘束力を有するものとして人々によって意識されている，ということは十分にありうるように思われる。

このようにみてくると，伝統的な見解のもとでは，法例2条の「慣習」は民法92条の「慣習」よりも社会的には強い拘束力を有するはずなのに，任意法規の存在する場合には，事実たる慣習よりも「弱い法的効力」しか与えられていないこと（「矛盾した結果」）になる，という批判は必ずしも適切ではないということになろう。

これまで何度か示唆してきたように，慣習法には補充的な法源たる地位しか認めないという成文法優先の思想を前提とする限り，慣習法と異なるものとしての事実たる慣習という法律構成は有用なものであるように思われる。その意味においては，伝統的な見解は評価されるべきものを含んでいる。ただし，そのことは必ずしも，慣習法を構成する慣習と事実たる慣習を構成する慣習を異なるものとして捉えるべきであるということを意味しない。むしろ，任意規定と異なる慣習がある——法例2条のもとでは慣習法の成立は認められない——場合にも慣習を顧慮することを可能ならしめるところにこそ事実たる慣習という法律構成の本来の意義があるとするならば，問題の二つの慣習は異なるものとして捉えてはならないことになろう。実際にも，鳩山教授は少なくとも任意規定と異なる慣習がある場合について，実質的には両者を異なるものとしては捉えておられなかった。しかし他方では，同教授の論述のなかには，慣習法を構成する慣習と事実たる慣習を構成する慣習を法的確信の存否によって区別する旨を強調する個所がある。伝統的な見解を支持するその他の論者もこれまでそのような区別を主張してきた。これは，おそらく，慣習法が成立するためには慣習が存在するだけではまだ十分でなく，さらにその慣習が法的確信によって伴われるものでなければならない，と考える伝統的な慣習法論によって強く影響されていることによるものであろう。

3　さらに，伝統的な見解に対する川島武宜教授のつぎのような批判的な論述が，「今日の通説」の理論的な支柱の一つをなしているように思われる。

「普遍的に妥当すべきものとして予定されている国家制定法があるのに，これと異なる地方的な慣習規範の法源的拘束力をどの程度承認すべきかということは，国家権力を最大限に拡大しようとした19世紀絶対王政の裁判権にとって大きな問題であった。そこで，慣習規範の中で何が『慣習法』であるかという形で問題は提起され，慣習法の概念規定やその要件が論ぜられた。わが国の学説が一般に，法例第2条に先行するものとして『慣習法』の概念を論じ，法例第2条はこれを認めたものだとして論じているのも，この伝統の影響ではないのか，と思われる。しかし，法例第2条は，同条を離れて存在する『慣習法』を前提しているのではなく，一定の要件のもとに『慣習』（慣習法ではなく）が『法律ト同一ノ効力ヲ有ス』ることを認めているにすぎないのであり，したがって，法例第2条の下で実用法学上の議論をする限り，従来多くの学説が問題としてきたような・社会学的意味における慣習法の要件を探求することは，もはや意義を失っていると考える」[50]

そこにおいて「従来多くの学説が問題としてきたような・社会学的意味における慣習法の要件を探求すること」という言葉のもとに主として考えられているのは，おそらく一般慣行（慣習）と並んで，いわゆる法的確信を慣習法の成立要件の一つとして認めることであるように思われる。法的確信という要件はまさしく，「慣習規範の中で何が『慣習法』であるか」という問題に答えるために維持されてきたものであるが，その問題を論ずることは「実用法学上」もはや意義を失ってしまったといえるのであろうか。ドイツ法やフランス法や国際法においては今日においても慣習法の要件の一つとして法的確信が論じられてきているということは，その点について再考を促すものであろう。法的確信という要件については，それは「慣習規範の中で何が『慣習法』であるか」という問題との関連でどのような役割を演ずるものとして考えられてきたのか，それはどのような問題点を有するといえるのか，それを慣習法の要件の一つとして掲げないのであるならば，それに期待された役割はほかのどのような要件によって果されることになるのか，という問題が生ずるのであり，その問題を

解決しない限り，伝統的な見解を真に克服したことにはならないのではなかろうか。

　上述のように，伝統的な見解は法的確信を慣習法の成立要件の一つとみなすという前提に立脚しているが，それに対しては理論的な観点からして，つぎのような批判が可能であるように思われる[51]。つまり，伝統的な見解が慣習法の主観的要件とみなしている法的確信なるもの，即ち「国民ガ慣習ヲ以テ法的社会則ト認ムルコト」・「法ニ遵フノ意思ヲ有スルコト」・「之［一般慣行］ヲ法トシテ認ムル認識」[52]は，論理的には慣習法が成立する前に要求されるものであるから，結局において法の存在に関する誤った判断（錯誤）にほかならない。そうとすれば，伝統的な見解は，およそ慣習法が成立するためにはつねに一般慣行が法の存在に関する誤った判断によって伴われることが必要である，という不合理なことを説くことになる，と。

　もっとも，そのような問題点は19世紀後半のドイツ普通法学において気づかれていなかったわけではない[53]。国際法学においても，当該問題点は1939年にKelsenによって指摘され[54]，大きな反響を呼んだのである。それでは，ドイツ法や国際法においては慣習法について法的確信の要件が放棄されたのかというと，そうではなく，依然として法的確信は慣習法の成立要件の一つとして維持される傾向にある[55]。

　そもそもドイツやフランスの私法における伝統的な見解，さらには国際法における伝統的な見解において法的確信なるものが慣習法の成立要件の一つとして維持されてきたのは，究極的には，慣習法とその他の慣習的規範（習俗）を成立要件の平面において区別するためであったように思われる。つまり，同型の行為がひとしく継続的に反復されても，ある場合には慣習法という慣習的規範が成立するが他の場合には習俗などという他の慣習的規範が成立するにとどまる。そのことを成立要件の平面でどのように説明すべきかという問題との関連で法的確信という要件――それは上述のように理論的に重大な問題を含むが――が不可欠である，と考えられてきたのである[56]。わが国ではこの点に言及するものは少ないが，伝統的な見解の代表的な論者たる鳩山教授のつぎのよう

な論述がそれに該当するといえようか。同教授は，法例2条における慣習法の成立要件の一つとしての法的確信についてつぎのように論じる。

「法的認識又ハ法的必要信念トハ国民ガ慣習ヲ以テ法的社会則ト認ムルコトヲ謂フ。唯事実上ノ慣例ト認ムルニ止マル場合ニ於テハ所謂事実タル慣習タルニトマリ，意思表示ノ補充及ビ解釈ノ材料タル効力ヲ有スルニ過ギズ（民，92条）又宗教上，道徳上ノ規範ナリト認ムル場合ニ於テモ慣習法ヲ成立セシムルコトナシ」[57]。

そこにおいては，慣習法と「宗教上，道徳上ノ［慣習的］規範」との成立要件上の区別を説明するためにも，法的確信が引き合いに出されているのではなかろうか。

いずれにせよ，法的確信の要件に関する上記の事情はわが国においてはあまり意識されることがなかったように思われる。その結果，法的確信の要件に批判的な立場を示す論者も，慣習法の成立について法的確信の存否を問わないときには慣習法とその他の慣習的規範の成立要件上の相違点をどこに求めるのかについて，言及することはあまりなかった。その点は別として，先に指摘したような理論的な問題点を理由に，法的確信を慣習法の成立要件の一つとしてあげるべきではないと考えるときには，慣習法とその他の慣習的規範（習俗規範）は成立要件の平面においてどのような仕方で区別されるべきであろうか，という問題に答えなければならないことになる。筆者は，慣習法と他の慣習的規範の成立要件上の区別は，結局において，慣習的規範の内容が法的規律の対象とみなされる生活関係に関するものか否かによって説明されうると考える。つまり，同型の行為がひとしく継続的に反復されても，その行為の内容が法的規律の対象とみなされる生活関係に関するものは慣習法という慣習的規範を創設し，そうでないものは習俗などという慣習的規範を創設するにとどまる，という説明で十分であるように思われる[58]。それを法例2条との関係でいえば，「法律ト同一ノ効力」を認められる「慣習」は法的規律の対象とみなされる生

活関係に関する慣習であり，そうでないものに関する慣習ではない，ということになろう。法的規律の対象とみなされる生活関係——「法的規制の対象」となる生活関係，「法的処理に服するもの」とされる生活関係，「法的意義」があるとされる生活関係[59]——とそうでないものという区別は，いうまでもなく，筆者が独自に考え出したものではなく，すべての実定法秩序において前提とされているところのものである。それは実際にも，例えば法（法規又は制定法）の欠缺の認定の際にこれまで一般に使用されてきたところのものでもある。つまり，法の欠缺及びその補充は法的規律の対象とみなされる生活関係についてのみ認められるべきであり，そうでないものについては認められるべきではない，ということには異論がないのではなかろうか[60]。ここで慣習法の成立要件の一つとしてあげられる，慣習が法的規律の対象とみなされる生活関係に関するものでなければならないという要件は，主観的な要件ではなく，客観的な要件である。ちなみに，このことは必ずしも，慣習法が成立するためには一切の規範意識が不要であるということまでも意味するものではない。何らの規範意識も伴わない単なる同型行為の偶然の一致に法源たる効力を認めるということはだれもが考えていないと思われるからである。その意味で，規範意識という主観的要件は必要であると思われる。ただ，ここで重要なのは，主観的要件として規範意識が必要であるといっても，それは必ずしも法規範の意識である必要はないということである[61]。

以上からすると，慣習法の成立要件の一つとして法的確信の存在なるものを持ち出す伝統的な見解には賛成できないということになり，したがってまた，伝統的な見解が法的確信の存否によって法例 2 条の「慣習」と民法 92 条の「慣習」を区別することにも賛成できないということにもなる。ただし，このことは必ずしも，慣習法が法例 2 条において規定され，事実たる慣習が民法 92 条において規定されていると考えることとは矛盾しない。

（3）考　　察

「今日の通説」は伝統的な見解とは異なり，法例 2 条の「慣習」と民法 92 条

の「慣習」を法的確信の存否によって区別しないようであるが，筆者も上記の理由からしてそれに賛成したい。ただ，その場合にあっても，いくつかの問題が残されているように思われる。

1　まず，「慣習は一本しかないと解するにしても，それならその同じものがなぜ異なる扱いを受けるのか（任意規定に反する慣習がこちらでは効力を否定され，あちらでは効力を認められるに等しい処遇を受けるのはなぜか），という疑問」[62]が提出されることがある。この疑問は，任意規定に反する慣習が，一方では，法例2条において法たる効力を認められず裁判の規準とはならないが，他方では，民法92条においては当事者の（推定的）意思を介して法律行為の内容となることによって結果的には裁判の規準となる，という法律構成に対してある種の違和感を示すもの，したがって慣習法と事実たる慣習という法律構成の存在意義を問うものであろう。その点については，法例2条は慣習法に対し成文法を補充する効力しか認めないという成文法優先の思想を宣言している，という一般的な理解からは，つぎのように答えられるべきことになろう。つまり，事実たる慣習という法律構成は，成文法優先の思想に立脚しながらも，法律行為の解釈に関しては任意規定よりも慣習を重視すべきであるという取引社会の要請にこたえるために，考え出されたものである。その法律構成のもとでは，裁判の際に任意規定に反する慣習を——法規範としてではなく——当事者の（推定的）意思を介して法律行為の内容として顧慮することができ，結果として取引社会の要請にこたえることができる。その際には，成文法に反する慣習には「法律ト同一ノ効力」（法源性）を認めないという法例2条の建前は，厳然として維持されていることになる，と。19世紀後半のドイツと同様に，わが国における事実たる慣習という法律構成の存在意義は，まさにその点にあるように思われる。

2　つぎに，民法92条は法例2条における「法令ノ規定」にあたる，と解すべきかどうかという問題である。近時においては，その問題に肯定的な答え

を与える立場が有力になっている[63]。例えば、星野英一教授によると、「民法92条は……法例2条にいう『法令』にあたる」[64]。さらに、広中俊雄教授も、民法92条の「慣習」は法例2条にいう「法令ノ規定〔＝民法92条〕ニ依リ認メタルモノ」に該当するとみなされる[65]。このような立場からすると、民法92条の「慣習」は「法律ト同一ノ効力」を有することになり、したがってそれには法源性が認められることになろう[66]。しかし、この立場については、つとに、「第92条による慣習は、端的に『法律ト同一ノ効力ヲ有ス』るものではなく、契約規範の内容を形成するにすぎないから、当事者の主張・立証を要するものとすべ」きである[67]、という批判がある。この批判は民法92条の法律構成を重視するものであり、正当なものと思われる。その点について敷衍してみよう。

　法例2条は所定の慣習に「法律ト同一ノ効力」を認めている。それ故に、同条は慣習に法源性を認めたものと一般に解されているのである。それでは、慣習が「法律ト同一ノ効力」を有するもの（慣習法）として適用されるというのは、どのような事態をさすのであろうか。その際の手掛かりとなるのが、まず、これまで一般に「法令ノ規定ニ依リテ認メタルモノ」としてあげられてきた場合が参考になろう。例えば、その代表例としてあげられる民法263条と294条をみてみよう。民法263条は「共有ノ性質ヲ有スル入会権ニ付テハ各地方ノ慣習ニ従フ外本節ノ規定ヲ適用ス」と定め、民法294条は「共有ノ性質ヲ有セサル入会権ニ付テハ各地方ノ慣習ニ従フ外本章ノ規定ヲ準用ス」と定めている。それらの条文においては、慣習に関する当事者の意思如何とは無関係に（当事者の意思の介在なしに）いわば直接的に「慣習ニ従フ」と定められている。そのことは、そのほかに「法令ノ規定ニ依リテ認メタルモノ」に関する例としてあげられてきた民法217条、同219条3項、同228条、同236条、同268条1項、同269条2項、同278条3項及び同279条についてもあてはまる。それでは、これまで一般に「法令ノ規定ニ依リテ認メタルモノ」としてあげられてこなかった民法92条の場合はどうであろうか。同条は、法令中の公の秩序に関しない規定と異なる「慣習アル場合ニ於テ法律行為ノ当事者カ之ニ依ル

意思ヲ有セルモノト認ムヘキトキハ其慣習ニ従フ」と定めている。そこにおいては，法例2条における「法令ノ規定ニ依リテ認メタルモノ」の場合の典型例とされてきたものとは異なり，当事者の意思の介在なしに直接的に「慣習ニ従フ」と定められているのではなく，「当事者カ之ニ依ル意思ヲ有セルモノト認ムヘキトキ」という条件のもとで「慣習ニ従フ」と定められている，換言すれば，条文上は当事者の（推定的）「意思」により法律行為の内容となった「慣習ニ従フ」という法律構成がとられているのである。したがって，民法92条の「慣習」は法として直接的に裁判官に働きかけるものとしてではなく，あくまでも当事者の「意思」に基づき法律行為の内容の一部となって間接的に裁判官に作用するものとして，法律構成されているように思われる。そうとするならば，民法92条の「慣習」は，「法律ト同一ノ効力」（法源性）を有するとはいえないのではなかろうか[68]。換言すれば，「法律ト同一ノ効力」を認められる慣習というものは，やはり当事者の「意思」によらなくても適用されるものとして法律構成されている必要があるのではなかろうか。この点については，奥田昌道教授がつとに，「当事者の『之ニ依ル意思』があってはじめて個別的かつ例外的に適用（裁判の規準として採用）されるに過ぎないものを『法源』といえるかどうか疑問がある」[69]とのべておられる。確かに「判例，通説は『之ニ依ル意思ヲ有セルモノト認ムヘキトキ』の解釈を通じて，民法92条の『慣習』が実際上，権利義務の内容を決める基準となる局面を著しく拡大しており，その結果，事実たる慣習をそれだけ法たる慣習に接近させている」が[70]，条文の文言上は，あくまでも当事者の「意思」を介して適用されるものになっていることに注意すべきであろう[71]。「『之ニ依ル意思ヲ有セルモノト認ムヘキトキ』の意義はあいまいであり……，積極的にかような意思を必要とせず，むしろ慣習を排除する意思のみられない限り慣習によるべきものと解するのに等しい法運用の実情からすれば，事実上，慣習に……法源性が認められているといえよう」[72]という奥田教授の論述についても，そこにおける「事実上」という言葉に注意が払われるべきであろう。つまり，そこでは，民法92条の一般的な解釈のもとでは，実際の結果の観点からすると慣習に法源性が認めら

れているのとほとんど異ならないことになっているが，法律構成の観点からすると慣習には法源性が認められていない，という判断が示されているように思われるからである[73]。このようにみてくると，民法92条は法例2条における「法令ノ規定」にあたる，したがって民法92条の「慣習」は「法律ト同一ノ効力」を有する，と解することには，民法92条の条文の内容との関係で，問題があるということになろう。

　付言するに，民法92条の「慣習」につき，それは「法律ト同一ノ効力」を与えられるので法源性を有する（それは法規範である）と説明するのか，それは法源性を有するものとしては構成されていないと説明するのか，という問題に答えるに際して決定的なのは，慣習が法源であるという言葉のもとに何を理解するのか，慣習が法律と同一の効力を有するという言葉のもとに何を理解するのかである。その点については，伝統的には，慣習が当事者の意思を介さずに適用されるものと法律構成されるのか，それとも当事者の意思を介して適用されるものと法律構成されるのか，が重視されてきたように思われる。先に見たようにドイツではそのような観点に立脚したうえで，慣習法と事実たる慣習の区別がなされていた。フランスやイギリスも同様な観点に立脚しているようである[74]。これまで伝統的に採用されてきた上記の観点をあえて排除すべき強い理由があるのかどうかは，慎重な検討を要するところであろう。

　3　先にのべた理由からして，法例2条の「慣習」は法的規律の対象とみなされる生活関係に関するものであればよく，いわゆる法的確信に伴われるものである必要はない。法的確信に伴われる慣習である必要がないという点では，民法92条の「慣習」と法例2条の「慣習」は同じであるといえる。しかし，さらに進んで，民法92条の「慣習」は法例2条の「慣習」と同様に法的規律の対象とみなされる事項に関するものでなければならないであろうか，ということが問題になる。この点との関連では，来栖三郎教授の見解が注目される。教授はつぎのようにのべられる。

「従来の学説はまた法例2条の慣習は当事者の権利義務を定め，民法92条の慣習は法律行為解釈の規準であるとして対置しているが，それは，慣習のうちに二つを区別せず，無造作に二つとも民法92条の適用があるとしたことに起因しているように思われる。しかし，慣習のうちに二つを分けるべきである。一つは言葉，手振りその他の表示手段乃至シンボルの慣習であり，他は直接に当事者の権利義務を定める慣習である。」「民法92条は後者の当事者の権利義務を定める慣習に適用がある……が，これに反し前者の法律行為の解釈の規準となる慣習には適用がないと解すべきである」[75]。

そこにおいては，「言葉，手振りその他の表示手段乃至シンボルの慣習」とは区別されるべきものとされている「直接に当事者の権利義務を定める慣習」という言葉のもとに何が理解されているのであろうか。その点との関連では，「権利というのは，他の種の社会規範には見られない現象であり，したがって法規範に特有の概念」[76]であって「法規範を法規範たらしめるところ」[77]のものである，という川島教授の論述が参考になろう。それを考慮に入れて，「直接に当事者の権利義務を定める慣習」を言い換えると，法規範を定める慣習，ひいては法的規律の対象とみなされる生活関係に関する慣習――「言葉，手振りその他の表示手段乃至シンボルの慣習」は明らかにそれではない――ということになるのではなかろうか[78]。このように，来栖教授の「直接に当事者の権利義務を定める慣習」を実質的には法的規律の対象とみなされる生活関係に関する慣習と同じものであるとして捉えるならば，先にものべたように，法例2条の「慣習」はまさに「直接に当事者の権利義務を定める慣習」をさしているといえる。民法92条の「慣習」については，それも，同条における「法令中ノ公ノ秩序ニ関セサル規定ニ異ナリタル慣習アル場合」という文言を重視すると，「直接に当事者の権利義務を定める慣習」をさすということになるように思われる。同条は，任意規定と異なる慣習がある場合に，その慣習を当事者の（推定的）意思を介して法律行為の内容に取り込むことにより当該任意規定に優先させるという趣旨であるが，それからすると，その慣習は任意規定の規律

対象である事項（それ故に法的規律の対象とみなされる生活関係）に関するものということになるからである。「言葉，手振りその他の表示手段乃至シンボル」については，それは一般に任意規定の規律対象である事項とはいえないのではなかろうか。そのようなものは今日のわが国の実定法全体の趣旨からすると，法的規律の対象とみなされる生活関係ではないように思われるからである。来栖教授が上記の見解を提示される際に「法律行為解釈の規準となる慣習について，『公ノ秩序ニ関セサル法令ノ規定ニ異ナリタル』慣習というような限定をつけるのはおかしい」とのべておられたが[79]，それは，「言葉，手振りその他の表示手段乃至シンボルの慣習」を任意規定と異なる慣習（法的規律の対象とみなされる生活関係に関する慣習）とみなすことができない，ということを指摘するものではなかろうか。ちなみに，近時の有力説のように民法92条が「慣習」に法源性を付与していると解する——先にものべたようにこれには問題があるが——ときには，その「慣習」は来栖教授の「直接に当事者の権利義務を定める慣習」をさすということにならざるをえないように思われる。というのは，そうでないと，近時の有力説のもとでは，言葉の用法などに関する慣習にすぎないものにまで法源性を認めるということになってしまうからである。

　ところで，来栖教授は，上記のように，民法92条の「慣習」を法例2条の「慣習」と同様に「直接に当事者の権利義務を定める慣習」とみなされたのであるが，その二つの条文の関係をつぎのように説明される。

「法例2条の慣習と民法92条の慣習の違いは，……単に法令に規定のない事項に関する慣習か法令に規定のある事項に関する慣習かの違いで，民法92条は法令に規定のある事項に関する慣習の適用を当事者のこれによるべき意思があるとみとむべき場合に限っているのに対し，法例2条は法令に規定のない事項に関する慣習の適用に当事者のこれによるべき意思を問題にしていないに過ぎない。従って法令に規定のない事項に関する慣習の場合には，当事者の意思表示によってその適用を排除することはもとより可能であ

るが，当事者のそれによるべき意思を問う必要はないのである。」[80]

　そのような来栖教授の見解については，それよると，「法令に規定のある事項に関する慣習は法例2条の全くらち外である」，即ち法例2条は法令に規定のある事項に関する慣習を「全く圏外に置き去っている」ことになり，その結果，「任意規定がある場合に，それに反する慣習があるときには，民法92条の要件をみたすことにより，結局，慣習は任意規定に優先することになるのだけれども，そのような局面つまり法令に規定がある場合については法例2条は関与しないのであるから，法例2条との関係において矛盾をきたすなどということはないわけである」[81]，と説明されている。法例2条と民法92条の関係を来栖教授のように捉える見解を支持するものもいるが[82]，その見解は法例2条の理解の仕方について問題を含んでいるように思われる。というのは，法例2条は，慣習が「法令ノ規定ニ依リテ認メタルモノ及ヒ法令ニ規定ナキ事項ニ関スルモノニ限リ」法律と同一の効力を有すると定めているので，反対推論可能な命題となっているが，来栖教授の見解においてはその点が顧慮されていないからである。換言すれば，同条の文言からは，同条は法令に規定のある事項に関する慣習については法律と同一の効力を認めないという結論がでてくるのであって，そのような慣習について法律と同一の効力を認めるか否かについては沈黙しているとはいえないのである。米倉教授も，「法例2条の文理といえば，そこでは，慣習は『法令ノ規定ニ依リテ認メタルモノ及ヒ法令ニ規定ナキ事項ニ関スルモノ』に『限リ』認められるとあり，法令に規定のある事項に関する慣習は認められないと読むのが素直であろう」と指摘される[83]。

　このようにして，来栖教授の見解に全面的に従うというわけにはいかないが，民法92条の慣習を法例2条の慣習と同様に法的規律の対象とみなされる生活関係に関する慣習——来栖教授のいう「直接に当事者の権利義務を定める慣習」——に限定するという点については，民法92条の文言に忠実な解釈としてそれに賛成したい[84]。また，そうすることは，法例2条のもとでは，強行規定も任意規定もない事項については慣習に「法律ト同一ノ効力」が認められ

るので，法律行為の解釈の際には慣習が顧慮されるが，任意規定のある事項についてはそうではないので，事実たる慣習という法律構成が必要となる，という事情にも合致することになる。

4　法例2条と民法92条の関係については，両者を一般法と特別法の関係にあるものとみなす有力な見解がある[85]。例えば四宮和夫教授はつぎのようにのべられる。

「法例第2条は制定法一般に対する慣習の補充的効力を認めたのに対して，第92条は，私的自治の認められる分野に限ってとくに任意規定に先んじて法律行為の解釈（広義）の基準となる効力を認めた」，即ち「第92条は法例第2条に対する特別法である」[86]。

この見解もとでは，私的自治の認められる分野においては民法92条のみが適用されることになるので，任意規定のない事項についても，法例2条とは異なり，慣習法の成立を認めない――慣習に当事者の（推定的）意思を介することなく顧慮されるという意味における法源性を認めない――ことになる。しかし，法例2条が任意規定のない事項について当事者の（推定的）意思によることなく顧慮されるという意味における「法律ト同一ノ効力」を慣習に認めているにもかかわらず，あえてそのような効力を認めないとすることについては，やはり，その合理的根拠が問われることになろう。淡路剛久教授は，「法令に規定のない事項については，当事者の慣習による意思を要求せずに，直ちに慣習の効力を認めるべきであろう」[87]とのべておられる。

4　おわりに

以上，法例2条と民法92条との関係における慣習法と事実たる慣習をめぐる議論を分析・検討してきた[88]。以下には，その要約的検討を試みておこう。

伝統的な見解が説くように，法例 2 条における「慣習」の取り扱いと民法 92 条における「慣習」の取り扱いは，法律構成の点においては大きな相違を示す。法例 2 条は「慣習」に，裁判官に直接的に作用する法たる地位を与えているが，民法 92 条は「慣習」に，当事者の（推定的）意思を介して法律行為の内容となることにより裁判官に間接的に作用する事実たる地位を与えているからである。その意味において，慣習法と事実たる慣習の区別について語ることができる。このような法律構成はつぎのような意義を有するものと思われる。つまり，法例 2 条は慣習法に補充的な法源性しか認めないという成文法優先の思想を宣言している。その結果，法律行為の解釈の分野では任意規定のない事項に関する慣習は慣習法として顧慮されることになるが，任意規定のある事項に関する慣習は顧慮されないことになる。しかしこれでは，法律行為の解釈に関しては任意規定よりも当事者に近い慣習を重視すべきであるという取引社会の要請に十分にはこたえることができない。そこで，あくまでも成文法優先の建前を維持しつつも，それと法律構成上は矛盾しない形で取引社会の要請にこたえるために考え出されたのが，任意規定のある事項に関する慣習を法規範としてではなく，当事者の（推定的）意思を介して法律行為の内容となるという事実たる慣習として法律構成することである，と。この点との関連においては，民法 92 条が，ドイツの ADHGB 279 条と異なり，意識的に，任意規定のある事項に関する慣習（任意規定と異なる慣習）の場合について定めるという体裁をとっていること，しかも当該慣習を当事者の（推定的）「意思」を介して法律行為の内容となるものとして法律構成していることに，留意すべきであろう。事実たる慣習という法律構成のこのような固有の役割を顧慮すると，民法 92 条の「慣習」は，法例 2 条の「慣習」でありながらも「法令ニ規定ナキ事項ニ関スルモノ」に該当しないが故に法律と同一の効力を認められないものを含むべきことになり，両者は実体においては異ならないことになろう。この点との関連で，鳩山教授が民法 92 条の事実たる慣習という概念のなかに，伝統的な見解のいう法的確信を伴わない慣習のほかに，法的確信を伴う慣習ではあるが法例 2 条の「法令ニ規定ナキ事項ニ関スルモノ」に該当しないが故に

「法律ト同一ノ効力」を認められないもの——法的確信を伴う慣習であるが任意規定に反するもの——をも含ませていたことが、注目される[89]。

　伝統的な見解が法的確信を慣習法の成立要件の一つとみなし、その結果、法的確信の存否に基づいて慣習法と事実たる慣習を区別するかのようにのべていることには問題があるように思われる。法的確信、即ち一般慣行（慣習）を「法トシテ認ムル認識」は、慣習法の成立の前に——まだ慣習法が成立していない段階において——要求されるものである限り、結局において法の存在に関する誤った判断（錯誤）にほかならないことになるからである。換言すれば、伝統的な見解のもとでは、およそ慣習法が成立するためにはつねに法の存在に関する誤った判断が必要である、という不合理な説明になるのである。一般慣行が法的確信によって伴われるものでなければならないという要件にこれまで期待されてきた、慣習法規範とその他の慣習規範の成立要件上の相違を説明するという役割は、一般慣行が法的規律の対象とみなされる生活関係に関するものでなければならないという要件によって十分に果されうる。法的規律の対象とみなされる生活関係とそうでないものという区別は、すべての実定法秩序が前提としているところのものである。それは実際にも、例えば法の欠缺の認定の際にこれまで一般に使用されてきたのである。つまり、法の欠缺及びその補充は法的規律の対象とみなされる生活関係についてのみ認められるべきであり、そうでないものについては認められるべきではない、ということには異論がないのではなかろうか。したがって、法例2条の「慣習」と民法92条の「慣習」を法的確信の存否に基づいて区別すべきではない。法的確信の存否によって慣習法と事実たる慣習を区別するという仕方は、19世紀後半のドイツの支配的な見解に従ったものと思われるが、それは当時のドイツでも必ずしも一貫することができなかったのであり、日本でも鳩山教授の見解はそのことを示す。

　法例2条の「慣習」は法律と同一の効力が認められるので、当然に法的規律の対象とみなされる生活関係に関するものでなければならないが、民法92条の「慣習」もそのような事項に関するものと解するべきであろう。というの

は，民法 92 条は任意規定と異なる慣習の場合について定めるという体裁をとっているが，そのような慣習というのは，任意規定の規律対象である事項に関するもの，即ち法的規律の対象とみなされる生活関係に関するものにほかならないからである。これに対して，伝統的な見解は，民法 92 条を——文言から少し離れて解釈し——法律行為の解釈に関する一般的な準則を示すものとして理解し，同条の「慣習」を法的規律の対象とみなされる生活関係に関する慣習のみならずそうでない事項に関する慣習（例えば契約に用いられる文字の意味に関する慣習）も含むと解しているようである。しかし，そのように理解する必要はあったのであろうか。19 世紀後半のドイツでは，ADHGB 279 条が任意規定と異なる慣習の場合に関する条文という体裁になっていないので，支配的な見解は同条文を法律行為の解釈の一般準則とみなさざるをえなかったと考えられるが，民法 92 条では，任意規定と異なる慣習の場合に関する条文という体裁がとられているので，わが国の伝統的な見解はドイツの支配的な見解にそのまま従う必要はなかったように思われる。

1) 星野英一『民法論集第一巻』（1970 年）154 頁。
2) 四宮和夫『民法総則』（1972 年）166 頁。
3) 米倉明「法律行為解釈の基準としての慣習（3）」法学教室 76 号（1987 年）27-28 頁。
4) 同 28 頁。
5) 同 32 頁。
6) 同 33 頁以下を参照。
7) 例えば児玉寛「慣習論」Jurist 増刊『民法の争点』（2007 年）63-64 頁に掲げられている諸文献と諸説を参照。
8) 本章では，以下の諸問題が検討される。法例 2 条の慣習法と民法 92 条の事実たる慣習という法律構成（慣習法のほかに事実たる慣習という範疇を認めること）にはどのような意味が認められるのかという問題，法例 2 条の慣習法の成立には慣習のほかに法的確信なるものが必要であるのかという慣習法論一般に関わる問題，慣習法を創設する法例 2 条の「慣習」と事実たる慣習を創設する民法 92 条の「慣習」は実体において異なるのかという問題，及び両者の関係はどのように捉えられるべきかという問題である。

9) Peter Geyer, Das Verhältnis von Gesetzes-und Gewhonheitsrecht in den privatrechtlichen Kodifikationen, 1998, SS. 90, 165.
10) Ibid., S. 89.
11) Ibid., S. 90.
12) Ibid., S. 114.
13) Friedrich von Hahn, Commentar zum allgemeinen deutschen Handelsgesetzbuch, Ⅱ. Bd, 1867, S. 62.
14) Herman Staub, Kommentar zum allgemeinen deutschen Handelsgestzbuch, 1896, S. 706.
15) Ferdinand Regelsberger, Pandekten Bd. 1, 1893, S. 94.
16) Ibid., S. 104.
17) Ibid., S. 102.
18) Ibid, SS. 100-102.
19) Ibid., S. 100.
20) Ibid., S. 102.
21) Ibid., S. 96.
22) 慣習法の成立要件としての法的確信の問題性については，筆者はこれまで幾度か言及する機会があった。フランス私法学については拙稿「慣習法の成立と法的確信(1)」法学57巻1号 (1993年) 1頁以下，及びドイツと日本の私法学については拙稿「慣習法の成立要件としての法的確信」法学新報110巻7・8号 (2003年) 1頁以下を参照。さらに，ドイツ普通法学における慣習法論とフランスの Gény の慣習法論については，Hiroshi Taki, Die Entstehung des Gewonheitsrechts und die opinio juris: von Puchtas Lehre zu Génys Lehre, Festschrift für Koresuke Yamauchi, 2006, S. 311 ff. を参照。また，国際法学については拙稿「慣習国際法の要件としての法的確信」法学新報110巻11・12号 (2004年) 1頁以下，及び Hiroshi Taki, Opinio Juris and the Formation of Customary International Law: A Theoretical Analysis, German Yearbook of International Law, Vol. 51, 2008, p. 447 et seq. を参照。
23) Regelsberger, a. a. O., S. 102. 彼によると，株式取引に関わるものは，合意によってそれを排除しないときにはそれに服するところの一般取引条件が存在することを，知らなければならない。Ibid., S. 102.
24) ちなみに，Regelsberger の慣習法論に影響を受けたフランスの Gény は，証券取引所のルールを慣習法とみなしている。François Gény, Méthde d'interpretation et source en droit privé positif, t. 1, 1954, p. 431.
25) それは Von Johannes Bärmann, Zur Vorgeschichte des § 346 HGB, Festschrift für Hermann Krause (1975), S. 244 より引用。
26) Karl-Hermann Capelle/Claus-Wilhelm Canaris, Handelsrecht, 1985, S. 162 ff.

27) Ibid., SS. 164-165.
28) Regelsberger, a. a. O., S. 102.
29) Vgl. Geyer, a. a. O. S. 4 ff.
30) Ibid., S. 166.
31) 松本烝治『商法総論』（1927 年）83 頁。
32) 淡路剛久『新版注釈民法（3）』（2003 年）260 頁。
33) 我妻栄『新訂民法総則』（1965 年）19 頁。
34) 鳩山秀夫『日本民法総論』（1927 年）5 頁。
35) 同 6 頁。
36) 同 330 頁。
37) 我妻・前掲 252 頁は，民法 92 条の「慣習は，法例第 2 条の慣習（慣習法）と異なり，社会の法的確信によって支持される必要はない」とのべている。そこでは，事実たる慣習であるためには慣習が法的確信を伴う必要はないということがのべられているのみで，法的確信を伴う慣習を事実たる慣習から排除することまではのべられていないのではなかろうか。事実たる慣習という法律構成の存在意義を考えると，そのように解すべきであろう。
38) 米倉・前掲 28 頁。さらに，西原寛一『日本商法論第 1 巻』（1943 年）229-230 頁，星野・前掲 159 頁などを参照。なお，すでに末広厳太郎『民法雑記帳［第 2 版］』（1980 年）55 頁が，「民法の規定する『慣習』中いずれが慣習法であり，いずれが事実たる慣習であるかは解釈上ほぼ確定されているが，実際上社会に存在する具体的の慣習が二者いずれなりやを判別することは必ずしも容易でない」とのべている。
39) 米倉・前掲 31 頁。
40) 伝統的な見解を説く立場も，法的確信の存否の判断に困難さが伴うことは十分承知のうえであったように思われる。例えば，フランスにおいて 19 世紀ドイツの慣習法論をふまえて伝統的な慣習法論を展開した Gény は，つとに 1899 年に，法的確信を慣習法の成立要件の一つとしてあげるさいに，それによって慣習法か否かの識別がひどく困難になることを認めていた。Gény, op. cit., pp. 362-363.
41) 北川善太郎『民法総則［第 2 版］』（2001 年）30 頁。
42) Hans Kelsen, Théorie du droit international coutumier, Revue interntionale de la théorie du droit, 1939, p. 264.
43) 山本草二『国際法（新版)』（1994 年）55 頁。
44) 星野英一『民法概論 1』（1971 年）96 頁。
45) 同 34 頁。
46) 末広・前掲 60-61 頁。
47) 同 61 頁。
48) 同 61-62 頁。

末弘教授は，問題とされる我妻教授の論述については，「事実としての慣習によって法律行為を解釈した結果，任意法規に異なる意思表示ありと認められ，それによって任意法規の適用が排除されるという当然の理」が説かれているにすぎず，「なんら『注目すべき現象』も存在しない」，とのべられる。同 63 頁。

49) 幾代通『民法総則』(1969 年) 230 頁。
50) 川島武宜『民法総則』(1965 年) 23 頁。
51) 注 (22) に掲げてある拙稿を参照。
52) 鳩山・前掲 6 - 7 頁。
53) 前掲拙稿・法学新報 110 巻 7・8 号，前掲拙稿・Festschrift für Yamauchi を参照。
54) Kelsen, op. cit., pp. 262-263.
55) 注 (22) に掲げられている諸文献を参照。
56) 注 (22) に掲げられている諸文献を参照。
57) 鳩山・前掲 6-7 頁。
58) 鳩山教授自身は，法的確信を不要とみなす民法 92 条の事実たる慣習を定義する際に，「慣習法ノ如ク一国一地方ニ普ク行ハルル慣行ニシテ法律関係ニ関スルモノナルコトヲ要スレトモ慣習法ノ如ク法タル確信ヲ必要トスルモノニアラス」，「法律関係ニ関係ナキ贈答ノ慣習ノ如キモ固ヨリ茲ニ謂フ慣習ニハアラス」とのべられる。鳩山秀夫『法律行為乃至時効』(1912 年) 86 頁。そこでは，「贈答ノ慣習ノ如キ」もの (習俗) を慣習法や事実たる慣習の概念から除く際には，「法律関係ニ関スルモノ」であるか否かという基準が示されている。その基準は，法的規律の対象とみなされる生活関係であるか否かという基準に該当するといえるのではなかろうか。そうとすれば，鳩山教授は，慣習法規範と習俗の成立要件上の区別を法的確信の存否に求める必要はないということを実質的に認めておられる，ということになるのではなかろうか。
59) 加藤新平『法哲学概論』(1976 年) 274-275 頁。
60) Vgl. Karl Larenz, Methodenlehre der Rechtswissenschaft, 1991, S, 371 f.
　法的規律の対象とみなされる事項とそうでない事項の区別については，ときとして判定困難となるケース (限界事例) がありうるという批判が登場してくることは，容易に推測しうる。しかし，そのようなことは抽象的な基準による区別の場合につねにつきまとう問題であり，限界事例が存在することをあげるだけでは的確な批判とはならないように思われる。
61) 詳細については注 (22) に掲げられている諸文献を参照。
62) 米倉・前掲 32 頁。
63) 淡路・前掲 262 頁に掲げられている諸文献を参照。
64) 星野『民法概論 1』34 頁。
65) 広中俊雄『民法綱要第一巻上』(1989 年) 51 頁。

66) 同52頁は，法例2条と民法92条の「どちらの規定も慣習が法源としての効力を認められる場合について定めている」とのべている。
67) 四宮・前掲167頁。また，奥田昌道「事実たる慣習と法例二条」『民法の争点』(1985年) 33頁は，「法例2条の『法令ノ規定』は事項を限定しつつ（例，永小作権に関し，あるいは，費用負担に関し，というように）法規に対する慣習の優先性を許容しているのに対し，民法92条を②説［民法92条を『法令ノ規定』にあたるとみなす説］のように解すると，およそいかなる任意法規にもすべて慣習が優先することになり，実質的には法例2条の精神を否定する結果となる」と批判する。
68) これに対して，民法92条は法例2条の「法令ノ規定」にあたると解する立場からは，つぎのような反論がなされるかもしれない。つまり，慣習の効力容認を「法令ノ規定」に譲った場合には，結局において，慣習が権利義務の内容をきめる基準となるのであれば，それもまた『法律ト同一ノ効力ヲ有ス』と解すべきである，と。米倉・前掲33頁を参照。しかし，当事者の「意思」を介して裁判官に作用すると法律構成されるものを法とはみなさない，とこれまで一般に考えられてきたのではなかろうか。
69) 奥田・前掲32頁。
70) 米倉・前掲28頁。また，幾代・前掲229頁は，民法92条についてつぎのようにのべている。「とくに慣習にしたがわないという趣旨が当事者の意思表示から認定される場合のほかは，慣習が法律行為解釈の規準になる，と解すべきである（判例・通説）」。
71) 末弘・前掲66頁も，日本民法92条がドイツ民法157条と「立言方法」を異にしている点を強調する。
72) 奥田・前掲32-33頁。
73) ちなみに，川島・前掲23頁は，法例2条のほかに「慣習が法源として承認される……もう一つの別の通路」として民法92条をあげつつも，つぎのようにのべる。「すなわち，ここでは，慣習は，法律行為の内容を決定する要素としての意味をもち，法律行為が制定法と同一の法源の価値をもつこと（私的自治）……を媒介として，実質的に法源性をもつにいたるのである」。また，幾代・前掲231-232頁も，民法92条の慣習が「法律行為が制定法と同一の法源的価値をもつこと（私的自治の原則）を媒介として」「いったん法律行為の内容をとおってくることによって」(「間接的」に)「実質的に」法源性を有する，とのべる。しかし，法律行為そのものは一般に法源とは呼ばれていないこと（広中・前掲44頁を参照），及び上記の二つの論述においてはあえて「実質的に」という言葉が使用されていることを考慮に入れると，そこでも，民法92条の慣習は，一般にいうところの法源を意味しないということが示唆されているのではなかろうか。
74) 前掲拙稿・法学57巻1号10-11, 14, 38-39, 43-45頁，拙稿「イギリス法にお

ける慣習法と事実たる慣習」比較法雑誌 44 巻 3 号（2010 年）19-20 頁を参照。
75) 来栖三郎「法の解釈における慣習の意義」『兼子博士還暦記念・裁判法の諸問題（下）』（1970 年）所収 620-621 頁。
76) 川島武宜『法社会学上』（1958 年）93 頁。
77) 同 94 頁。
78) ちなみに，川島教授は「社会規範は行動の義務を規定するものでありますが，その行動の義務に対応して『権利』という法固有のカテゴリー——法以外の社会規範にあっては，『権利』は存在しません——が存在している点で，法は他の社会規範から区別されます」とのべられる。同 66-67 頁。そこにおいては，権利義務を定める社会規範か否かによって，法と他の社会規範の区別，ひいては法の規律対象とみなされる生活関係と法以外の社会規範の規律対象とみなされる生活関係の区別が試みられているのではなかろうか。
79) 来栖・前掲 621 頁。さらに続けて同 621 頁は，「それに——法律行為解釈の規準となる慣習も当事者の反対の意思表示によって適用を排除しうるが，それをしない限り適用さるべく——その適用を主張する側に積極的に当事者のこれによるべき意思の存在の立証を要求すべきではない」とのべる。
80) 同 625-626 頁。
81) 米倉・前掲 34 頁。
82) 淡路・前掲 263 頁に掲げられている諸文献を参照。
83) 米倉・前掲 34 頁。
　　同 34 頁はさらにのべる。「法例 2 条は法令に規定のある事項に関する慣習の効力について正面からふれてはいないけれども，同条が成文法優先の思想のもとに成立したことはまずまちがいないところであるから，正面からふれていないとの一事によって，同条は右のような慣習を全く圏外に置き去っているのだとはいえまい。むしろ，右のような慣習の効力を否定するのが同条の趣旨だとみる方が，無理が少ないのではあるまいか」。また，淡路・前掲 263 頁も，「法例 2 条が法令に規定のある事項に関する慣習を全く圏外に置き去っているとはいえ」ないとみなす。
84) 淡路・前掲 263 頁及び米倉・前掲 34 頁を参照。
85) 淡路・前掲 262 頁に掲げられている諸文献を参照。
86) 四宮・前掲 167 頁。
87) 淡路・前掲 264-265 頁。
　　本文で引用した淡路教授の文章は，民法 92 条が法例 2 条の「法令ノ規定」であるとする見解について，書かれたものであるが，そこでのべられた趣旨は四宮教授のような見解にもあてはまるとされている。淡路・前掲 265 頁によると，「第 4 説［後者］についても，第 3 説［前者］に対するのと同じことがいえる」。
88) なお，民法 92 条と法例 2 条との関係については，「起草委員会は統一的見解を確

定していない」(広中・前掲51頁),法例2条の議事「での発言は,必ずしも明瞭ではなく,起草者が民法92条との関係をどう理解していたかを正確には捉えにくい」(星野『民法論集第一巻』168-169頁),とされている。

89) これまでのべてきたように,慣習法と事実たる慣習の区別,ひいては事実たる慣習という法律構成は,法例2条が慣習に成文法との関係で補充的な法源性しか認めない,という一般的な理解を前提としている。したがって,もしそれとは異なり,法例2条は強行規定が慣習法に優先する(慣習法が任意規定に優先する)ことを定めたものである,という考えに立脚するのであれば(星野『民法論集第一巻』181頁,223頁及び米倉・前掲36頁),そのような区別や法律構成の必要性はもはや存しないことになろう。しかし,そのことは民法92条の存在意義を認めないということを意味しよう。この点との関連では,淡路・前掲260頁における,「法例2条の『法令ノ規定』には任意規定を含まず,慣習は任意規定に当然に優先する,と解するならば……,民法92条においても,慣習が当然に優先するはずであるが,現行の92条は『当事者カ之ニ依ル意思ヲ有セルモノト認ムヘキトキ』にかぎって慣習が任意規定に優先するとしているのであるから,2つの規定の間には矛盾がある」という指摘が注目される。

第4章
フランスにおける慣習法と事実たる慣習

1 はじめに

　フランス私法における慣習法論を語る際に必ず登場してくるのは，Gény の名前である。彼は 1999 年にフランスにおいて初めて本格的に慣習法論を展開したのであり，彼の見解は今日においても依然として強い影響力を保持しているように思われる。そこで，まず，彼の慣習法論を分析・検討することから始めることにしよう。その際には，分析・検討の対象は，筆者の問題関心からして，主として慣習法の成立要件，特に法的確信の要件に限定される。また，フランスでは 19 世紀から 20 世紀への変わり目において生じた Gény と Lambert との間の論争――二要素理論と判例理論の対立――が著名であるので，Lambert の見解も分析・検討される。そして，他の若干の代表的な文献をも考慮に入れつつ，フランス私法における慣習法論の一端を垣間見ることが意図される[1]。

2　Gény の慣習法論

　Gény の慣習法論は裁判官に向けられている。それは，基本的には，裁判官は成文法主義のもとにおいていかなる慣習をいかなる仕方で顧慮すべきであるのか，という実践的な問題に答えようとするものである。彼によると，新たな政治的社会的な条件により私法の領域においては適用されることが極めて少なくなったが，「法的慣習（coutume juridique）」は，存在の可能性も生産活動も

失ったわけではない。したがって，法的慣習が拘束力ある「形式的法源」として実定法の解釈者に課せられるのかどうか，課せられるとしてもそれはいかなる条件に服するのか，それには——それ自身であれそれが成文法と対立するときであれ——どのような効力が認められるのか，を探求する必要がある[2]。

そして彼は，そのような慣習の問題については，立法的決定がほとんどなされていない（「法律の沈黙」）ので，「理性」に照らして且つ「社会的必要性」に従って解決するように努めるべきであると考える[3]。その意味で，彼の理論はフランス法に固有なものという色彩が薄いといえよう。

彼は，まず，慣習法を消極的で漠然とした仕方で定義して，学説の獲得した権威や判例によって裏づけられた伝統などをも慣習法として理解することには，反対する。彼によると，そのような定義は，実定私法の始まりにおいて成文法に先行して現われて，つぎに成文法と並存している一種独特の形式的法源——それは人民の意識の息吹を示し，法的生活の要求を深く感じ，それを満足させる手段を一種の優れた直感のなかに見出す——を特徴づけることができないであろう[4]。

そして彼は法的慣習をさしあたり，十分な一連の反復行為により社会生活の関係に関して確立された恒常的な実行 pratique であって，しかも「法的意識」——必要な場合には公的サンクションを備えた規範によって慣行を強制する必要性（opinio necessitatis）——を示すもの，と定義する[5]。

ついで，Gény は，「慣習法の拘束力」[6]という表題をたて，それについて詳論する。彼は，慣習が成文法とは別に，対等な又は補充的な法源として課せられ，実定法規範を生み出しうるものとみなされるべきでないのかという問題を解決するためには，「慣習の拘束力の合理的基礎」を発見することが必要であると考えるのである[7]。その点につき，彼は理想的なタイプの法源は法律のみであるという理念から出発して，人は慣習に「一種の黙示的に同意された法律」をみることによって，慣習を正当化しようとする立場[8]や，実定法の究極的な基礎を民族の共通意識のなかに求めたうえで，慣習法を——関係者の確信自身のなかに表明される——この共通意識からの直接的で自然発生的な啓示と

みなす立場[9)]に反対する。そして彼はおよそつぎのように論じる。

　社会的観察の平面において慣習を法的規則の形式的法源として承認する必要性を導出するためには，慣習法の重要性が減じている現代において，法の歴史のすべての段階において私法の形成時に慣習が演じてきた重要な役割を確認することだけでは十分ではない。慣習の本性を深く理解して，慣習に形式的法源性を認めることが真の永続的な社会的必要性に対応すると同時に人間の内奥の本能と調和し，実定法組織におけるすべての利益を満足させる，ということを示さなければならない。慣習を形式的法源として承認する必要性は，つぎのような考慮から生ずる。一方では，私的利益に不可欠な安全性，及び個別的権利に必要な安定性，同様に，すべての正義の根本をなす平等は，「法的義務の性質を伴い長い慣行によって認められた規則」が法律と同様に課せられ，すべての人の活動を指導するということを，要求する。他方では，この結果は，畏敬の念のまざった尊敬の念でもって祖先の慣習を包み，その変更を恐れる，という人間の本性の深い感情を反映する。最後に，慣習は定義上それが確立する規則によって利益を損なわれるものも含む関係者の同意を前提とするが，そのような本質的に自発的な一般的承認は，問題の規則の固有な価値の決定的な特徴と諸利益間の均衡の最もよい保証を構成する[10)]。「慣習の力は」本質的には「心理学的且つ社会学的理由」，特に「我々の本性の深い感情に適合する，安定性と安全性の一般的欲求」によって正当化される[11)]。

そして Gény は，実定私法の形式的法源として慣習を正当化する「本質的には社会学的な理由」が「事物の本性そのもの」に由来するので，一般的性格を示し，すべての法的組織において認められる[12)]，とのべている。このようにみてくると，Gény が主張した「慣習の拘束力の合理的基礎」というものは，「慣習を私法の形式的法源として正当化する，本質的に社会学的な理由」[13)]であるということになろう。換言すれば，慣習に法源たる資格を認めるための政策的

根拠——それはつぎにのべる慣習法の妥当根拠如何の問題や慣習法の実効性の根拠如何の問題と異なる——が問われているのである。そして，その問題についての彼の答えは，要するに，安全性及び安定性という「社会的必要性」，祖先の慣習を敬うという「自然の感情」及び関係者の「自発的な承認」であった。

　これに対して，Gény が批判する他の諸見解は，必ずしも上記のような彼の見解と対立するものではないように思われる。例えば慣習法を立法者の黙示的同意によって正当化する見解は，所与の実定法の枠のなかで慣習による法創設（慣習の法源性）を認めるための一種の法律構成である。換言すれば，それは，何故に慣習が法として人々を義務づけする力を有するのか，何故に慣習法が遵守され適用されるべきであるのか（慣習法の妥当性根拠）を問うものである。したがってそこにおいては，いかなる法政策的根拠に基づいて慣習に法源たる資格を認めるのかという，彼の取り扱う問題は，捨象されているのである。この点は，Gény は十分には意識していない。その結果，彼は，慣習法の妥当根拠について明示的な答えを示していない。そうはいっても，彼は，間接的に，答えを示しているように思われる。というのは，彼は，慣習に法源性を認めるべきかどうかという問題について，まず，制定法のなかに手がかりがないかどうかを探求し，そして，その問題に関する「法律の沈黙」を結論したうえで，「理性」に照らして且つ「社会的必要性」に従って当該問題を解決するように努めるべきである，という態度を示しているからである。制定法主義をとるフランス法の見地からすれば，当然の手順であるといえよう。そして，「法律の沈黙」即ち法の欠缺の補充がなされている，という点に着目すると，慣習法の妥当根拠は最終的には制定法に求められることになるのではなかろうか。換言すれば，彼は制定法主義のもとにおいて法の欠缺を認めたうえで，その補充の結果として慣習の法源性を認めているが，そのことは，結局において，制定法の広い意味での解釈の枠内で慣習の法源性が認められていること——慣習法の妥当根拠を制定法（又はその黙認・黙示的同意）に求めること——を意味する。慣習法の妥当根拠を立法者の黙示的同意に求める見解は，結局，慣習法の

妥当根拠を制定法に見出すことになるように思われる。立法者の意思が明示的に表明されるのは制定法という形においてであるからである。いずれにせよ，彼は，上記のような社会的必要性，自然の感情，自発的な承認という客観的な現実が慣習法の要件や慣習法の効力の問題を解決するのに十分である，と考えている[14]。

　Gény によると，上記のような「慣習の創設的力の存在理由」それ自身からつぎのような帰結が生じる。つまり，慣習的慣行は一般的な立法のように国家の領土のすべての範囲において発展しうるが，その形成時の事情によっては特別立法のように国家の単位内において地理的観点からして又は社会的観点からしてより限定された範囲でも成立しうる[15]。慣習が国家の特定の部分に限定された形をとるか，それとも特定の社会階層に限定された形をとるか，という事情は，その性質やその成立条件を変えるものではない。慣習規則は，地方的なものであっても特別的なものであっても，法的規則である。そのような慣習の特徴は，限定された範囲で形成されているのでその射程距離が当該範囲の物的又は人的な限界を超えない，という点にのみある[16]，と。

　慣習の存立基盤については，Gény は，法的慣習は，それを構成する紐帯自身によって等質な一貫性を有するところの社会的集団のなかにおいてのみ形成されうる[17]，とのべる。彼によると，慣習は共通の法的感情を含むので，外の影響を受けない極めて等質でまとまりのよい集団においてのみ開花し繁栄しうるのであり，そこには慣習に有利な条件が存在する[18]。

　制定法と慣習法との関係については，Gény はおよそつぎのようにのべる。

　　原則として，そして我々の文明の状態においては，「成文法に明白に反する慣習はすべて排斥すべきである」，と考える[19]。この解決は慣習の拘束力を基礎づけている根本的な理由の論理的な結果ではない。理論的には，法律と慣習は法源として平等の権威を享受すべきであるように思われる。歴史的及び実際的には，両者のそれぞれの力は政治的社会的な諸条件に依存する。今日では，政治的な観点からすると，成文法は，その正確性と安定性によっ

て，慣行の，不確かでしばしば一貫性のない又は一定しない，少なくとも組織化されていない表明に，優位する最高位の規則とみなされる。社会的な観点からすると，我々の周囲の支配的な理念を考察するならば，その理念は極めて明確に慣習に対する優越性を成文法に与えている，ということを確認せざるをえない[20]。法律に反する慣習に関して法律の強さを維持すべきである。この解決は「我々の社会状態の全体の要求」と完全に調和するように思われる[21]。けれども，私は思い切って「商慣習のための例外」を考えてみたい。商事に関して成文法はまだ，「政治的・社会的秩序の理由のために」その優越性が課せられるというほどには，慣習に対して上位に立っていないと思われる。したがって，人は二つの法源の対等性でもって満足できる。いずれにせよ，このテーゼを絶対的な形で主張し，最近の慣行を商法典又はそれに関連する本来的に商的な法律の実定規定に優越させることには躊躇するとしても，我々の社会組織において二つの法源が享受するそれぞれの力のために，現実に生きている商慣習が商的法律関係に補充的に適用される民事法に優越することは確かなものとみなされるべきである[22]。

そのような論述からすると，Gényは，商慣習の場合を除いて原則的には，慣習に対する法律の優位を主張していることになる。なお，彼は「当事者の意思を補充する真に慣習的規則」[23]を認めるのであるが，意思解釈的又は意思補充的な法律（任意規定）の領域については，それを任意規定に優位する「契約上の慣行」の領域とみなし，「法的慣習の固有の領域」とみなさない[24]。

これまでGényの慣習法論の概略を簡単に紹介してきたが，以下には，慣習法の成立要件に関する彼の見解を少し詳しく紹介したい。彼は，「法的に拘束的な慣習すべての積極的要素」を本質的に二つに還元する。一つは「長期にわたる恒常的な慣行」という物質的な要素であり，他の一つは「慣行を拘束的な慣習として特定し規定する法的サンクションの確信」という心理的な要素である。その点について，彼はさらにおよそつぎのように敷衍する[25]。

すべての法的慣習の必要な基体として物質的な要素を形成する慣行は，関係者の側における，社会生活の一定の関係を構成するような且つ「同時に法的サンクションが可能な」一連の行為，稀には不作為を前提とする。通常は，この慣行は，反復により継続性と恒常性を獲得した，日常生活における実行からなる[26]。慣習を構成する慣行を特徴づけるために本質的に重要であるのは，慣行に異議を唱える利益を有した人々の真剣な反対もなしに形成され維持されてきたという点である。さらに慣行は恒常的で且つ十分に長期のものでなければならない。慣行を構成する行為の数量やその必要な継続期間については，いかなる指示もア・プリオリに与えることはできない。長期にわたる継続的な実行が必要であるということにとどめ，あとは解釈者の判断にゆだねられるべきである[27]。法的慣習は，物質的な条件のほかに，その判断がいっそうデリケートである非物質的・心理的な条件を要求する。その要件はしばしば opinio juris seu necessitatis という伝統的な呼称でもって言い表される。その最後の単語はここでは，慣習から生ずる法規範は個人の意思を絶対的に強制し，強行規定として現れなければならないと信じ込ませることによって，人をだますべきではない。法律と同様に，慣習は純然たる任意規定を創設することができる。慣習が opinio juris の条件でのみ構成されるといわれるときには，それはつぎのことを意味する。つまり，慣習を生み出すためには，慣行は，それを実行する人々の内で，法規範の表現を含む権利の行使という性格を有しなければならない。換言すれば，この慣行を構成する行為は，「実効的な社会的サンクション」の考えにおいて行われたときにのみ，法創設の効力を有する，と。Regelsberger が指摘するように，慣行は，そうであることが「正しい」とか，法的にそうで「あるべきである」とかいう考えで実行されるだけでは，十分ではない。「法的にはそうである」という確信，実行が「既存の法を適用している」という確信が必要なのである。法的慣習の特徴的要素はそこにあるのであり，それによってのみ，法的慣習は，法的拘束力が認められないような世の中の習慣や生活の多様な慣行から区別される。かくして例えば，チップの慣行，誕生日や生活の重要な月

日の場合における贈物やプレゼントの慣行などは，法的慣習とはみなされない。というのは，それらの慣行を構成する行為は「法的義務を果たすという考え」なしに，純然たる好意によって実行されているからである。これに反して，既婚女性にその夫の氏を付与する慣行については事情が異なり，それはもはや単なる世の中の習慣ではなく，妻が行使する真の権利たる性格を有する[28]。

Gényにおいては，まず，法的慣習の物質的な要素たる「長期にわたる恒常的な慣行」が，社会生活の一定の関係を構成するような且つ「同時に法的サンクションが可能な」一連の行為，稀には不作為を前提とするものとして定義されている。その際の「法的サンクションが可能な」一連の行動とは，法的規律の対象たる事項に関する一連の行動というように言い換えることが可能と思われる。この点は注意を要する。彼は，つぎに，慣習法の創設のためには物質的要素たる慣行だけでは不十分であり，心理的要素たる opinio juris も必要とみなす。そして，その opinio juris の内容については，彼はときとして，「法的義務を果たすという考え」[29]，「法的義務の感情」[30]，「法的必要性の感情」[31]，「慣行を実行する人々における，法規範として課せられる不文の規則に従って行動するという感情」[32]に言及する。しかし，そのような表現は，彼自身も opinio necessitatis という言葉との関連で気づいていたように，慣習法は強行規定という形しかとりえないかのような誤解を招く[33]。彼自身は任意規定という形をとる慣習法の存在も認めるのであるが，そうとするならば，彼は，任意的慣習法の成立をも認めうるような内容に opinio juris を定義するべきであったように思われる。その点は別として，彼は一方では，「法的義務の感情」という心理的要素を要求することにより真の法的慣習の識別がひどく困難になることを認めるのであるが，他方では，人間の社会活動のすべてを示す多様な生活慣行の複合体から真の法的慣習を切り離すためにはその心理的要件を必要不可欠であるとみなすのである[34]。しかし，真の法的慣習を成立要件の平面で多様な生活慣行から区別するという目的からすると，opinio juris なるものは必ずしも

必要ではないということに注意すべきである。というのは，彼が法的慣習の物質的要件として考える慣行の定義——「法的サンクションが可能な」一連の行動，即ち，法的規律の対象たる事項に関する一連の行動に基づく慣行——のなかに，当該区別のための基準が示されているとみられるからである。つまり，ひとしく慣行といわれるほどの一連の行動があっても，それが「法的サンクションが可能な」もの，即ち法的規律の対象たる事項に関するものであるときには法的慣習になるのであり，そうでないときには多様な生活慣行になる，と。Gény は，生活習慣を「しっかりと確立した」社会的な実行であるが実定私法の法源たりえないものであるとして捉えたうえで，その例として，日々の生活の習慣，商業，農業，産業などの経済的慣例，礼儀作法，道徳的又は宗教的な実行などをあげるが[35]，それらはいずれも「法的サンクションが可能な」一連の行動ではない。法的慣習と多様な生活慣行の成立要件上の区別の際に焦点となるべきは，慣行の内容であり，慣行とは別個のものとしての関係者の心理状態や意識ではないように思われる。

ところで，Gény は，「慣習法の力の根本的な存在理由」からすると慣習を構成するためには慣行と「法的必要性の感情」という二つの要件で必要且つ十分である，と考える[36]。その結果，彼は慣習法の成立にとって立法者の同意や判例の介在を不要とみなす。つぎに，その点に関する彼の議論をみておこう。

まず，立法者の同意についてである。彼はおよそつぎのように論じる。

　私は，憲法が立法や法律の執行の維持という公式の任務を託しているところの公権力の側からの，黙示的な同意や黙認を上記の二つの要素に加えるべきであるとは思わない。そのような要件は，慣習という形式的な法源の真の基礎であるようにみえるところのもののなかに支持を見出さない。というのは，慣習が成文法から独立したものとして現れる以上，私は，人がそれを立法者の同意に服させると主張する理由を，見出せないからである。確かに，立法者はそれ自身の行為によって慣習の創設的行為を無力化することができる。特に，人が法律に直接に反する慣習にあらゆる効力を拒否しなければな

らないと決定するときには，立法者はそうすることができる。しかし私が考えていることは，「法律の沈黙の場合」に且つ公権力の不活発な状態の場合には何も慣習の確立を妨げないということである[37]。

その論述からすると，Gény が慣習法の成立要件として立法者の同意を不要とみなす際に，制定法とは無関係に慣習の法源性を認めるということまでも考えているのではない，ということがわかる。制定法が慣習の法源性を否定することができるということを認めたうえで，彼は，制定法がその点について沈黙している場合には慣習の法源性は妨げられない，ということを考えているにすぎないのである。このことは，先にもみたように，彼が慣習法論を展開するにあたり，まず，慣習法に関する一般的な条文や方針がフランスの制定法のなかに見出されないかどうかを検討し，「法律の沈黙」を確認したうえで，その欠缺を慣習の存在意義の社会学的な探求という方法を介して補充しようとしていたことと，符合する。そのことは，制定法主義をとるフランス法秩序からしてみれば当然のこととしもいえよう。ちなみに，Gény のそのような思考方法がはたして慣習法の妥当根拠を立法者の同意のなかに見出そうとする見解と対立するものであるのかどうか，という問題があるが，その点についてはここでは立ち入らない。

つぎに，判例の介在についてである。彼はおよそつぎのように論じる。

　判決は，特にその恒常的且つ一様な反復により，又はそこから引き出される判例によって，しばしば慣行を準備し，opinio necessitatis を示す。しかし，そこから，判決は慣習法の形成自体に必要不可欠であると結論することは，慣習を創設する慣行を唯一の硬直した形で固定することになろう。そのうえ，それは慣習の本質を無視することになろう。慣行はなによりもまずそれ自身において関係者の自発的な行為を含むのである。他方，公的権威の行為たる判決は慣習的実行を準備し，とくにそれを彩りうるが，それを構成することもそれに代わることもできない[38]。

その論述からすると，Gény は慣習法の成立要件の一つとみなす慣行のなかに裁判所の判決を含ませない，ということが理解されうる。彼は，判例には，関係者の自発的行為が慣行になり opinio juris を伴うようになっていくプロセスを促進する，という事実的機能を認めるにすぎないのである。

　ところで，Gény は，慣習の心理的要件に密接に結びつく事情について，つぎのような問題を提出する。つまり，慣習を創設する行為をなすものにおける錯誤（erreur）は慣習法の形成を妨げるべきであるのか[39]，と。その点について，彼はおよそつぎのように論ずる。

　錯誤のもとで確立された慣習はすべて無効であるとする解決は，「法的慣習の合理的な基礎」，及びそれを実定法の形式的法源として認めることを強制する「社会的必要性」に反するものとして受け入れられない。その解決のもとでは，法的に有効な慣行に伴う「法的義務の感情」即ち opinio juris は，それが「慣行以前に存在する法に関する錯誤」によって導かれているならば，効果のないものとみなされるべきことになる。なるほど，稀に遭遇する若干の慣習——特に成文法の欠缺を補充する慣習——については，それを基礎づける法的感情が法に関する錯誤の外にある，ということが考えられうる。しかし，一般に，そして成文法をもっぱら確認する慣習の場合——それはあまり関心の対象とならない——は別として，錯誤は「少なくとも慣行の始めには」この慣行が課せられるという確信即ち opinio juris, seu necessitatis の必須的条件であったであろう。したがって，始まりにおける錯誤という口実のもとに慣習の力を奪うことは，要するに「ほとんど」——「絶対的に常に」ではない——この法源を捨てるということになろう[40]。立法者の錯誤が法律の力を妨げないのと同様に，慣習形成に際しておこる錯誤は慣習の力を奪うべきではない[41]。

　このような Gény の議論は，検討すべき箇所があるように思われる。まず，慣習法の心理的要件たる opinio juris は「法的にはそうであるという確信，実

行が既存の法を適用しているという確信」・「法的義務を果たすという考え」であり，「法的義務の感情」である，という彼の理解を前提とするならば，およそすべての慣習法は法の存在に関する錯誤によって成立するということになるように思われる。というのは，慣習法成立のための要件とされているもの，即ち慣習法が成立する以前の段階におけるものとして想定されている上記のような法的確信は，すでに慣習法に対応する法規があるという誤った判断を前提としているからである。ところが，Gény は，始まりにおける錯誤という口実のもとに慣習の力を失わせることは結局「ほとんど」慣習法を無効にすることになる，とのべている。そして，その際に「絶対的に常に」ではなく「ほとんど」という言葉を使用しているのは，制定法の欠缺を補充する慣習の場合のことを考えてのことであるようである[42)]。しかし，そのような慣習の場合であっても，慣習法が成立する前の段階においては慣習法の内容に対応する法規が存在しないはずであるから，心理的要素として要求される関係者の opinio juris の内容は錯誤にほかならないように思われる。もっとも，彼の「慣行以前に存在する法に関する錯誤」[43)] という言葉に重きを置くならば，彼が錯誤について語るときには，制定法の規定が存在する場合のみを念頭においていると解することもできよう。換言すれば，法律の規定が存在するにもかかわらず，それに反する慣習法が形成される場合である。しかし，慣習法の成立はそのような限定された場合にのみ問題となるのではないので，慣習法の成立と錯誤を問題にするときには，そのような特定の場合に議論を限定することは適切ではないように思われる。つぎに，彼は，「少なくとも慣行の始めには」opinio juris が錯誤であるという趣旨をのべているが，これは理解が困難である。というのは，opinio juris に関する彼の理解からすれば，慣習法が成立するためには必ずしも慣行の最初から opinio juris が伴わなくてもよく，慣習法の成立直前に opinio juris が伴うことでも十分である，ということになると思われるからである。それらの点は別として，彼が上記の問題に取り組んだのは，慣習法の心理的要件に関する彼の見解のもとでは，ほとんどの慣習法の成立が錯誤に基づく行動によって成立することになるからである。そして錯誤が慣習法の成立を

妨げないという結論を示すにあたり彼が提示した論拠は，結局，そうでないと慣習法の成立がほとんど認められないことになってしまう，ということにほかならない。しかし，錯誤が慣習法の成立を妨げると考えるべきか否かは，副次的な問題であるにすぎないように思われる。それよりも重要な問題は，慣習法が錯誤に基づく行動によってのみ成立すると考えるべきであるのか否か，したがって慣習法の心理的要件に関する彼の見解は適切であるのか否か，ということであるように思われる。というのは，慣習法の成立要件の一つとして関係者の錯誤を要求することにより，関係者の錯誤に基づく行動のみが慣習法を成立させると説明することは，いかにも奇妙であるからである。

Gény は，取引（特に商取引）の分野において法律行為（特に契約）に関して普及している慣行——大部分は地方的又は職業的のものであるが，一般的なものもある——の多くを法的慣習とは別個のカテゴリーたる契約上の慣行（usage conventionnel）に属せしめる[44]。彼によると，それは「恒常的且つ長期的に従われている実行」を前提とするから，「慣習の物質的要素」を示すが，慣習を特徴づけるために同様に必要な心理的要素たる opinio juris を含んでいない[45]。契約上の慣行といえるためには，それが当事者により知られていたこと又は少なくとも状況からして当事者がそれに服するつもりであったと推定されうること，が必要である[46]。契約上の慣行について彼はさらにおよそつぎのようにのべる。

　契約上の慣行は，本質的には補充的又は解釈的法律と同様に「当事者の意思を補充し又は明らかにする」ことを目的にしている[47]。解釈的法律はそれ自身において「意思表示を補充すべき規則」を含み，それを「直接的に」表明するが，契約上の慣行は「意思自治の原則」の正常な作用により「間接的に」のみそれを発見させるにすぎない[48]。取引慣行は，契約当事者（より一般的には法律行為の当事者）が自由に（librement）それに準拠したとみなされるが故にのみ，彼らの意思を補充又は解釈することを許す[49]。契約上の慣行は，法的慣習の性質よりも事実上の慣行又は日常生活の慣行——その慣

行は法体系の実施の際に必然的に介入するが「法源性」を認められない——の性質に類似する。取引慣行は，法律行為者の考えを示しうる他のすべての事情（場所，時，行為の目的，当事者の個人的状況等々から引き出される事情）とまさに同じ役割を演じる[50]。契約上の慣行は，法律行為の場合に「当事者の意思を解釈又は補充するために」介入する。フランスの法律はしばしばそれに言及する（例えばフランス民法1135，1159-1160条等々）[51]。

そのような論述からすると，契約上の慣行は解釈的又は補充的法律と同様に「当事者の意思を補充し又は明らかにする」という目的を有するが，そのような法律とは異なり「法源性」を有しないものとみなされている。その理由は，契約上の慣行は「意思自治の原則」を介して「間接的に」のみ裁判官に作用する，という法律構成に求められているように思われる。かくして，契約上の慣行は「純然たる事実状況」として当事者によって援用されるべきものであり[52]，その力のすべては「それを受け入れた当事者の意思」にある[53]ことになる。

このようにGényは法的慣習と契約上の慣行の区別を強調するのであるが，同時に，その区別を際立たせる本質的な特色が少しずつぼやけていき，ついには消滅し，その結果，「あるときに契約上の慣行が真の慣習に変わりうる」，ということを指摘する[54]。その点に関する彼の説明はつぎのようである。

取引生活，特に商取引生活は全体的に契約上の慣行で織り成されている。しかし，それらの慣行のなかで，あるものは，つねに当事者の主観的意思に緊密に依存しており，時と場所のみならず事情によっても「流動的で変わりやすい」ままでいるが，他のものは，時のたつにつれて「より安定した，より等質な，より固定した」様相を呈し，一定の社会階層における真に一般的な共通規則を構成しうるほどに実務に定着するに至る。次第に人はこの規則を推定する，換言すればそれを，契約当事者の個人的心理によるというよりも，彼らの契約（又は法律行為）の性質や事情によって示される一般的な条

件によって，彼らの契約（又は法律行為）のなかに入れるようになる。この時点で，契約上の慣行は慣習の非常に近くに位置する。契約上の慣行が立法者によってまとめられる——そして成文法（意思解釈的又は意思補充的法律）の規定に変えられる——ことがなくても，それを当事者の意思から切り離して必要な opinio juris が備わった客観的な規則を形成するためのもう一歩が，それを「真の慣習法」にする[55]。そのときからもはや当事者は，どの程度実際に慣行を契約の条項として受け入れたのかも，「当事者は慣行を知っていた又は知ることができたかどうか」も，探求する必要はない。反対の明証がなければ，当該慣行は当事者の予想や意欲のなかに必然的に入っていたものとみなされる[56]。

それでは，契約上の慣行から慣習への変化がいかなる時点で生じうるのであろうか。その問題については，Gény はおよそつぎのようにのべる。

　それは極めて微妙な評価の問題であって，問題となる個々の実行について個別的に考察され判断されるべきである。一般的にいえるのは，慣習法への変化は，その性質がより等質である商慣行について，より容易に生じるということである。したがって，証券取引所の慣行又は交互計算の実務に関する慣行の大多数は，「真の慣習」とみなされうる。慣習法への変化は民事においてはあまり頻繁ではない。民事は個人の思いつきにゆだねられており，主観的意思の変動を免れない。けれども，慣習規則の状態に移行したものとして，賃貸借契約の条件や期間に関する若干の実行が指摘されうる。さらに，農地賃貸借契約において，反対の合意がなければ狩猟を土地所有者に留保する，という慣行があげられる[57]。

このような法的慣習と契約上の慣行の区別について，ここで，一言しておこう。まず，Gény によると，契約上の慣行は，一方では，「恒常的に且つ長期的にわたり従われている実行を前提とする」ので法的慣習の物質的要素をみた

すが，他方では，法的慣習の「心理的要素」たる「opinio juris」を含んでいない[58]。このように彼の見解のもとでは契約上の慣行は opinio juris を伴わないので法的慣習とは異なるとされるが，そもそも彼が法的慣習の心理的要素として opinio juris を提案したのは，もっぱら生活慣行と法的慣習の区別を成立要件の観点から説明するためであった。しかし，先にものべたように，生活慣行と法的慣習の区別を説明するためには彼の定義するような慣行で十分なのであり，あえて opinio juris を持ち出す必要はなかった。さらに opinio juris を法的慣習の心理的要素とすると，法的慣習は錯誤に陥った行動によってのみ成立するという非合理的な説明にならざるをえない。これらのことを考えると，彼は契約上の慣行と法的慣習の区別を成立要件の観点からは納得のいく仕方で説明しえていない，ということになろう。というのは，両者はいずれも「法的サンクションが可能な」一連の行動であって，長期にわたり恒常的に実行されてきたものである，換言すれば法的規律の対象たる事項に関わる慣習規範である，という点においては異なるところがないからである。そのようなものを内容的に区別することには合理性がないのではなかろうか。確かに，法的慣習には主観的な要件が必要と思われるが，それは opinio juris ではなく，規範意識でたりる。そして，そのような規範意識は契約上の慣行の場合にも必要と思われる。

　このように法的慣習と契約上の慣行は，その内容の点では，いずれも法的規律の対象たる事項に関する慣行ということになり，異なるものではないように思われるが，法律構成の点では，顕著な相違を示す。法的慣習は独自の法源として裁判官に直接に作用するのであるが，契約上の慣行は独自の法源ではなく，当事者の意思の内容をなすものとして推定されることによって，間接的に裁判官に作用する，というように法律構成されているからである[59]。もっとも，そのような法律構成の相違にもかかわらず，実質的な結果の点では，両者はあまり大きな相違を示さないといえる。まず，裁判官が慣習法と契約上の慣行をいかなる条件のもとで考慮に入れるのかという点について，検討してみよう。先にもみたように，Gény によると，契約上の慣行が裁判官によって顧慮

されるためには,「それが当事者によって知られていたこと又は少なくとも状況からして当事者がそれに服することを欲していたと推定されうること」が必要であるが,(任意的)慣習法は,法律と同様に,「当事者がそれをまったく知らないときであっても明確な反対の意思がなければ」,裁判官によって顧慮される[60]。そこからすると,両者の取り扱いの相違がある程度存在するようにみえる。しかし,「契約上の慣行は極めてしばしば事実上当事者によって知られていたと推定されうるであろう」[61]という彼の論述を考慮に入れると,両者の相違は極めて小さいということになろう。つまり,当事者が当該慣行を知っていたという推定を覆すことに成功するという——恐らくは極めて稀な——場合にのみ,相違が生ずると思われるからである。つぎに,法的慣習と契約上の慣行が制定法とどのような関係にたつのであろうかという点について検討してみよう。契約上の慣行は当事者の推定された意思として適用されるので,制定法との関係では強行規定には劣後するが,任意規定には優位するということになろう。法的慣習については,Gény は,「成文法に明白に反する慣習はすべて排斥すべきである」という立場を原則とする——但し商慣習については少なくとも民法の強行規定に優位する位置づけを与えるが——。そのうえで,彼は,制定法の任意規定の領域については,それを任意規定に優位する「契約上の慣行」の領域とみなし,「法的慣習の固有の領域」とみなさない——もっとも彼は「当事者の意思を補充する真に慣習的な規則」を認めるのであるが——。

3 Lambert の慣習法論

フランスにおいて Gény の精緻な慣習法論が公にされてまもなく,1903 年に,それを克服しようとする Lambert の慣習法論が現れた。確かに Lambert は必ずしも慣習法論を体系的に展開しているのではないが,彼の批判的な論述のなかから彼の慣習法論の梗概を読み取ることができそうである。

　Lambert は,慣習に関するローマ・カノン法的観念が依然として法律文献を支配しているとみなす[62]。彼によると,ローマ・カノン法的理論は,単なる慣

行を法的規則に変える内的・心理的要素をどのように捉えるかによって，三つに分けられうる[63]。まず，注釈学派と後期注釈学派は慣習の心理的要素を人民の一種の暗黙の同意のなかに求めた。ついで，歴史法学派は，人民の黙示的同意を「民族の法的確信又は意識という神秘的な観念」に置き換えた[64]。注釈学派や歴史法学派の考えを不十分であり不確かなものと感じて，ローマ・カノン法的理論の現在の支持者たちは，慣習の心理的要素を考察する第三の仕方を探求し始めた。つまり，集団的又は社会的心理という極めて不安定な地盤を離れ個人的な心理という地盤のうえにより堅固な基礎を探求すべきであると考えて，慣習の内的要素をもはや民族の知性にではなく実行の関係者の知性に求める，という見解である。しかし，この関係者の知性の産物はいかなる性質のものであろうか。問題となるのは，ローマ法の理論におけるように，「意思の行為，即ち慣行に法的性格を与える意図」なのか，それとも歴史法学派の理論におけるように，「信念の行為，即ち慣行の法的性格の存在を信じること」なのか。慣習の内的要素を信念の行為であると考えるとしても，その信念の対象は何であるのか。実行たる事実が正義，自然法に一致しているという確信か。それが法的サンクションを備えているべきであるという確信か。それとも，それがすでに拘束的な実定法規の実行であるという確信か。これらの問題について一致が存在しない[65]。このようにのべた後，Lambert は，慣習の心理的要素の決定に関する Gény の見解を取り上げて，つぎのような議論を展開する。

　慣習の心理的要素を，Gény の定義するような「信念の行為」，即ち「慣習規則の支配下におかれるすべての（又はほとんどすべての）個人が当該規則の義務的性格を一般的に信じること」に求めるならば，さしあたりつぎのことが確認される。つまり，すべての関係者による慣習規則の自発的な承認という考えは，慣習の主たる欠点がその解決の不確実性とその確認の困難性にあるという一般に受け入れられている考えと，明白に矛盾する，と。一方では，すべての慣習規則はすべての関係者がその義務的性格を信ずることによって成立するという主張と，他方では，しばしば慣習規則の存在が曖昧で

あり，大衆のみならず法律家によっても——法律とは違って——ほとんど知られていないという主張は，明らかに両立しないのである。この対立する二つの主張については，後者が選択されるべきである。前者は慣習の存在のための法的な合理的説明にすぎないが，後者は慣習制度に関する我々の長い経験や，現在の我々の法律体系と他の大国の慣習体系の比較による一連の考察に基づくからである[66]。

　慣習の心理的要素を「意思の行為」として捉えようとしても無駄である。その見解は上記の批判を避けることができないのみならず，つぎのような別の問題点も生じさせる。それは慣行の法的性格を関係者すべての自発的な同意に求めるが，「すべての関係者の一致した意思による慣習の容認という仮説」は真実味に欠けている。現代では集団の様々なカテゴリーの成員の間で——例えば使用者と労働者の間，債権者と債務者の間，嫡出家族と婚外子の間で——激しい利益の衝突が高じているが，その利益の衝突は相互の一連の譲歩によって鎮まるのではない。自発的には治まらないこの衝突を終了させるためには，権威が介入しなければならない。慣行に関わるすべての人が慣習の淵源とされる法原則を一致して受け入れるということは，現代社会においては見受けられない。そこでは法を引き出し定着させることは決して闘争や反対なしに行われない。我々が遡ることができる文明から最も遠く隔たった時代においても，慣習を生ずる「この意思の神秘的な一致」の痕跡は残っていない[67]。

　慣習規則成立の第二の要件，即ち慣習の物質的要素たる慣行の存在は，歴史法学派によって激しく異議を唱えられた。歴史法学派は慣行のなかに法的慣習をもたらす原因の一つを見出すことを拒否したのである。それによると，慣習規則は適用において明らかになる前にすでに権威を有している。この権威が汲み取られるのは，長期にわたる実行からではなく，当該規則が（古い考えでは）人民，又は（現代の考えでは）関係者の法的感情に合致していることからである。慣行は慣習の存在を証明するが，慣習の創設には寄与しない。この見解は，Gény を含む若干のフランスの学者によって，まっ

たく不可解にも軽蔑の目でみられ，まじめに検討されないままに排除されてしまった。しかしその見解は，慣習のもとで生活している人民が慣習について抱く考えを，十分な正確さでもって反映している。その見解の唯一の誤りは，その考えをゆがめる人為的な要素を見抜き明らかにすることをしない点である。Brunner は当該見解が含む誤りの部分をほとんど削除し，つぎのような定式にする。「慣習規則は，一般的な法感情と一致しておれば，その最初の適用からすぐに生まれる」。但し，この Brunner の定式のなかの「一般的な法感情」という個所には全面的には賛成しない[68]。

このようにして，Lambert は支配的となっているローマ・カノン法的な慣習の観念に批判的な態度を示すのである。彼はつぎのようにのべる。つまり，この観念は，慣習が最も豊かに且つ最も自由に発展した社会において実施された慣習の諸条件を公平に調査することによって獲得されたものではなく，慣習に敵対的な考えにおいて行われたローマ法の条文とカノン法の条文の組み合わせを通じて獲得されたものにすぎない[69]，と。それでは彼は慣習の成立要件を何に求めるのであろうか。その点に関わると思われる彼の論述はつぎのようである。

最初は臆病でためらいがちな慣習法の進展は，判例の決定的なインパルスのもとでのみ速度を増す。裁判所による容認の前の，準備期間中は，慣習法は多様な構成要素が知覚できるほどに，ゆっくりと動く。そのときには，慣習法は，生きるための非情な闘いや利害のむき出しの衝突という光景を示す。慣習法の進展に関わるあらゆる条件の無数の人々が，極めて多様で食い違った準則を口にする。人間の熱情と切望の，この暗く悲しい光景のなかにいくらかの光明と調和を示すもの（取引実行をもたらす約定や個人意思の自由な働き，誠実な人々の慣行，社会的礼儀作法など）が発見されるとしても，それらをなんらかの仕方で結びつけて，パンデクテン法学者が確立したような慣習の特徴に対応するものへとつくりあげることは，不可能である。

しかし，判例がその独自のエネルギーを誕生の途次にある慣習法に与えて慣習法の進展を突然に早めるときには，慣習の横糸をなす多種多様な色の糸がみえなくなる。権利のための闘いの関与者の対立する主張を表明するスローガンの総体がしだいに消え去るのである。やがて我々はもはや「それが法である」という最後の一句を知覚するほかはない。我々の前に現れる人はすべて同じ言葉を口にすると思われるようになる。一連の一様な判決のしだいに早まる反復が判例をしっかりと定着させ，どんなに無謀な訴訟狂でも判例を動揺させる希望を失うに至ったときに，初めて，勝者の熱狂的な賛同及び敗者の強制された服従と無力感からなる「全員一致」の栄光が，惨めな現実を覆い隠しつつ慣習のまわりに現れるようになるのである。この時点からのみ慣習を考察し始めるので，ローマ・カノン法的な理論の支持者は，「関係者の一般的な尊重と承認」によって保護される準則がかつてはそれにより犠牲を強いられる社会の成員の抵抗を打破するために判例の救援を必要とした，ということを理解できないのである[70]。慣習法は判例と学問の固有且つ独自の作品である，ということを私は主張するつもりはない。法律家はその時代の人間に共通な感情，熱情及び偏見をともにするのである。知的，宗教的，経済的且つ社会的な環境は，法律家の思考や意思にあらゆる影響を及ぼすのである。法律家は，実定法の源泉たる習俗によって供給されるところのものを加工するにすぎないのである。しかし，「少なくとも判例は，法的感情の法規範への変換に必要な要因である。判例の介在は，単なる慣行，取引慣例，礼儀作法を，執行秩序のサンクションを伴う真の法的慣習に変えるためには不可欠なのである」。慣習法の形成の際には，判例は，原料を製品に変えるときに労働者と産業施設が演じるのと類似の役割を有するのである[71]。

以上，慣習法の成立要件に関するLambertの見解を紹介してみた。法的確信を慣習法の成立要件の一つとみなすGényの見解との関係では，Lambertの批判はつぎのように要約されうるであろう。つまり，判例が登場する前の段階においては，慣行の内容がしばしば曖昧であり，関係者によってよく知られて

いないのみならず，慣行によって不利益を被る者の抵抗があるはずである。したがって，自発的同意に基づく opinio juris なるものが関係者の間に一般的に生ずることはない。判例の確立によって初めて，なかば強制的に関係者のすべての間に「それが法である」という考え——それはおそらく Gény のいう opinio juris に対応するものであろう——が一般化するに至る，と。そのような批判の結果，Lambert は，「単なる慣行，取引慣例」が「真の法的慣習」に変わるためには「判例の介在」が不可欠である，と主張するのである。ここでは，その点に一言しておこう。「判例の介在」というからには，Lambert は，最初に裁判所による「単なる慣行，取引慣例」の適用があることを考えているはずであるが，判例の確立の前の段階において裁判所はそれらをいかなる名目で適用できるのであろうか。その段階では彼のいう「真の法的慣習」たる慣習法がまだ成立していないはずだからである。彼が Gény の考えるような，慣習法とは別個のものとしての契約上の慣行というカテゴリーを認めるとするならば，裁判所は判例の確立の前の段階においても「単なる慣行，取引慣例」を契約上の慣行として適用することもありうることになろう。しかし，それらを契約上の慣行として適用する判決が積み重なっても，それだけではまだ，契約上の慣行の存在を認める判例が確立するだけであって，それらを慣習法とみなす判例が確立されたとはいえないのではなかろうか。また，契約上の慣行はあくまでも取引の分野に関するもので，それ以外の分野に関しては，裁判所は判例の確立の前の段階において「単なる慣行」——例えば Lambert も認めている，結婚した女性が夫の姓を取得するという「事実上の慣行」・「関係者の実行」[72]——をどのような名目で適用することができるのか，という問題が残ることになろう。

　上述のように，Gény は判例を法的慣習とはみなさず，それが法的慣習の成立を準備又は誘発しうることのみを認めていた。そして彼は，フランスの判例のなかに，成文の法律や慣習と並んで別個独立の創設的力を有する実定私法の「形式的法源」をみることを，あくまでも拒否する[73]，とのべている。これに対して，Lambert はおよそつぎのような趣旨の批判を展開する。

Gényは，まず，三権分立の原則をあげる。法の適用のみを担当する裁判官が法の形成に関与し，立法作用を侵すならば，同原則が犯されることになる，というのである。しかし，議論に権力分立という言葉をもちだすだけでは十分ではない。その言葉は柔軟な観念なのである。多くの憲法，特に我々の憲法は権力分立の原則に多様な緩和と制限をもたらしている。判例が立法者に特別に割り当てられた任務，即ち『法律』の作成に関わらない限り，どうしてそれが権力の分立を侵害することになるのか，私には理解できない[74]。彼はまた，判例による法発展の現象に固有な不都合（不確実な経過，周知性の欠如，遡及効）や，先例の判例への変化を確実に識別する基準，及びこの変化の正確な時点を決定する基準が存在しないこと，を指摘する。しかし，このような批判はローマ・カノン法的な理論における意味での慣習に対しても同様にあてはまる。実行の反復が慣習を生み出す時点を識別するための正確な基準を示すことは，裁判上の先例の増加から確固たる判例への変化を識別する兆候を画一的に定めることと同様に，可能ではないからである[75]。彼はさらに，解釈者たる裁判官にはその創作物とは別個のよりどころたる指針が与えられるべきである，と説く。しかし，確定した判例に権威を認めても，それは決して裁判から外在的指針を奪うことにならない。判例は，それ自身が裁判官のための指針となる前に，Gényが保護するよう気にかける外在的なあらゆる指針の影響のもとに発展したのである，ということを忘れてはならない。裁判所が同じ問題について幾度も検討したところつねに同一の結果に至ることに気づいたときには，この結果を確実なものとみなすことができる，と考えるべきである。この判例確定の現象は自然であるのみならず，「商取引の安全や信用を保証するために」不可欠なのである[76]。他方，Gényは，慣習は定義上関係者の同意を前提としているのであらゆる利益の均衡を最もよく保証すると考えるが，判例による規則の成立はそうではないとみなす。そこで彼は，慣習は裁判官の行動の外において発展する限りでのみ正当性を保持するとみなす。しかし，彼は裁判官が慣習の形成を準備することを認めている。この場合には裁判官の介入は慣習に消し難い刻印

を押す。判例の動きのなかにその生成原因をもつ慣習なるものは，もはや関係者の活動の独自の所産とはいえない。それは慣習の正当性を保証するためにローマ・カノン法的な理論によって要求される条件を満たさないことになる。心理的要素が形成されるのはすべての関係者の精神においてではなく，ふだんは裁判所の慣行の変化を刻々に知りうる実業家や法律家の精神においてのみである。それは法創設意思や法的規則の本能的知覚からなるのではなく，確固とした判例による解決の容認の確信からなる。物質的要素たる関係者の実行には自発性が欠けている。判例は慣習に必要不可欠な推進装置なのである。裁判外の実行，特に公証人の実行は，最終的には確定した裁判実行が与える方針に従う。関係者は裁判所が採用してきた行動規準を放棄することを期待できないと確信したときに，その行動を——立法者の定める規定に一致させるのと同様に——この判例に一致させるのである。そこにはもはや自発的な同意は存在せず強制されたあきらめがあるのみである[77]。

このようにして，Lambertは，「取引の安全」を保証するために不可欠であるという観点から，確定した判例に法源性を認めるのであるが，さらにつぎのようにものべる。つまり，判例は，実行の要求がいくども確認された結果として，しばしば長い試行錯誤の後に，一連の判決により徐々に確立されていくので，「適切性，達成されるべき目的への適合性の貴重な保証」を提供する[78]，と。このような観点は，後においてLebrunによっても採用された。彼は，恒常的な判例に慣習法としての法源性を認める際の根拠を，判例から生ずる規則はそれが公正なものであると合理的に推定させるのに十分な保証を提供する，ということに求めている[79]。もっとも，そのような観点との関連では，判例に法源たる資格を認めると裁判官は先例に厳格に拘束されてしまい，新たな需要を満たすことができなくなってしまう，という危険性をGényがつとに指摘していた[80]ことが注目される。Gényは，さらに，つぎのように敷衍する。つまり，Lambertは，人は裁判所が同じ問題を際限なく検討することから免れることを妨げることができない，と反対する。しかし私は，裁判所によって解決済

みとされてきた問題についても「そうするのがよいと判断するときには」，古い判例によって抵抗できないほどに拘束されることなく，当該問題を再び検討することができるという「権能」を裁判所に認めるべきである，と答える[81]，と。このようにして，Gény が Lambert と異なり判例に法源たる資格を認めないのは，判例の確定という現象そのものに消極的な評価を与えるという観点からではなく，裁判所が確定した判例に法的に拘束されると新たな需要にこたえるための判例の変更が困難になってしまうという観点からなのである。これに対して，判例の変更を可能ならしめることは必ずしも判例の法源性を否定することにはならない，と考えるのが Kassis である。彼女によると，すべての法の創設者はその法をいつでも廃止又は改正しうる。法律はその改廃を立法者に許していても法源であるのと同様に，判例もその改廃を裁判官に認めていてもそれだけで法源たる資格を有しえないということにはならない[82]。この考えによると，判例に法源たる資格を認めても，それは判例の変更可能性に何の影響も与えないということになろう。はたしてそのようにいえるかどうかは，慎重な検討を要するところであろう[83]。ここでは，判例に法源としての効力を認めるべきか否かという根本的な問題は別として，Lambert の見解との関連でつぎの点を確認するにとどめたい。つまり，たとえ判例に法源としての効力を認めるべきであると仮定しても，そのような判例を慣習法とは別個のカテゴリーとして捉える，という立場がありえたように思われるが，Lambert は確定した判例のみが慣習法を構成して法源たる効力を取得すると考えることにより，関係者の一般的慣行が独自に慣習法を構成する可能性を完全に排除した，と。この点は後で検討される。

　以上のように Lambert は Gény などの伝統的な慣習法論に対して厳しい批判を展開したのであるが，その後，Pedamon は，Lambert と類似の慣習法論を展開した。Pedamon は主として商法の分野を念頭において議論を展開しているが，Lambert の見解を理解するのに参考になると思われるので，以下には Pedamon の慣習法論を紹介してみよう。

　Pedamon は，Gény の文献などを引用しつつ，商法においては多数説と同様

に慣行と慣習を区別すべきである，と主張する[84]。しかしその際に，彼は，慣習と慣行の区別を Gény のように心理的要素たる opinio juris の存否に基づいて行うことに反対する。彼によると，opinio juris はほとんど首尾一貫しない観念であり，それに割り当てられている役割を果たすのに適さない。彼は opinio juris の観念に対してつぎのように批判する。

まず，opinio juris の観念のもとでは，法規範の義務的性格の一般的信念が問題となるのであろうか。そうとするならば，関係者すべてが不文の法を知っていなければならないことになるが，そのことは明らかに経験に反する。さらに，たとえこの条件が満たされたと想定しても，慣習を社会生活の他の規則から区別するためには，すべての関係者は慣習の特殊性を明確に知覚していなければならないことになろう。このようにして真の同語反復に帰着する。Hébraud の定式に従うと，人は法規範をその法的性格に関する信念によって定義する，ということになるのである。つぎに，opinio juris の観念のもとでは，集団の成員を規範の創設へと駆り立てる集団的意思が問題になるのであろうか。そうとすれば，その規範によって利益をえる人々と同様に不利益を被る人々についても自発的同意が存在すると考えることになろうが，それは誤りである。利益の衝突は，相互の自我の放棄によって鎮まるものではなく，解決を強制する権威によって決着をみるものなのである[85]。

このように opinio juris の観念について Lambert がなしたのと同様な批判を展開した後に，Pedamon は，一般的・恒常的な実行はそれ自身によっては法規範の特徴たる強制（拘束）力を獲得することができないのであり，そのためには権威による容認が必要である，とみなす[86]。そして彼は，「恒常的な判例」を念頭におきつつ，「私は，Lambert とともに，慣習は必然的に裁判上のものであるということを認めなければならない」[87]と結論する。したがって，彼によると，商法における慣習の形成は「司法権の介入」を必要とすることになる[88]。そして彼は，この司法的介入には二つの形態があるとして，それをおよ

そつぎのように敷衍する。

　たいてい商慣行が慣習に先行する。理論的には，両者の間には断絶がある。というのは，商慣行の範疇から慣習の範疇に変わると，自発的な社会秩序から法秩序に移る，即ち事実の領域を離れて法の領域に入るからである。実際は，この変身は場合に応じて迅速であったり緩慢であったりするが徐々に行われる。この変身は，裁判所による慣行の反復的な容認——それは慣行に明確な形を与え，それに完全な自治を与える，即ちそれを当事者の意思から切り離すに至る——から生ずる。その変身が行われる正確な時点は捉え難い。というのは，判例の動きのなかにはしばしば自由裁量的な部分があるからである。その変身は，実際には，判決がもはや慣行に言及せず，当事者の同意の外にある規則の固有の存在を確認する，という明白な結果の形で，表現される。この点について極めて示唆的な例は交互計算の契約によって与えられる。19世紀においては長い間，支払期日に未払いの有価証券を訂正記入する銀行業者の権利はフランス民法1135条と1160条，即ち「慣行，明記されていない了解条項」に基づいていたが，1888年11月19日の判決以降，破毀院は，交互計算に関しては契約当事者の一方によって裏書をされた商業証券は現金化のないときにのみ裏書人の貸方に記入されるというのが，「反対の約定のない限り，規則である」，と明言する。ここでは，「自発的社会秩序から法秩序への移行」が行われているのである。しかし，若干の場合に判例は一層決定的な役割を演ずる。基礎となる実行がなくても，裁判所は一連の一致した判決によって商事の生活に必要と考える慣習をつくりうるのである。この場合において，それを明確に定式化するのは，取引社会に最も近い商事裁判権である。このプロセスに従って，連帯の一般的推定が商法に導入された。まず，債務者の社員たる資格が証明されたときにのみ連帯が認められ，ついで，会社の存在が次第に容易に推定されるようになり，最後に破毀院はその1920年10月20日の判決によって，それ以後判例や学説によって繰り返される一般原則を提示した。その判決は，この連帯はそれによって契

約の締結へと促される債権者と，それによって信用が増大する債務者の，共通の利益によって正当化される，とのべる[89]。

このように商慣習の二つの成立過程に言及しつつも，Pedamon は，商慣習はすべて古さ，抽象性及び一般性という同じ性格を示すと考える。彼によると，商慣習は慣行と異なり局地化されないのであり，その結果，商慣行はその適用領域が限定された地域的なものであるときには客観的な規範の資格に達することができない[90]。そして彼は，商法において慣習と区別される慣行について，その成立をつぎのように説明する。

　商慣行は同じ法律行為の頻繁な反復から生ずるのであり，必然的に「約上のプロセス」に従って現れる[91]。古い恒常的な実行が特定のタイプの契約のなかに暗黙裡に編入されているときに，商慣行が存在する[92]。それは職業上の慣行であり，一企業に固有なものや，局地的なものや，国際的なものとして存在しうる[93]。その出現に必要な期間を明確な形で示すことができない。その点については裁判所が裁量権を有する[94]。商慣行は契約的プロセスに従って現れるので，その原則を「意思自治」のなかに保持するのであり，そのことが商慣行をして慣習に還元できないものとしている[95]。

そして，Pedamon は商法における慣行と慣習の制度上の相違，及び法律との関係での効力の相違をつぎのように説明する[96]。

　商法において慣行と慣習を区別するのは合意の問題である。慣習は当事者の認識と合意とは無関係に適用されるが，慣行は当事者の合意を必要とする。職業人の沈黙は黙示的承諾とみなされる。特定の標準契約の採用は，その契約に結びつく慣行の採用をもたらす。この推定は，自分の業界で従われている実行を認識するのに適した商人にとってはショッキングなことではない。商慣行はここでは，法律行為の解釈と補充という重要な機能を果たすの

である。当事者が沈黙しているときには商慣行は補充的法律の規定に対して優位を占めるべきであるように思われる。いずれもが契約当事者の推定された意思に基づくものであるが，慣行のほうが当事者により近いし，その推定のほうがより本当らしいからである。さらに，特別法は一般法に優先するという原則がここに適用されうる。判例も最終的にはこのような方向にある。非職業人又は当該業界に関係のない職業人については，彼らは上記と同じ条件で拘束されるのではない。確固たる判決によると，まず，慣行が彼らに知らされなければならないのであり，ついで，彼らの同意を獲得しなければならない。沈黙に対していかなる法的効果も認めない一般法が適用される。結局，合意は，場合に応じて異なる形態を示すが，明示的なものであれ黙示的又は推定的なものであれ，つねに必要なのである。商慣行は強行法を尊重しなければならないが，商慣習は公序的法律に違反することができる[97]。

さて，これまで Pedamon の慣習法論を概観してきたが，つぎには，後の議論との関係で彼の慣習法の成立要件論を要約的に確認しておこう。

彼は，まず，慣習法の成立要件の一つとして opinio juris を重視する Gény に対して，Lambert と同様な批判を加えている。そのうえで，彼は，一般的・恒常的な実行だけでは法規範をつくることができず，権威による容認が必要となるという考えのもとに，Lambert の名前を援用しつつ，恒常的な判例のなかに慣習法を見出す。つぎに彼は，判例による慣習法の形成の場合を二つに分ける。つまり，判例の形成以前の段階において存在する商慣行が判例によって商慣習へと変えられる場合[98]と，まだ商慣行が存在しないという前提のもとで判例が取引社会の需要をふまえた規則をそれ自身の権威によって形成する場合である。後者の場合については，そのような規則を商慣習法とは別個のカテゴリーに属するものとして捉え，しかもそれに法源としての資格を認めない，というのが Gény の立場であったように思われる。したがって，Gény の慣習法論との関係では後者の場合よりも前者の場合が重要となろう。前者の場合については，Pedamon は，一般的・恒常的な実行だけでは慣習法が成立せず，判例

がその実行を——当事者の意思の内容となることによってのみ拘束的となる単なる慣行としてではなく——当事者の意思とは無関係に拘束的な独自の規則として適用するようになってはじめて慣習法が成立する，と考えている。そうとすると，彼にあっては，裁判所にとって，当事者の合意を介してのみ適用されるべき商慣行と，当事者の合意から独立した形で適用されるべき商慣習——「反対の約定のない限り，規則である」とされるもの——の区別が課せられていることになろう。そのような異なる取り扱いを受ける二つの慣行の区別は，Gényのいう「契約上の慣行」と「法的慣習」の区別に対応するのではなかろうか。少なくとも，Pedamonが商慣習と区別されるべきものとみなしている商慣行は，Gényのいう「契約上の慣行」と異なるところがない。Pedamonのいう商慣行は，同じ取引の頻繁な反復によって契約的プロセスに従って現れる古い恒常的な実行であって，「意思自治」の原則に従って契約の欠缺を補充するからである[99]。

4 Lambertの慣習法論に対する諸批判

　上述のように，Gényは，関係者の長期にわたる恒常的な慣行がopinio jurisを伴うときに法的慣習（慣習法）が成立する，と考えた。これに対して，Lambert，さらにはPedamonは，Gényの見解を批判して，確定した判例又は恒常的な判例のなかに慣習法を見出した。彼らのGény批判を要約するところである。つまり，慣習の心理的要素を「信念の行為，即ち慣行の法的性格の存在を信じること」として捉えているのであれば，それによって慣習法が成立するという説明は擬制にすぎないことになる。というのは，慣行の内容はしばしば曖昧であり，関係者によってもほとんど知られていないので，そのような関係者の一致した信念は存在しないからである。慣習の心理的要素を「意思の行為，即ち慣行に法的性格を与える意図」として捉えるのであれば，それによって慣習法が成立するという説明も擬制にすぎないことになる。というのは，現代社会においては種々の利益の激しい衝突があるが，それは相互の譲歩によっ

て自然と鎮まるものではなく，したがって慣行によって不利益を被る者も含めた関係者の一致した自発的な同意はありそうもないからである。そのような事態は確定した判例又は恒常的な判例の登場によって初めて変わるのであり，それ以降は関係者が一致して「それが法である」という考えをもつに至る。判例がなかば強制的に「全員一致」の状態をつくるのである，と。このような批判をくわえつつ，Lambert 等は関係者の慣行が慣習法を創設する可能性を認めなかったのであるが，それに対して，若干の者が反論を試みた。以下には，その代表例として，Lebrun と Kassis の反論が紹介される。

まず，Lebrun の反論をみてみよう。彼は，慣習法を生ずるものの一つとして「法的慣行」（usage juridique）をあげ，それについておよそつぎのようにのべる。

　法的慣行の第一の構成要素——それは物質的要素と呼ばれる——は反復される一連の行動であるが，それだけではまだ法的慣行を特色づけるのに十分ではない。というのは，法的性格をもっていない他の慣行のなかにも反復される一連の行動という構成要素が見出されるからである。実際にも，極めて一般的に遵守されている実行や習慣の大多数は法規範を創設しない。例えば，挨拶や敬意の表し方のような礼儀上の習慣，チップや心付けのような感謝の実行，森林の耕作又は整備の習慣のような日常生活の慣行がそうである。したがって，それらと慣習法を創設する法的慣行を区別することが重要である。法的慣行と単なる事実上の又は日常生活上の慣行を区別するところのものは，Gény が明らかにしたように，法的慣行を遵守するすべての人々が有する「法的必要性の感情」であり，この感情には opinio juris seu necessitatis という曖昧な名称が与えられている。それは，慣行を遵守する人々における，「慣行に従うことにより権利を行使する又は義務を履行するという確信」である。この opinio necessitatis は法的慣行の第二の構成要素，まったく特殊な心理的要素である[100]。

このようにLebrunは，法的慣行の心理的要素たるopinio necessitatisによって，法的慣行を，他の礼儀や親切や日常生活に関する慣行，即ちすべての「事実たる慣行（usage de fait）」から明確に区別できると考えるのである。彼によると，事実上の慣行に従う人々は「法規範に服するという考え」を有しているのではなく，それとは別の感情，即ち誠実な人々からの非難に対する恐れか，あるいは親切心か，あるいは最も有利なことをするという願望を有しているのである[101]。このことを前提としつつ，彼はおよそつぎのように論じる。

　Lambertの主張とは反対に，慣行は，彼が考えている以上によく知られているように思われる。いかに多くの家主が賃貸料に関する法律や物の賃貸借に関する法典の条文よりも，家主の地区における解約予告期間についてよく知っていることであろうか。いかに多くの労働者が労働法よりも，労働者に適用されるべき解雇予告期間についてよく知っていることであろうか。さらに，商人はその職業上の慣行を知らないということは決してない。それ故に，関係者の心のなかにはopinio necessitatisが形成されないという口実のもとに法的慣行の存在を否定することは，まったく不当である。確かにこの信念は一日で一挙に生じるものではない。Lambertと同様に，我々は，『意思の神秘的調和』の存在や信念のそれの存在を信じない。しかし我々は，この信念が徐々に生じ，少しずつ形をなし，やがては決定的に構成されるということを，極めてよく理解する。opinio necessitatisは初めから慣行に伴うのではない。後に慣行を構成する行為を最初にする人々は，まず，当該行為が自己の利益又は正義に最も適合的であるという個人的な理由から，決心する。ついで，模倣の精神も手伝って，他の人々も同じように行動する。このように行為が反復されるにつれて，当該行為が個々人の利益のみならず社会の共通の利益や正義にも適合すると思われるようになる。当該行為が正義にかない義務的であるという確信が少しずつ形成され，ついには関係者の精神に深く根を張るに至るのである。確かに，慣行はそれ自身の力のみでは定着するに至らないことがありうる。慣行が特定の個人的な利益と激しく衝突し

て不利益を被る人々の同意や服従をえることができず,慣行が認められるためには裁判所又は上級の権威が介入しなければならない,という場合がありうる。Lambert は極めて多くの場合がそうであり,法的慣行の結実と思われてきたものは実際には裁判所の判決の結実であった,ということを証明した。我々はこの点では彼と意見が一致する。というのは,我々は,Gény のように,判例が法的慣行の成立の原因となり関係者の心のなかにおける opinio necessitatis の発展に寄与しうる,ということのみを認めるのではない。我々はさらに,判例が慣習規則を完全に創設しうる,ということを確信している。我々はまた,裁判所の助けなしでも法的慣行が形成され,opinio necessitatis が関係者の心のなかに定着しうる,と考える[102]。確かに Lambert は判例が慣習の生成に極めて大きく寄与することを証明したが,すべての慣習規則が裁判判決を起源にもつということを証明していない[103]。現在の我々の法体系を考察するだけでも,裁判所の助けなくして発展して今日では法規範の表現とみなされるほどに流布している慣行の存在を,確認できる。おそらく最も一般的で確実な例としては,結婚した女性が夫の姓を取得することを望む慣行があげられる。この慣行は円滑に定着した。それは長い間にわたり関係者のすべてによって例外なく遵守されてきたのであり,それについてはほとんど争いが生じていない。そのテーマに関する判決は極めてまれであるので,当該慣行が拘束力を獲得するにあたって判決が寄与したと考えることはできない。裁判所が判決を求められたときには,慣行によってすでに創設されていた慣習規則を承認しただけであり,それに何も付け加えていなかったのである。同様に,判例の助けを借りることなく,又は判例に逆らって形成された法的慣行の例として,交互計算に適用される規則を定める慣行や,商事裁判所での『商事訴訟代理人』(agréé) としての権利を規律する慣行をあげることができる[104]。

そのような論述からすると,Lebrun は,慣行の内容が Lambert の考えているよりも関係者によく知られているので,判例の介在がなくても一般慣行が確

立し，関係者が opinio necessitatis をもつに至りうる，と考えていることになろう。このようにして Lebrun は，Gény と同様に，関係者の一般慣行によって慣習法が成立することを認めるのであるが，他方では，慣習法が恒常的な判例や一致した学説によっても成立することも認める。彼は，慣習を立法者の介入なくして形成される法規範とみなし，慣習の淵源たる事実を，正当であり共通の利益に適合すると推定されるべき規則を示すところのもの，とみなす[105]。そのような観点から，彼は，法的慣行や恒常的判例や一致した学説が慣習を創設する事実である，とみなすのである[106]。彼によると，例えば，法的慣行は関係者の自発的同意を前提としているが，そのなかに，法的慣行の示す規則が公平であると推定させるのに十分な保証が見出される[107]。また，法的慣行から生ずる規則の権威を正当化するためにはそのことで十分であり，立法者の黙示的同意などに訴える必要は存在しない[108]。ちなみに，Lebrun は法的慣行から生ずる規則の権威の正当化の際にそれが正義の保証を与えていることを援用するが[109]，そこにおいては，立法者の黙示的同意の理論とは異なり，一般慣行に法源たる資格を認めるための法律構成が問題になっているのではなく，それに法源たる資格を認めるための実質的な理由が問われているにすぎないといえよう[110]。

　Lebrun は，自由に形成された，一般的で古く且つ恒常的な慣行であり，しかも合理的なものが，法的確信と相俟って法的慣行を構成する，と考える[111]。他方では，彼は，そのような法的慣行とは区別されるべきものとして Gény のいう「契約上の慣行」なる観念を認める。その点について彼はおよそつぎのようにのべる。

　契約上の慣行は，取引生活において一般に従われている慣行であり，契約に反対の条項がない限り「意思の解釈」によって当事者がそれに準拠したと推定されるところのものである。それは，法的慣行の要件のすべてをまだ満たすには至っていないものであり，当事者がその慣行を知っておりそれに準拠するつもりであったと推定されうるときに，「意思の解釈」によって適用

される「不完全な法的慣行」にすぎない。それ故に，契約上の慣行を特徴づけるところのものは，「それが当事者の黙示の，推定された合意に従って『適用される』という事実」であり，「それが合意を『解釈する』という事実」ではない[112]。契約上の慣行は長期にわたってその固有の性質を保持するのではなく，通常は法的慣行を創設するに至る[113]。

このようにして Lebrun は，Gény と同様に，契約上の慣行の観念を認めるのみならず，それの法的慣行への移行の可能性も認めるのである。

さらに，Kassis は，Gény と同様に慣習法という言葉のもとに法的慣習のみを理解するという立場から，Lambert の Gény 批判に対する反論を試みている。まず，Kassis の慣習法論を簡単にみておこう。彼女は，慣習法に関する伝統的な理論を二要素理論であるとみなして，それを最もよく練り上げて最も洗練した定式にしたのが Gény であると考える。そして，彼女は Gény の慣習法論のなかに，物質的要素としての慣行は opinio juris necessitatis 又は法的確信という心理的要素――「公的サンクションを備えた法規範が問題であるという確信」・「法的義務を果たすという感情」――によって伴われることにより法的慣習になるのであり，この心理的要素によって，法的慣習は，チップ，誕生日の贈物，礼儀作法などのような社会的実行や生活慣行から区別されるし，道徳的・宗教的な実行からも区別される，という見解を見出す[114]。Kassis は，この伝統的な二要素理論によって与えられる説明こそが，唯一，法理論によって採用されうるものであり，歴史的現実と一致しているものである，とみなす[115]。そして彼女は，opinio juris を「法的必要性の感情」とみなしたうえで[116]，その要素によって「法的な社会的実行」とチップ又は国際法における単なる国際礼譲行為のような「法外的な社会的実行」を区別することができる，と考える[117]。

ちなみに，彼女は，法律――解釈的又は補充的なものであっても――の拘束力を立法権を有する権威によって制定されたものであるということから引き出すが，慣習的規則（慣習法規範）の拘束力を「opinio necessitatis」・「義務の感

情」・「拘束性の確信」から引き出すようである[118]。法律の拘束力の根拠を立法権者によって制定された法律という資格に求めることは，結局において法律の妥当根拠を立法手続を定める法規範に還元することを意味するが，慣習法の拘束力の根拠を関係者の「義務の感情」・「拘束性の確信」——「法的必要性の感情」——たる opinio juris に求めることは，それを文字通りにとると，結局において拘束力の根拠を法規範ではなく事実に還元することを意味しよう。しかし，慣習法の拘束力の根拠の問題は，法律のそれと同様に，何故に法として遵守されるべきかという妥当根拠の問題であるとするならば，法律のそれの場合と同様に，事実でもって答えられるべきではなかろう[119]。つまり，opinio juris などの一定の要件を具備した慣習に法源たる資格を与える法規範の所在が問われることになるのではなかろうか。

このように Kassis は Gény とほとんど同じような慣習法理解に立脚したうえで，Lambert の見解を意識しつつ[120]つぎのように論じる。

　裁判所の介入の前に社会集団によって義務的な法であるとみなされる慣習は存在する。多くの憲法規範は慣習規範である。国際法は，それを創設する権威がない以上，慣習に訴えることなしには理解できない。慣習法は長い間にわたり私法を支配してきたのであり，ブラックアフリカの社会のように原始的といわれる社会は本質的には慣習法に基づく。判決による確認がなされる前でも義務の感情が実在することは疑う余地がないように思われる[121]。義務の感情の形成の心理的過程が何であれ，その生成過程の説明が何であれ，『慣習法の事実』の実在性は疑われたことがないように思われる。様々な社会において実行が現れ反復される。その実行の或るものは，集団の成員によって「それに従う法的義務」がないと理解されながらも従われるが，他のものは，「法規範である」と感じられる。関係者は「義務の感情から，そして法的サンクションの恐れから」それに従う。社会関係を実際に規律しているものを何故に法であるといえないのか[122]。

そして Kassis は，慣習規範の形成過程を三段階に分けて説明する。

　まず，『非規範的な』単なる実行が現れる。人は義務づけられているという意識をもつことなく一定の仕方で行動するのである。ついで，時のたつにつれ且つ反復されるにつれて，個人の意識のなかに，この行動が義務的であるという確信が——何故にそうであるのかを問うことなく——現れる。最後に第三の段階においては，社会集団の成員がこの確信を互いに伝えあうようになり，そのことが規範の定式化を明確にし，その義務的性格を強化するのに寄与するに至る。しかしその場合には，規範の創設と定式化のための特別の手続も専門機関も存しない。そして，いかなる時点から慣行が法規範を創設するのか，どれほどの一致した行動があった後に法規範が存在するといえるのか，を問うことは無駄である。つとに Gény がそのような質問を警戒していた。ここでは数学的な正確さを伴わない社会的，歴史的，漸進的なプロセスが問題なのである[123]。

　上記の Kassis の議論においては，Lebrun と同様に，判例が出現する前の段階においても関係者によって「法規範である」として意識され，「義務の感情から，そして法的サンクションの恐れから」従われる慣行が成立しうる旨が，力説されており，そのような慣行の成立過程が定式化までされている。Kassis によると，裁判官は慣習規範の存在を確認し，それを事件に適用することにより，その内容の確実性と明確さを補強し，且つ，法的に適用可能な一般規範——もちろんそれは裁判官自身が創設したものではない——が問題であるという確信を強固にする[124]。なお，彼女は，Lebrun とは異なり，判例には慣習とは別個独立の法源たる地位を認める[125]。彼女によると，慣習規範は裁判所によって確認されたときには，その淵源を変えるわけではない。裁判所が法律上の一般規範を確認し適用するときには，その一般規範の淵源は依然として法律なのであり，判例によって取って代わられることはない。一般規範が慣習規範であるときにも同じことがあてはまるべきである[126]。

このように Kassis は Gény の慣習法の成立要件論を，それに詳細な説明をくわえつつ，継承する。また，Kassis は Gény の契約上の慣行の観念についてもほぼ同じような態度を示すのである。彼女はまず，契約上の慣行に関してつぎの二つの重要な特徴を指摘する。

第一に，契約上の慣行の固有な領域は「意思自治」の領域，即ちこの意思によって法律行為が強行規定に直面することなく自由になされうる領域である。第二に，契約上の慣行が作用するプロセスは契約当事者の意思の解釈のそれである。契約当事者の意思を解釈することにより，人は契約にない条項を契約に付加する。より正確には，人は欠けている条項を契約において前提とされていたと推定することにより，契約当事者の意思を解釈するのである。この思考プロセスが利用する道具は，業界における実効的な実行という事実であり，それは「共通の意思の徴憑，証拠という役割」を演じる[127]。

このようにして Kassis は，契約上の慣行をそれ自体としては「法」ではなく「純然たる事実」とみなしたうえで，さらに，それは業界において大部分の契約当事者が使用している慣用的な契約条項として「補充的解釈のメカニズム」によって契約のなかに編入される，と説く[128]。そして彼女は，契約上の慣行は恒常的に長期にわたり従われる実行を前提とするので慣習の物質的要素を示すが，慣習を特徴づけるために必要な心理的要素たる opinio necessitatis を含んでいないので，慣習ではない，という Gény の見解を紹介する。そのうえで，彼女は，契約上の慣行はそれが義務的性格を有するという確信を関係者が有していないが故に慣習ではない，とみなす[129]。さらに彼女は，そのような契約上の慣行は，解釈的又は補充的な法律と同様に「当事者の意思を解釈又は補充する」という任務を果たすのに，何故に法規範ではないのかという問題について，Gény に依拠しつつ，つぎのように説明する。

第一に，法律は意思表示を補充する規範を直接に表明するが，契約上の慣

行はそれを意思自治の原則の作用により間接的にのみ示す。このことは契約上の慣行を法律のみならず慣習法規範からも区別する。第二に，当事者の意思を補充する法規範は——それとは異なる意思の反証を認めるという留保つきで——たとえ当事者がそれをまったく知らなくても，その意思を強制的に解釈し，それを解釈者に押しつける。これに対して，契約上の慣行は当事者によって知られていなければならない，又は少なくとも諸事情からして当事者がそれに服するつもりであったことが推定されうるものでなければならない。換言すれば，契約上の慣行と解釈的又は補充的法律の相違は事実上の推定と法律上の推定の相違に対応する[130]。

なお，Kassis は契約上の慣行の証明と作用について Gény の見解と若干ニュアンスを異にするかのような説明を行っている。まず契約上の慣行の証明について Kassis はつぎのようにのべる。

　慣行，即ち実行の存在と一般性，の証明は必要であるが，慣行を援用される当事者がそれに服するつもりであったと推定されるためには，その当事者がそれを実際に知っていたということを証明する必要はほとんどない。「その当事者がそれを知りえたということでもって十分であることは明白である」。そしてそのためには，その当事者が実行の行われている業界にとって部外者ではない，ということを証明することで十分である。なお，Gény は「意思の推論を許す当該事案の事実状況」と「事実状況に基づいて」問題の推定を立証することができる必要性について語るが，そのことは，慣行それ自体の証明と，慣行を援用される当事者が実行の行われている業界に属していることの証明以上のものを要求しているかのように思わせる[131]。

つぎに，契約上の慣行の役割に関する Gény の論述について，Kassis はつぎのような補足的な説明を試みる。

Gényによると，契約上の慣行は当事者の考えを示しうる他の事実状況（場所，時，行為の目的，当事者の個人的な事態や個人的な習慣から引き出されるもの）とまさしく同じ役割を演じる。確かに介入のメカニズムは同じで，単純推定——そこでは実行が「意思の徴憑，それ故に証拠上の理由」とみなされる——であるが，契約上の慣行については裁判官の自由があまり多く認められない。裁判官は，単純推定として提出された若干の事実状況（例えば個人的な習慣）を，意思を十分に示すものではないという理由で，退けることができる。しかし，裁判官は，契約上の慣行に対しては，それがその性質上他の事実状況との関係で有している特権的地位のために，同じような自由を行使できないように思われる。立法者はそのことをフランス民法1135条や1160条において思い出させる。このような事情のもとでは，証明された契約上の慣行を裁判官が意思を十分には示さないものとして退けることは困難であるように思われる。契約上の慣行による意思の推定を覆すためには正当化が必要であるが，実行が存在すること，それが一般的且つ恒常的なものであること，及びそれが援用される当事者の属する業界において認められていることが証明されるときには，そのような正当化は欠けている[132]。

そこにおいては，KassisはGényのいう契約上の慣行の観念を継承しつつも，それの介入の条件をGényのいう「当事者の意思を補充する真に慣習的な規則」[133]のそれに近づけている。というのは，実行が存在すること，それが一般的且つ恒常的なものであること，及びそれが援用される当事者の属する業界において認められていることが証明されるときには，裁判官はもはや契約上の慣行による意思の推定を拒否することができないとされているからである[134]。そこでは，契約上の慣行の介入のためには当事者が慣行の存在を知っていたことは必要ではない，という考えが示されているのである。

Kassisがより明確にGényと態度を異にするのは，契約の領域においては慣習の心理的要素たるopinio jurisが生じないので，契約上の慣行が慣習に変化する可能性はない，と考える点においてである。彼女はつぎのように論じる。

補充的法律は，反対の約定がないときにのみ適用されるものではあるが，それが法律であるが故に義務的性格を有する法規範である。しかし，法主体は，当該慣行が反対の約定のないときにのみ適用されるものであるであるということを知っているときに，同時にそれが義務的であるという確信をもつということは，考えられないことであり，矛盾である。契約上の慣行は結果の観点からすると強行性のない法律に似ているが，結果がえられる法的プロセスは同じではない。結果の発生の際には，契約上の慣行は証拠方法として作用するが，補充的法律は法律としてその義務的性格によって作用する。このようにして補充的法律の価値を有する補充的慣習は存在しないのである。慣習は関係者がその義務的性格を信ずるが故に法規範である以上，補充的な慣習という観念は矛盾している[135]。証券取引所の慣行や交互計算の慣行に関してGényが，これらの慣行のすべてが例外なしに反対の約定により除去されうる旨を指摘しつつも，関係者における義務の感情の存在の論理的可能性を認めることができたとは，驚くべきことである。人は実行の義務的性格を意識すると同時に，意思行為によってそれを排除することができると意識するということはできないのであるが，奇妙にもGényはそのことに気づかなかった[136]。当事者の意思によって採用したり除外したりできる契約条項が問題になる契約の領域では，慣習は所をえないのであり，「契約において表示されていない意思の推定」として考察される契約上の慣行のみが所をえるのである[137]。

　そこにおいては，Kassisは，Gényと同様にopinio jurisを法的慣習の心理的要素とみなしてそれを「法的必要性の感情」として捉えつつも，その内容をGényとは異なり文字通りに理解しているのである。その結果，Gényが危惧していた，「opinio juris seu necessitatis」という伝統的な文言の最後の単語によって慣習法は強行規定としてのみ成立するという誤解が生じうる，という点が，Kassisにおいて現実のものとなっているのである。Gény自身はそのような誤解が生じるおそれを十分に承知していたのであるが，それならば彼は任意

規定としての慣習法の成立をも認めることができるような内容に opinio juris を定義しておくべきであったのではなかろうか。

5　若干の考察

以上，慣習法の成立要件に関する Gény の二要素理論及び Lambert の判例理論[138]などを概観してみた。以下には，その要約的検討を試みておこう。

1　Gény は，慣習に法源性を認めるべきかどうかという問題について，「法律の沈黙」を認めたうえで，「理性」に照らして且つ「社会的必要性」に従って判断する，という態度を示している。そして彼は，慣習法を成立させる「法的慣習」の要件として，長期にわたる恒常的な慣行のほかに，関係者の opinio juris をあげ，「慣習法の力の根本的な存在理由」——本質的には「心理学的且つ社会学的理由」，特に「我々の本性の深い感情に適合する，安定性と安全性の一般的欲求」——からするとその二つの要件で必要且つ十分であるとみなす。その際に，彼は，opinio juris という心理的要素を要求することにより「法的慣習」の識別が極めて困難になることを認めつつも，多様な生活慣行から「法的慣習」を切り離すためにその心理的要件を必要不可欠であるとみなす。これに対して，Gény の二要素理論そのものを全面的に否定しようと試みたのが，Lambert 及び Pedamon である。そこで，Lambert らの Gény 批判を検討することから始めたい。

まず，判例が出現する前の段階では人々の争いや対立があるにすぎず，関係者の一致した opinio juris や慣行は存在しえないのであり，その存在を前提とする Gény の見解は擬制にすぎない，という批判についてである。この批判が，判例の介在なくしては法の規律対象たる事項について一般慣行が確立しえないという趣旨を意味するのであれば，それには賛成できないといわざるをえない。つとに Gény があげていた交互計算に関する慣行や，結婚した女性が夫の姓を取得する慣行は，Lebrun も指摘するように，判例によってもたらされた

ものとはいえない。Lambert 自身も，判例の出現する前の段階においても「事実上の慣行」，「関係者の実行」，「単なる慣行，取引習慣」が成立しうることを前提とした論述をしていたのであり，また，Pedamon も，判例の形成の前の段階における「一般的，恒常的な実行」，「習慣，慣行」，「自発的及び集団的な」商慣行形成のプロセス[139]の可能性を認めていた。このように，Lambert らも判例の出現以前においても「関係者の実行」・「一般的，恒常的な実行」が成立しうることを認めざるをえなかったのであるが，彼らはそのような実行だけでは慣習法が成立しないとみなしたのである。それは何故であろうか。この点については，Lambert は，判例の確定によって初めて「これが法である」という意識——それは Gény のいう opinio juris に対応するといえる——の「全員一致」が生ずる旨を強調しているように思われる。このような指摘は，Gény の理論を現実に合わない旨を指摘するだけにとどまらず，判例理論を積極的に根拠づけることにも導くものであろう[140]。そうとすれば，Lambert は実質的には慣習法の成立要件を Gény のいう opinio juris に近いものとして捉え，その要件の充足を判例の確定のなかに見出している，ということになろう。そのような立場からすれば，慣習法の成立の際には慣行の存在にはあまり意義が認められないことになろう。この点との関連では，Lambert 自身が Gény らの二要素理論における慣行の存在という要件に対して批判的な態度を示していたし，Pedamon も実行が存在しない場合でも判例によって慣習法が形成されることを認めていた，ということが想起されるべきであろう。

　Lambert らの批判的指摘に対して，Lebrun や Kassis は，二要素理論を擁護する立場から，判例の出現以前の段階においても一定の行動の反復に伴い漸次的に opinio juris が形成され，やがてはそれが定着するようになる，という定式を提示する。そして，その具体例として，彼らは，結婚した女性が夫の姓を取得する慣行や交互計算に関する慣行をあげる。しかし，Lebrun らの反論は必ずしも決定的なものとはなっていないように思われる。上記の定式はあくまでも仮説にとどまり，実証されていないからである。また，そこであげられている慣行は，確立した一般慣行の例を示すものとしてならばともかく，Gény

のいう「法的慣習」の例としては必ずしも十分とはいえないように思われる。というのは，裁判所が当該慣行を適用するに至る前に関係者が Gény のいう opinio juris を有していたことの証明——それは社会学的な実態調査を不可欠とするもので事実上は極めて困難である——が，なされていないからである。Gény 自身も，慣行と関係者の opinio juris に関する実態調査を行ったうえで，慣習法の成立要件論を構築しているのではない。彼が「法的慣習」の要件の一つとして opinio juris——彼の言葉によると「既存の法を適用しているという確信」・「法的義務を果たすという考え」——をあげたのは，もっぱら，長期にわたる恒常的な慣行といえるものであっても，慣習法を創設する「法的慣習」になるものと，そうでない多様な「生活慣行」にとどまるものがあるということを前提としたうえで，それらの成立要件上の相違を説明するためであったように思われる。その点は，Lebrun や Kassis においてもまったく同様であった。

　一般的にいって，恒常的な判例が特定の規則を法規として適用しているときには，それ以後は関係者が当該規則を法規として意識するようになる，と推定することには相当な理由があるように思われる。しかし，そこから直ちに二要素理論を放棄すべきであるという結論を導き出すことはできない。二要素理論からすると，所与のケースにおける慣習法の成立要件の充足にあたっては判例が重要な役割を演じた，と説明することになるからである。そして Gény もそのような観点に立脚していたように思われる。他方，Lambert らも，opinio juris は確定した判例からのみ生ずるということ，あるいは Lebrun らの示す定式が成り立たないということ，までも実証しているわけではないのである。このようにみてくると，Lambert らは，opinio juris が関係者の間で自発的に形成されると安易に考えることに対して反省を促すことにはある程度成功したように思われるが，二要素理論そのものを放棄しなければならない理由を十分には示していないということになろう。Lambert は，「取引の安全」の配慮や妥当な解決の保証という観点から，確定した判例に法源としての効力を認めるべき旨を強調するが，たとえそうであるとしても，それを関係者の一般慣行に基づいて成立するものと伝統的に考えられてきた慣習法とは別個のカテゴリーと

して構成する，という立場も可能であったように思われる。換言すれば，関係者の慣行は一定の条件のもとに慣習法として法源性を獲得するが，判例は一定の条件のもとで慣習法とは別個独立に独自の資格で法源としての効力を取得する，と考える立場である。その点との関連で注目されるのは，つとに Gény が，古くから特殊な法源とみなされてきた関係者の慣行に基づく慣習を特徴づけると同時に議論の混乱を回避するという観点から，判例を慣習のカテゴリーからはずして考察すべきであると説いていたことである。

　Lambert らのように慣習を関係者の慣行のなかにではなく判例のなかに見出すときには，判例の出現以前の慣行に対して裁判所はいかなる態度をとるべきであるのか，という問題が生じよう。彼らは判例の出現以前の段階においても「単なる慣行，取引習慣」・「習慣，慣行」が成立することを認めており，その慣行が判例によって初めて慣習法になるとみなしているが，その際に裁判所は当該慣行をいかなる資格を有するものとして顧慮することができるのであろうか。判例理論からすると，当該の慣行はたとえ確立されたものであってもまだ慣習法ではないはずだから，そのような問題が提出されうる。私的自治の認められる取引の分野においては Gény は慣習法とは別個のものとしての契約上の慣行というカテゴリーを認めていたが，Lambert らの判例理論もそれを認めるのであろうか。その点については Lambert の立場は明確ではないが，Pedamon は商慣行という言葉のもとでそれを認めていた。Pedamon のような立場をとるならば，裁判所は取引の分野においては慣行を契約上の慣行（彼のいう商慣行）として顧慮することも可能であろう。しかし，そのような判決が積み重なって確定した判例になっても，当該慣行は判例において契約上の慣行として定まるにとどまるのであろうか。しかし彼は，判例がもはや契約上の慣行に言及することなく，当事者の合意とは無関係に適用される法規たる慣習を確認するときに，当該慣行が慣習に変化する，とのべている。そうとすると，裁判所にとっては，判例の出現以前の段階において，当事者の合意の内容となって適用される慣行と，当事者の合意とは無関係に適用される慣習の区別がなされなければならないことになろう。それではそのような慣行と慣習の成立要

件上の相違はどこに求められることになるのであろうか。残念ながら，Pedamon はその点については言及していない。しかし，裁判官に行動の指針を与えるという Gény の問題関心からすれば，まさに，確定した判例の出現以前の段階においていかなる慣行を単なる契約上の慣行以上のものとして当事者の合意とは無関係に適用することができるのか，という点こそが明らかにされるべきであるということになろう。同様なことは，契約上の慣行のようなカテゴリーが認められていない取引以外の分野についてもいえよう。このようにみてくると，Lambert らは，判例の出現以前の段階においてすでに存在する慣行についていかなる要件を備えたものをいかなる名目及び仕方で適用すべきか，という点を必ずしも明確にはしていない，ということになろう。そして，その点について一定の角度から答えを与えようとしたのが Gény の慣習法論であった，といえるのではなかろうか。まったく新しいケースを裁定しなければならない解釈者に Lambert の見解は何のよりどころも与えない，という Gény の簡潔な指摘[141]は，上記のことを念頭においてなされたものであろう。付言するに，Lebrun や Kassis は，統一的な法適用機関が存在しない国際法秩序における慣習法は判例理論によっては説明できないと指摘しているが，この点も無視できないであろう。

2 Lambert らの判例理論は Gény の二要素理論を克服しえたようには思われない。しかし，彼らが opinio juris の生成過程の説明に対して一定の問題提起をしたという点は看過されるべきではないように思われる。つまり，これまで慣習法の成立が認められるときにはつねに，判例の介在がなくても関係者は「これが法である」という意識のもとで慣行に従っていた，といえるのであろうか，と。この問題提起は一般論としてはかなり説得力があるように思われる。実際に，Gény らが慣習法の例としてあげるケースにあっても，彼らは，関係者が——単に何らかの規範意識だけではなく——「既存の法を適用している」又は「法的義務を果たす」という意識でもって慣行に従っていたということを，必ずしも実証していないのである。また，Gény 自身も，Lambert が示

唆するように，慣習法の形成過程に関する社会学的な実態調査をふまえたうえで opinio juris を慣習法の成立要件の一つとして導入しているのではない。そこで，つぎには Gény の opinio juris 論を検討してみたい。

Gény は「法的慣習」（慣習法）を構成する要素として，長期にわたる恒常的な慣行という物質的な要素のほかに，関係者の opinio juris という心理的要素もあげている。この opinio juris という言葉はこれまで多義的に用いられてきているが，Gény はその言葉のもとに「既存の法を適用している」という確信，「法的義務を果たすという考え」，「法規範として課せられる不文の規則に従って行動するという感情」，「法的必要性の感情」を理解していたように思われる。

このことを前提とすると，まず問題になるのは，Gény の見解は opinio juris を慣習法の成立要件の一つとみなすことにより，慣習法の成立要件のなかに法の存在に関する関係者の錯誤を取り込むことになる，という点である。というのは，関係者が既存の法を適用する——法規範又は法的義務に従う——という確信又は感情において慣行を実行することによってはじめて慣習法が成立すると考えることは，慣習法が成立するためには，その成立前の段階において関係者が慣習法規が存在する旨の判断をしなければならないということを意味するからである[142]。ここでの議論の前提は，それに対応する法規がそもそも存在しないところに慣習法規が成立するということであるので，関係者のそのような確信や感情は法の存在に関する誤った判断に基づくものにほかならないことになろう。慣習法が成立するためには法の存在に関する関係者の誤った判断（錯誤）が不可欠である，と考えることは不合理なことではなかろうか。

それでは何故に Gény は上記のような内容の opinio juris を「法的慣習」の要件の一つとみなすのであろうか。それは，「法的慣習」と同じように「長期にわたる恒常的な慣行」でありながらも法的拘束力を有しない「生活慣行」にとどまるものを，成立要件の上で「法的慣習」から区別するという技術的な理由からであった。換言すれば，そのような「生活慣行」が法的拘束力を有しないのは，「法的慣習」の物質的要素を備えてはいるが，心理的要素たる opinio juris をまだ備えていないからである，と説明するためである。しかしながら，「法的慣習」と「生活慣行」の相違を成立要件の観点から説明するためには，必ずしも上記のような，法の存在に関する誤った判断を内容とする opinio juris の要件に助けを求めなくてもよいように思われる。「長期にわたる恒常的な慣行」があればそこに慣習が成立するのであり，そのなかでも『法的意味』を有する行動様式に関するもののみが「法的慣習」として慣習法を成立させる，と説明することで十分なのではなかろうか。つまり，一般に広く生活関係といっても「ある社会の実定法制度の趣旨からして……法的処理に服するものとされていると判定される」ものと，「初めから法的意義がないとされるもの，つまり法外の生活関係に属するもの」[143] とが区別されているが，前者に関する慣習のみが「法的慣習」を構成するといえるように思われる。例えば，誕生日やクリスマスにプレゼントを贈るべきか否か，隣人に会ったら挨拶をすべきか否か，レストランで食事をした後に本来の料金とは別にチップを払うべきか否かは今日では一般に法的規律になじまない，したがって誕生日にプレゼントを贈る行為や隣人に挨拶する行為やチップを払う行為は『法的意味』を有しないとみなされているので，それらの行為は長期にわたって恒常的に反復されても「法的慣習」となることはない，ということになるのではなかろうか。そのように法的規律になじむ行動様式，それ故に『法的意味』を有する行動様式であるか否かを判定するための基準は，結局は，「実定法制度の趣旨」に求めざるをえないのではなかろうか。確かにそのような基準は時代と共に異なりうる抽象的な内容を有するにとどまり，その適用に関して判定がときとして微妙となる場合もありうるが，それだからといって上記の説明が適切性を失うというものでもなかろう。今日において「法的処理に服するもの」（法的規律になじむもの）とそうでないものの区別が実際に行われていることは，否定できない事実なのである。この点との関連で注意されるべきは，Gény が，「法的慣習」の基体たる慣行を構成する一連の行動は社会生活の特定の関係に関するもので「同時に法的サンクションを許す」ものである，とのべていたことである。そこにおいては，「法的サンクション」を許す行動様式とそうでない行動様式の

区別がなされ，前者の反復のみが「法的慣習」の基礎をなす慣行を構成する，という考えが示されている。そこでいう「法的サンクションを許す」行動様式とは，「法的処理に服するもの」（法的規律になじむもの又は『法的意味』を有するもの）に対応するのではなかろうか。したがって，Gény にあっても，彼の言葉を使用すれば，「法的サンクションを許す」行動様式についての長期にわたる恒常的な慣行が「法的慣習」を創設し，そうでない行動様式についての長期にわたる恒常的な慣行は「生活慣行」を創設するにすぎない，と説明することでもって，「法的慣習」と「生活慣行」の成立要件上の相違を十分に説明できた——その相違を説明するために opinio juris という要件をあえて持ち出す必要はなかった——ように思われる。このようにみてくると，Gény が opinio juris を「法的慣習」の心理的要素とみなしたことには，問題があるということになろう。ちなみに，ここでは，彼の考えているような，錯誤を内容とする opinio juris, 即ち「既存の法を適用している」という確信とか「法的義務を果たすという考え」を「法的慣習」の要件にすることが批判されているのであって，それ以上に，およそ主観的要素なるものはすべて排除されるべきである，ということまでもが説かれているのではない。例えば，「何らかの規範」——それは必ずしも法規範である必要はない——を適用するという意識を主観的な要素として採用する可能性[144]は残されているのである。

　付言するに，Gény の考える opinio juris は，慣習規則の内容との関連でミスリーディングな側面を有しているように思われる。彼は opinio juris の内容を示す際に，「法的義務を果たすという考え」，「法的義務の感情」，「法規範として課せられる不文の規則に従って行動するという感情」，「法的必要性の感情」などを語っていた。その表現を文字通りに受け取るならば，そのような内容の opinio juris を伴って実行される慣行は強行規定という形の慣習法しかつくらないということになろう。というのは，Kassis も指摘するように，強行規定という形の法規範を前提にして初めて，人は上記のような感情や考えを有するにいたるからである。この点はつとに Gény によっても意識されていたように思われる。彼は任意的慣習法の成立の可能性を肯定したうえで，人が opinio juris seu necessitatis という言葉のために「慣習から生ずる法規範は個人の意思を絶対的に強制し, 強行規定として現れなければならない」と考えることがないように, 注意を促していたからである。そうとするならば, Gény は opinio juris の内容を誤解のないような形でのべる必要があったのではなかろうか。換言すれば, 彼は, 強行規定の形をとる慣習法のみならず任意規定の形をとる慣習法の成立をも認めうるような内容に, opinio juris を構成すべきであったのではなかろうか。

3 最後に, Gény が私的自治の認められる取引の分野において「法的慣習」とは別個のカテゴリーとして「契約上の慣行」なるものを認めていたことについて, 一言しておこう。彼によると, 契約上の慣行は, 一方では, 「恒常的に且つ長期的に従われている実行」を前提とするので法的慣習の物質的要素を満たすが, 他方では, 法的慣習の心理的要素たる opinio juris を含んでいない。しかし, 先にものべたように, opinio juris を法的慣習の成立要件の一つとすることには理論的に問題が存する。その点を考慮に入れると, 彼は契約上の慣行と法的慣習の区別を成立要件の観点からは納得のいく仕方で説明しえていない, ということになろう[145]。というのは, 両者はいずれも「法的サンクションが可能な」一連の反復された行動であって, 長期にわたり恒常的に実行されてきたものである, 換言すれば法の規律対象たる事項に関わる慣習規範である, という点においては異なるところがないからである。彼は「当事者の意思を補充する真に慣習的規則」を認めつつも, 意思解釈的又は意思補充的な法律（任意規定）の領域については, 彼はそれを任意規定に優位する「契約上の慣行」の領域とみなし, 「法的慣習の固有の領域」とみなさないが, そのことも, 法的慣習を構成する慣行と契約上の慣行を構成する慣行が実体においては異ならないことを示唆するのではなかろうか。

このように法的慣習と契約上の慣習は, 内容の点では, いずれも法の規律対象たる事項に関する慣行ということになり, 異ならないように思われるが, 法律構成の点では, 顕著な相違を示す。法的慣習は独自の法源として裁判官に直

接に作用するのであるが，契約上の慣行は独自の法源ではなく，当事者の意思の内容をなすものとして推定されることによって，間接的に裁判官に作用する事実である，というように法律構成されているからである。

1) オプティ（北村訳）「私法における慣習法について」法学協会雑誌103巻11号1頁以下は，フランス私法における慣習法論を総括的に展望している。
2) François Gény, Méthde d'interprétation et source en droit privé positif, t. 1, 1954, p. 329.
　　ここでは，Gényの書物の第2版を利用した。それは関連個所については初版とはほとんど変わりがないようである。彼の新たな叙述は注でカッコ書きで記してある。
3) Ibid., p. 332.
4) Ibid., p. 319.
5) Ibid., p. 320.
6) Ibid., p. 332.
7) Ibid., p. 334.
8) Ibid., p. 335 et seq.
　　この立場に対してGényはおよそつぎのような趣旨をのべている。つまり，それによると，人民は成文法によってその意思を直接に公然と表明するが，慣習においてはその意思を実効的にではあるが黙々と示す。換言すれば，立法者の明示的意思が法律の拘束力を生じさせるように，立法者の暗黙の同意が慣習法の拘束力のすべてを生じさせる。しかし，この考えは，歴史的事実に反するし，法の国家的基礎と政治的基礎を混同するものである（Ibid., p. 335）。慣習を正当化するための主権者による黙示の同意という考えは，非理性的な擬制にすぎず，公権力の組織から引き出される考慮によって慣行の立法的効力を説明することは，断固として放棄されるべきである，と。Ibid., p. 346.
9) Ibid., p. 342 et seq.
　　この立場に対してGényはおよそつぎのような趣旨をのべている。つまり，「民族の法的意識」は実定法の確固たる基礎を構成するほどにつねに明確に現れるのではない。「この共通の確信という擬制」は慣習法の総体を正当化するのに十分ではない。歴史法学派の創設者は，集団意識という多少神秘的な考えによって全実定法秩序を説明しうると考えることによって，過度な体系化の思考という欠陥を有する。その考えだけでは「慣習法の実効的な力を説明する」のには不十分である，と。Ibid., pp. 343-344.
10) Ibid., pp. 345-346.

11) Ibid., p. 372.
12) Ibid., p. 348.
　　彼によると，上記の社会的必要性や自然の感情や関係者の自発的な承認について，さらに推し進めて最終的な理由を探求しようとするならば，人は客観的な現実の領域からはみ出してしまい，科学的仮説の形式のもとに慣習をより観念的な原理に結びつける，純然たる主観的な構想という危険を冒すことになりうる。Ibid., p. 347. このような観点からして，彼は，歴史法学派におけるような，客観的現実を変性させる抽象的な構想は，有用ではない，とみなす。Ibid., p. 347.
13) Ibid., p. 348.
14) Ibid., p. 348.
15) Ibid., pp. 376-377.
16) Ibid., pp. 382-383.
17) Ibid., p. 382.
18) Ibid., p. 325.
19) Ibid., p. 408.
20) Ibid., p. 408.
21) Ibid., p. 411.
22) Ibid., p. 413.
23) Ibid., p. 425.
24) Ibid., p. 401.
25) Ibid., pp. 356-357.
26) Ibid., pp. 356-357.
27) Ibid., pp. 358-359.
28) Ibid., pp. 360-362.
　　Gény はさらにつぎのようにものべる。つまり，「法的感情」という法的慣習に特有な要素は，法的慣習の領域から「しっかりと確立した」社会的な実行であるが実定私法の法源たりえないもの（例えば，日々の生活の習慣，商業，農業，産業などの経済的慣例，礼儀作法，道徳的又は宗教的な実行など）を排除する，と。Ibid., p. 320.
29) Ibid., p. 362.
30) Ibid., p. 368.
31) Ibid., p. 364.
32) Ibid., p. 363.
33) そのような誤解は，後にみるように，Kassis の慣習法論のなかに見出される。
34) Gény, op. cit., pp. 362-363.
　　Gény によると，法的感情のような心理的要素の存否は，慣行という事態のなか

に十分にはっきりと現れる。特に，確立した判例やほとんど一致した学説に由来する慣用的解釈の後に，実行が確立されるときには，法的感情を認めるのに躊躇すべきではない。Ibid., pp. 363-364.
35) Ibid., p. 320.
36) Ibid., p. 364.
37) Ibid., p. 365.
38) Ibid., pp. 366-367.
39) Ibid., p. 367.
40) Ibid., pp. 368-369.
41) Ibid., p. 369.
42) Ibid., p. 269.
43) Ibid., p. 368.
44) Ibid., pp. 418-419.
45) Ibid., p. 422.
46) Ibid., p. 425.
47) Ibid., p. 422.
48) Ibid., p. 423.
49) Ibid., p. 422.
50) Ibid., p. 424.
51) Ibid., p. 322.
52) Ibid., p. 425.
53) Ibid., p. 426.
54) Ibid., p. 429.
55) Ibid., pp. 429-430.
　なお，Gény は，契約上の慣行を，「生活習慣」（月並みな意味での慣行）と「厳密な意味における法的慣習」との中間を占めるものと考える。彼によると，契約上の慣行は，「個別的な意思」を表示するのか，それとも「一般的見解により客観性を付与された一般的規則」を表明するかに従い，生活習慣に接近したり，又は厳密な意味における法的慣習に含まれたりする。Ibid., p. 432. 彼は，契約上の慣行は日常生活の習慣と真の法的慣習との間の変わり目（transition）を示す，ともいう。Ibid., p. 322. しかし，日常生活の習慣と契約上の慣行はその内容（規律対象）の点で異なるのではなかろうか。
56) Ibid., pp. 429-430.
57) Ibid., pp. 430-431.
58) Ibid., p. 422.
59) その結果，Gény は，裁判においてなされるべき証明について，つぎのような相

違が生ずると考える。つまり，慣習の認識はすべての法の適用と同様に法律問題として，原則として且つ必要な若干の緩和を除いて裁判官の職務に含まれるが，当事者の一方により純然たる事実の状態として援用される取引慣行は事実問題として，当該当事者により提出されるべきであり，必要な場合には証明されるべきである，と。Ibid., p. 425.
60) Ibid., p. 425.
61) Ibid., p. 423.
62) Edouard Lambert, Introduction : la fonction du droit civil comparé, t. 1, 1903, p. 114.
63) Ibid., p. 122.
64) Ibid., pp. 122-130.
65) Ibid., pp. 131-132.
66) Ibid., pp. 135-137.
67) Ibid., pp. 137-139.
68) Ibid., pp. 140-141.
69) Ibid., pp. 114-115.
70) Ibid., pp. 800-801.
71) Ibid., p. 802.
72) Ibid., p. 158.
73) Gény, op. cit., t. 2, 1954, p. 49.
74) Lambert, op. cit., pp. 162, 165-166.
75) Ibid., pp. 167, 143-144.
76) Ibid., pp. 167-169.
77) Ibid., pp. 170-172.
78) Ibid., p. 166.
79) Auguste Lebrun, La coutume, 1932, pp. 260-261.
80) Gény, op. cit., t. 2, p. 48.
81) Ibid., p. 49.
82) Antoine Kassis, Théorie général des usages de commerce, 1984, pp. 95-98.
83) 広中俊雄『民法綱要第1巻総論上』(1989年) 43頁は，判例が規範的拘束力を有せず事実上の拘束力をもつにとどまることは「判例変更に対する過重な抑制を防」ぐ，とみなす。
84) Michel Pedamon, Y a-t-il leu de distinguer les usages et les coutumes en droit commercial?, Rev. trim. Dr. comm., 1959, p. 338.
85) Ibid., p. 340.
86) Ibid., p. 340.

Pedamon はさらにのべる。つまり，国家の組織的構造の観点からすると，立法権とは別に司法権が存在する。司法権は理論的には立法権の下位にあり，その本質的な任務は法律を尊重させることにある。しかし，司法権は，1837 年 4 月 1 日の法律による立法者照会（référé législatif）の廃止以来ときとしてその権限を越えて立法権の競争相手として行動することを，実際にも法的にも許されている，と。Ibid., p. 340.

87） Ibid., p. 341.
88） Ibid., p. 347.
89） Ibid., pp. 347-349.
90） Ibid., p. 349.
91） Ibid., p. 343.
92） Ibid., p. 345.
93） Ibid., p. 345.
94） Ibid., p. 346.
95） Ibid., p. 347.
96） Lambert によると，民法典も商法典も商法上の慣行や慣習に適用される規則について規定していない。判例自身もそれについては明確ではないが，判決の総体をまとまりのある体系にすることが可能である。Ibid., p. 349.
97） Ibid., pp. 350-351.
98） Pedamon は Lambert に依拠しつつ，判例のみが習慣，慣行に権威を与えて『永続的な執行秩序』を付加することにより，それらを法規範に変える，とのべる。Ibid., p. 341.
99） Ibid., p. 346 よると，商慣行は特定のタイプの契約のなかに「編入される」のである。
100） Lebrun, op. cit., pp. 229-230.
101） Ibid., pp. 230-231.
そこからすると，Lebrun は，法的慣行の第二の要素たる心理的要素によって事実たる慣行を法的慣行から区別する際に，事実たる慣行という言葉のもとに主として念頭においているのは，いわゆる習俗的慣習規範ということになろう。
102） Ibid., pp. 235-237.
103） Ibid., p. 238.
Lebrun はさらに，法的慣行の存在を否定することは国際法の存在を否定することになると指摘し，その点についてつぎのように論ずる。つまり，力でもって国際慣行の遵守を強制しうる最高裁判所が存在しないにもかかわらず，すべての国家によって拘束的とみなされている国際慣行に違反した国家は，一般に国際法を犯したものとみなされている。そのことは，判決がなくても，上級の権威がなくても，法

的慣行，即ち opinio necessitatis を伴う慣行が生じ，法規範をもたらす，ということを証明する，と。Ibid., p. 237.
104) Ibid., pp. 240-241.
105) Ibid., p. 215.
106) Ibid., p. 227 et seq.
    なお，慣習を創設しうる事実がそれぞれ相反する内容の準則を示す場合については，Lebrun はつぎのようにのべている。つまり，慣習はそれを創設する事実とは異なる。それは判例でも慣行でもなく，それらから生じる準則である。その価値をつくるのはそれらの事実がもたらす「正義の保証」である。それらの事実が一致しないときには，個別的に考察すれば慣習を創設しうるところの二つの事実があることになるが，それぞれの事実に含まれる正義の推定が対立し，打ち消しあうので，この場合には慣習が存在しないことになる，と。Ibid., p. 276.
107) Ibid., pp. 243, 248.
108) Ibid., p. 243.
109) Ibid., pp. 242-243.
110) Lebrun によると，慣習は法律と同等の法源であり，法律からは完全に独立しているので，法律と対等な権威が認められるべきである。Ibid., p. 466. この二つの法源が抵触するときには，理論的には，最近の法規範が優位を占めるべきである。Ibid., p. 467. 法律は決して完全なものではなく，また，進化する需要に際限なくこたえることができないので，制定法に反する慣習の権威を認めざるをえない。Ibid., p. 473.
111) Ibid., pp. 249-252, 253, 255.
112) Ibid., p. 255.
    さらに Ibid., p. 460 は，契約上の慣行は契約締結時に当事者がそれに準拠するつもりであったと推定することが確かな徴憑からして許される限りにおいてのみ適用されるが，慣習は反対の意思の明確な表示があるときにのみ適用されない，とのべる。また，Ibid., p. 487 は，契約上の慣行は「当事者の意思を解釈するのに役立つ事実」にすぎず，いかなる固有の効力も有しない，とみなす。
113) Ibid., p. 256.
114) Ibid., pp. 20-21.
115) Ibid., p. 63.
116) Ibid., pp. 164-165.
117) Ibid., p. 168.
118) Ibid., pp. 173, 185.
119) 法はいかなる根拠に基づいて拘束性をもつのかという問題と，法が実際に遵守されているのは何に由来するのかという問題が区別されるべきことについては，菅野

喜八郎『国権の限界問題』(1978年) 13頁以下を参照。Kassis は法律の拘束力・効力を立法権者によって制定された法律という資格から引き出すからには，彼が念頭においているのは前者の問題であるように思われる。
120）　慣習は法律や判例に比べてあまりよく知られておらず，あまり明確でもないという点については，Kassis は，それは単なる程度の問題であって慣習による法の創設を妨げるものではないと考える。Kassis, op. cit., pp. 43-44.
121）　Ibid., p. 35.
122）　Ibid., p. 39.
　　ちなみに，Kassis は，人が法規範をその法的性格を信じることによって定義することになるので opinio juris の古典的観念は論点先取に立脚する，という Hébraud の見解に対して，つぎのように反論する。つまり，実行を定義するのはその義務的性格を信じることではない。その信念は実行に法規範の特徴を付与するにすぎないのであり，法律が立法者によって提出されたという事実がそれを義務的ならしめるのと同様に，その信念は実行の法対象性の原因なのである。いずれの場合にも論点先取は存しない。法規範は，その内容とその義務的性格——それが立法者の外部的な命令に由来するにせよ単なる内心の信念に由来するにせよ——によって定義される，と。Ibid., p. 36.
123）　Ibid., p. 42.
124）　Ibid., p. 63.
　　また，Kassis によると，共同体が法的平面においてすでにその義務的性格を確信している実行——社会集団の成員によってすでに拘束力あるもの，法的サンクションを与えられているものとみなされている実行——はすでに法であるので，裁判官はそれによって拘束されるのであり，立法者が制定した法律と同様にそれを適用しなければならない。Ibid., p. 58.
125）　Ibid., pp. 35, 100.
126）　Ibid., p. 64.
127）　Ibid., pp. 124-125.
128）　Ibid., p. 125.
129）　Ibid., p. 126.
130）　Ibid., p. 126.
131）　Ibid., p. 127.
132）　Ibid., pp. 128-129.
133）　Gény, op. cit., t. 1 p. 425.
134）　Kassis によると，契約上の慣行は，まず，それが証明されること，ついで，それが通用している取引業界にそれを不利に援用される当事者が所属すること，この二つの要件が満たされれば，明示的な契約条項と同じ拘束力を有する。Ibid., p. 133.

135) Ibid., pp. 174-175.
136) Ibid., p. 170.
137) Ibid., p. 174.
　　Kassis によると，慣行への同意は黙示的なものというよりはむしろ推定されたものである。黙示的意思と推定的意思との間には相違がある。それは，他人に意思を伝達する意図でもってなされるある種の意思表示を含むしぐさと，何らの仕方でも表示されていない意思がそれから推定されるところの徴憑，との間における相違である。Ibid., p. 133. さらに彼は，慣行への準拠の推定は意思の擬制の一種であるかどうかについて，つぎのようにのべる。証明の理論に関係する推定は，確実性の水準に達していないとしても，徴憑に基づく蓋然性であるが，証明の問題の外に現れる擬制は，本質的には真実の逆を選択することにある。Ibid., pp. 133-134.
138) Kassis, op. cit., p. 33 によると，フランスでは二要素理論が一般に認められ，判例理論は学説の一部によって支持されているにすぎない。
139) Pedamon, op. cit., p. 343.
140) Pedamon は，法が強制秩序であるから一般的，恒常的な実行は権威によって容認される必要がある旨を強調していたように思われる。しかし，法は強制秩序であるという命題からは，必ずしも直接的に，判例による一般実行の容認を慣習法の成立要件とすべきであるという結論を導き出すことはできないのではなかろうか。
141) Gény, op. cit., p. 364.
142) その点は国際法においては Kelsen がつとに強調していたところである。拙稿「国際私法と国際法の交錯」法学 48 巻 1 号（1984 年）94-95 頁を参照。
143) 加藤新平『法哲学概論』（1976 年）275 頁。
144) Cf. Hans Kelsen, General Theory of Law and State, 1945, p. 114.
145) 上述のように Gény は法的慣習と契約上の慣行を実体的に異なるものとして捉え，その相違を opinio juris の存否に求めていた。しかし彼の論述のなかには，慣行の確立の度合いの相違にも言及するかのようにみえる個所もある。彼は契約上の慣行が法的慣習に移行する場合についてつぎのように説明するからである。つまり，「流動的で変わりやすい」慣行は依然として契約上の慣行にとどまるが，「より安定した，より等質な，より固定した」様相を呈し，一定の社会階層における真に一般的な共通規則を構成しうるほどに実務に定着するに至ったものは，法的慣習の非常に近くに位置する，と。もっとも，彼にあっては，「より安定した，より等質な，より固定した」様相を呈する慣行であっても opinio juris の付加によって初めて法的慣習を創設することになるので，当該個所には重要性は認められていないといえる。

第5章
イギリスにおける慣習法と事実たる慣習

1 はじめに

　ドイツやフランスや日本においては，伝統的な見解は，慣習法（法たる慣習）と事実たる慣習（取引慣行）を区別し，その成立要件上の相違をいわゆる法的確信の存否に求めてきた。そのような伝統的な見解についてはこれまで筆者は，部分的にではあるが，多少の分析・検討を試みてきた[1]。その暫定的な結論はこうである。つまり，伝統的な見解が慣習法の主観的要件とみなしている法的確信なるもの（慣行を法であると認識し，それに従うという意識）は，論理的には慣習法が成立する前に要求されるものであるから，結局において法の存在に関する誤った判断にほかならない。そのような法的確信を慣習法の成立要件の一つとすることは，およそ慣習法が成立するためにはつねに法の存在に関する錯誤が必要になるという不合理なことになってしまう。それ故に，慣習法の成立要件の一つとして法的確信なる要件を持ち出す伝統的な見解には賛成できない。伝統的な見解が自己の立場の正当化のために援用する慣習法と他の慣習規範の成立要件上の区別の問題は，法的確信なる要件を持ち出さなくても，これまで一般に暗黙裡に認められて使用されてきた法の規律対象たる事項——それは「法の領域」[2]に属する生活関係或いは「ある社会の実定法制度の趣旨からして」「法的処理に服するものとされていると判定される」生活関係[3]などと呼んでもよい——とそうでない事項の区別を使用することによって十分に説明可能である。その結果，伝統的な見解が法的確信の存否によって慣習法と事実たる慣習を区別しようとすることにも賛成できない，と。本章は，

それとの関係で，今度はイギリス法を検討しようとするものである。したがって，慣習法と事実たる慣習についてイギリス法の立場を考察するという本章の課題も，そのような観点から大幅に限定されることになる。即ち，イギリスにおいては法的確信が慣習法の成立要件の一つとみなされているのか否か，さらに慣習法と事実たる慣習の区別がなされているのか否か，なされているとしたらその基準が法的確信の存否に求められているのか否か，という問題に焦点が絞られるのである。

2 慣　　習

　Allen によると，慣習（custom）はイギリスでは自給自足的で且つ自己正当化的な「法（law）」である。イギリスの裁判所において十分な証拠によって慣習の存在と遵守が証明されるときには，裁判所の役目は，単に，当該慣習を「有効な法（operative law）」であると宣言することであるにすぎない。換言すれば，慣習はその本来の妥当性を裁判所の権威から引き出すのではない。裁判所の『承認（sanction）』は創設的というよりもむしろ宣言的である。しかし，承認に値するためには，慣習は一定の要件を満たさなければならない。慣習は一定の要件を満たすならば，「法」として承認されるのである[4]。そして彼は，現代社会における慣習が二つの基本的で不変の特徴を有するとして，つぎのようにのべる。つまり，第一に，すべての慣習は，いくつかの基本的な点において普通法の「例外」である。第二に，すべての慣習は，その適用において「限定」されており，特定の「部類」の人々又は特定の「場所」にのみ適用される。これら二つのルールは実のところ同じ命題を二つの異なる仕方でのべることにひとしい。すべての女王の臣民に適用される慣習なるものはコモン・ローであり，法的意味における慣習ではない。そこで慣習は一般法の「地方的なヴァリエイション」ということになる[5]，と。さらに彼は，そのような慣習の法的効力について「Legality（合法性）」という言葉のもとにつぎのようにのべる。つまり，慣習は決して「制定法の実定的準則（a positive rule of statutory law)」に反して創設されることはない。慣習はまた「コモン・ローの基本原則」に抵触することができない。慣習は一般法の地方的ヴァリエイションであるが,「法の精神」そのものを否定できないのである[6],と。

　それでは,慣習の要件は何であろうか。その点については,Allen は, Blackstone が提示したものを最も一般に受け入れられたものとして採用する[7]。そして Allen は慣習の要件として antiquity（古さ）, continuance（継続性）, peaceable enjoyment（平穏性）, obligatory force（拘束力）, certainty（確実性）, consistency（一貫性）及び reasonableness（合理性）の七つをあげて, それらを逐次考察する[8]。そのなかでは, antiquity の要件のもとに慣習が超記憶時代から（from time immemorial）, 具体的には西暦 1189 年（Richard I の治世第一年）から存在してきているものでなければならないという特殊な理解がなされている点——アメリカではそのような超記憶時代からの存在という要件は採用されていない[9]——が注意を惹くが,本稿の問題関心からして興味深いのは, obligatory force という要件であろう。その obligatory force という要件について Allen はおよそつぎのようにのべる。

　　Blackstone が明確にのべたように,慣習は opinio necessitatis によって支持されていなければならない。慣行（usage）によって影響される人々は, それを任意的（facultative）なものではなく義務的（obligatory）なものとみなさなければならない。習慣（habit）と法的慣習（legal custom）との間には相違が存在する。着物を着ていることは義務的である。クリケットをするときにフランネルを着ていることは義務的ではない。他方,法廷においてかつらやガウンの着用を法廷弁護士に強いる（compel）のは,単なるファッション以上のものである。その慣習は法的に強制的（compulsory）である。というのは,法廷弁護士がそれを合理的な理由なく無視するならば,裁判所は彼のいうことに耳を貸さず,彼は職務の遂行を妨げられるであろう。かつらとガウンは一定の温度のもとではひどくめんどうであるが,弁護士はイギリスにおいて上位裁判所の前ではそれらを着用している。というのは,彼ら

は「そうすることが必要（necessary）であるという考え」をもつからである。再び Blackstone がのべる。『すべての住民は橋の維持のために税を課されるものとする，という慣習はよいであろうが，人は希望するときに（at his own pleasure）それに貢献すべきである，という慣習は無益でばかげており，実に全然慣習ではない』[10]。

そこでは，opinio necessitatis という言葉のもとに「そうすることが必要であるという考え」即ち義務意識ないし強制意識——それは規範意識といってよい——が理解されていると思われるが，さらに，そうすることが『法的に』必要であるという考え即ち法的義務の意識までもが理解されているのかどうか，検討の余地がある[11]。この点は，obligatory force という言葉についてもいえる。その言葉は直訳すると拘束力ということになると思われるが，それは必ずしも法的拘束力を意味するとは限らないからである。例えば，わが国において五十嵐清教授は——慣習法と習俗の区別を念頭におきつつ——慣習法の成立要件の一つとしての「法的確信」を「その慣行が成員によって法的拘束力のあるものとして意識されること」[12]と定義しておられるのである。また，近時のイギリスの裁判例のなかには「法的に拘束的な慣習と慣行（a legally binding custom and practice）」という言葉を使用するものもある[13]。Allen が援用している Blackstone の論述においては，法的な必要性又は義務というよりも必要性又は義務そのものが強調されているように思われる。橋の維持に貢献すべきである場合と，希望するときに貢献すべきである場合の区別を前提にして前者が慣習であるとされているからである。それ故に，ここではとりあえず，彼においては，反復されている一定の行動様式に従うことが法的に必要であるという考えではなく，単に「そうすることが必要であるという考え」としての opinio necessitatis が存するか否かによって，習慣と法的慣習の成立要件上の区別がなされている，と解しておこう。そうとするならば，つぎのような指摘が可能となる。つまり，「そうすることが必要であるという考え」は法的慣習の場合にのみ伴われるのではなく，他の慣習規範（習俗など）の場合にも伴わ

れる，と。そこで，法的慣習と他の慣習規範の成立要件上の区別をどのような仕方で行うのかという問題が残ることになろう。ドイツやフランスの慣習法論においてのみならず慣習国際法論においても伝統的に法的確信——慣行を法であると認識し，それに従うという意識——が慣習法の成立要件とされてきた理由もそこにあったのである。上記のような問題が Allen においては明確には取り上げられていないように思われる。先にものべたように，彼が行っているのは，任意的に行われるにすぎない（規範意識を伴わない）同一行動の反復としての習慣と対比させる形で，慣習を，「そうすることが必要であるという考え」（義務意識）によって伴われている同一行動の反復として特色づけることであるように思われる。

そのように Allen は法的慣習の成立要件の一つに規範意識をあげていた。また，Walker と Walker も，Allen と同様に地方的慣習の成立要件として上記の七つをあげているが[14]，その際に obligatory force という要件について，上記の Blackstone の論述を引き合いに出しつつ，つぎのようにのべる。

　慣習が特定の義務（duty）を課す場合には，当該義務は拘束力のある（obligatory）ものでなければならない。これはすべての法準則（rules of law）にあてはまる。実際に，これが法準則と「社会的しきたり（social convention）又は道徳的義務（moral obligation）」を区別する。かくして，Blackstone が書き留める。『すべての住民は橋の維持のために税を課されるものとする，という慣習はよいであろうが，人は希望するときにそれに貢献すべきである，という慣習は無益でばかげており，実に全然慣習ではない』[15]。

そこでは，Allen と同じような趣旨が説かれているようにみえるが，多少異なる点がある。Allen は習慣と慣習（「法的慣習」）の区別を意識して，obligatory force という要件を「そうすることが必要であるという考え」という要件として説明していたが，Walker と Walker は法的慣習と「社会的しきたり又は

道徳的義務」の区別を意識して，obligatory force の要件を「当該義務は拘束力のあるものでなければならない」という要件として理解している。しかし，先にものべたように，法的慣習の場合にも社会的しきたり又は道徳的慣習の場合にも当該義務が拘束力のあるものとして意識されているはずである。そのことを考慮に入れると，Walker と Walker にあっても法的慣習と社会的しきたり又は道徳的慣習の成立要件上の相違が十分には説明されていないということになろう。もっとも，Walker と Walker の論述における，「すべての法準則にあてはまる」という言葉を重視して，「当該義務は拘束力のあるものでなければならない」という文言における「拘束力のある」という言葉を法的に拘束力のあるものというように解することもできなくはない。そうとすると，obligatory force という要件は法的確信の要件と同じようなものになろう。けれども，Walker と Walker がその際に引き合いに出している Blackstone の論述は，先にものべたように，法的拘束力の意識の存否を重視することによって，法的慣習と他の慣習規範を区別する，というものではないように思われる。

　他方では，obligatory force を法的慣習の成立要件の一つとしてあげない見解もある，ということが注目される。例えば，Halbury's Law of England は，慣習の定義からの当然の結果として慣習の本質的特徴を immemorial existence, reasonableness, certainty, continuity の四つとみなすにとどまる[16]。また，Salmond on Jurisprudence は，reasonableness, conformity with statute law, observance as of right, immemorial antiquity の四つをあげる[17]。そのなかの observance as of right という要件は，一見すると法的確信と関係するかのようにみえるがそうではない。その要件は，慣習は公然と，力に訴えることなく，また不利に影響を受ける者の許可によることなしに従われなければならない，ということを意味する[18]ので，法的確信とは異なるであろう。Daias や James' Introduction to English Law も同様に法的確信に該当するようなものを慣習の要件としてはあげていない[19]。さらに，Paton と Derham は，「慣習の存在のための基準」は Allen によって十分に論じられているとのべて，「最も重要な

もの」として Allen があげるのとほとんど同様なものに言及するが，Allen とは異なり obligatory force を法的慣習の要件の一つとしてあげていない[20]。もっとも，Paton と Derham は，法的慣習の要件とは別な箇所で，Allen が obligatory force という言葉のもとに使用していた opinio necessitatis に言及している。彼らはつぎのようにのべる。

　法的意味における慣習を単なる「しきたり（convention）」から区別する標識（mark）は，opinio necessitatis，即ちその背後に権威があることを承認すること，である。現代国家においては，慣習は，法的に承認されるならば，その背後に裁判所及び強制装置を有する。原始的共同体においては我々は制度化した意味における組織化された権威を見出さない[21]。

　この論述においては，opinio necessitatis という言葉を使って法的慣習としきたりを区別する際に，行動の反復が裁判所と強制装置という組織化された権威によって担保されるものであるか否か（法的サンクションによって担保されるものであるか否か）という観点が強調されているように思われる。行動の反復をそのような法的サンクションを伴うものであると認めるということは，それを法的意味における慣習であると認めること，即ち法的確信と，実質的には同じことになろう。しかし，Paton と Derham は opinio necessitatis を慣習の最も重要な要件のなかに入れていないのである。そうとすると，上記の引用文においては，法的慣習としきたりの成立要件上の相違を説明することが試みられているのではなく，両者の実効性を担保するもの如何——法的サンクションか否か——という観点から両者の相違を説明することが試みられている，ということになるのではなかろうか。慣習は，法的に承認されるならば，その背後に裁判所及び強制装置を有する，という文章も，そのことを示唆するのではなかろうか。
　このようにみてくると，イギリスにおいては法的慣習（慣習法）の成立要件の一つとしていわゆる法的確信なるものをあげる者は多くないことがわかる。

他方では，確かに法的慣習と習慣の区別，さらには法的慣習と社会的しきたり又は道徳的慣習の区別が論じられることがあるが，それらの成立要件上の相違が必ずしも適切に説明されているわけではないように思われる。

3 取引慣行

ところで，Allen は，厳密な意味における慣習（custom）と，特定の取引の慣行（usages）・取引慣行（trade customs (usages)）を区別すべきであると考える。彼はおよそつぎのようにのべる。つまり，取引慣行は一般に「明示的又は黙示的な契約」に基づいており，そして immemorial antiquity のルールはそれらには適用されない。長期にわたって確立された行使（long-established user）であって，広く知られているもので十分である。また，取引慣行は合理的なものでなければならない[22]，と。彼は両者を区別する際に，必要又は強制の意識の存否に特に言及するということはない。そのような論述からすると，法的慣習と取引慣行の成立要件上の相違として注目されるのは，一定の行動様式の反復が超記憶時代（西暦1189年）までにも遡る必要があるか否かであり[23]，その点を除くと，両者の成立要件上の相違はあまりないということになるのではなかろうか[24]。少なくとも法的慣習と取引慣行の成立要件上の相違がドイツやフランスにおけるように法的確信の存否に求められているのではない，ということがいえる。

なお，取引慣行は「その合意への編入」からその効力をえるので，明示的合意と同じように法——制定法であれコモン・ローであれ——を変更する権限を有しない[25]，といわれている。もっとも，そのように取引慣行が明示的合意と同じ効力を有するのであれば，それは制定法やコモン・ローの任意規定に反することができるということになろう[26]。

ところで，Walker と Walker によると，取引慣行は条項を契約のなかに黙示的に含ませる（imply）ことにのみ関係し，裁判所は，当事者がどのような，表現されていない条項を適用する意図であったかを認定することができる。こ

れらは法律問題というよりも事実問題であり，その結果，取引慣行はこのコンテクストにおいては「法源」ではない[27]。この論述においては，裁判所が契約当事者の意思の認定というプロセスを経て契約内容に編入するところのもの，という位置づけが取引慣行に与えられている。その点は，特定の慣行によって支配されているという事情のもとに他の人と契約関係に入る場合には，その慣行は，証明されるときには，「合意の一部とみなされなければならない」[28]，というように説明されることもある。

同じような考えは裁判所によってつぎのように説明されている。例えば，Hutton v. Warren[29] がのべる。

「商取引においては，慣習及び慣行という外部証拠は，書面契約が言及しない事項について当該契約に付随事項を付加するために，認容される」，ということは長期にわたり確定している。同じルールは，周知の慣行が確立され流布してきたその他の生活の取引における契約にも，適用されてきた。そして，このことは，「そのような取引においては，当事者は，それによって拘束されることを意図していたところの契約の全体を書面で表示するのではなく，周知の慣行との関係において契約を表示するつもりであった，という推定の原則」に基づいてなされてきた。

また，Gibson v. Small[30] もつぎのようにのべる。

取引慣習は証拠の問題であり，「当事者がそのような慣行——それが適用可能であれば——との関係において契約をしたと推定して」商事又は農事の書面契約やほかのもの……に付随事項を付加するのに使用される。

それらにおいては，当事者が契約書において意図していたのは契約の全体を表示することではなく，慣行の存在を前提としたうえで契約を表示することであった，という推定がなされている（その際には慣習と慣行という言葉が厳密

に使い分けられているのではない[31]）。そして，そのような推定に基づいて慣行が契約に編入される——慣行が当事者の意思の内容となって裁判所を拘束する（当事者意思の存在の推定）——，という説明がなされている。しかし，Chitty on Contracts は，そのような説明に対して批判的な態度を示し，つぎのようにのべる。

「この説明は少々人為的である」。特定の取引の慣行のみから生ずる黙示的約束に基づいて法的責任を問われる当事者は，当該慣行を知っていたことが証明されない場合でさえも，それによって法的に責任があるものとみなされうるからである[32]。

そのような批判的な態度をさらに推し進めたのは，Atiyah である。彼は，まず，「当事者の推定的意思」に基づくものとみなされている黙示的条項（implied term）[33]に関してつぎのようにいう。

全体としては，現代の傾向は，黙示的条項の考えから離れている。というのは，当該傾向はますます「当事者の推定的意思」と関係なく準則を適用することにあるからである。けれども，理論は依然として，裁判所は契約に付加する権限を有せず，契約のなかに暗に含まれた（implicit）ところのものを読み取ることができるにすぎない，という。しかし，この理論はますます事実と調和することが困難となりつつある[34]。

そして彼はつぎのように論じる。

当事者が特定の取引を背景にして契約をした場合には，その取引の慣習（又は地方的慣行）は普通はその契約のなかに取り込まれる（be imported）。これは通常は「黙示的条項」という口実のもとになされるが，それは実は単に，「当事者は——明示的に反対の決定をしていない限り——関連する慣習

又は慣行に従って契約を履行しなければならない」という「法準則」にすぎないのである[35]。

ちなみに，彼にあっても慣習と慣行の用語法上の区別は明確ではない。

4　若干の考察

　以上，法的慣習（慣習法）——地方的慣習——と事実たる慣習（取引慣行）に関するイギリス法の立場を概観してみた。以下には，その要約的検討を試みる。
　法的慣習は「法たる効力」を有し，「有効な法」である。法的慣習の要件としてあげられているものをわが国やドイツやフランスの伝統的な見解におけるそれと比べると，まず，一定の行動様式の反復が長期にわたるだけではなく超記憶時代（西暦1189年）までに遡る必要があるという要件が，特徴的である。しかし，本稿の目的との関連で興味深いのは，ときとして，要件の一つとして拘束力を伴うことがあげられるという点である。それは，そうすることが必要又は義務であるという考えである[36]。そうすることが『法的に』必要又は義務であるという考えがそこにおいて意味されているのであれば，それはまさしくいわゆる法的確信と同じ内容ということになろう。しかし，論者はそうすることが法的義務であるとまではのべていない。また，拘束力という要件を説明する際に引用されているBlackstoneの文章からしても，当該要件のもとに法的確信と同じものが考えられていたといえるかどうかは，疑わしいところもある。このように拘束力を伴うことという要件については二つの解釈の可能性があるのである。まず，その要件のもとに法的確信と同じことが考えられているという場合については，冒頭でものべたように，それでは慣習法が成立するためにはつねに法の存在に関する錯誤が必要になるという不合理なことになってしまう点が指摘されるべきであろう。つぎに，上記の要件のもとに単に，そうすることが必要又は義務であるという考えが念頭におかれているという場合に

ついては，それによっては成立要件のうえで法的慣習を他の慣習的規範から区別することはできないので，その区別の基準を何に求めるのかが問われうるであろう。

　他方では，法的慣習の要件をのべるにあたり拘束力（必要又は義務の考え）を伴うことという主観的要件，あるいは法的確信に類似する主観的要件にまったく言及しない論者が少なくないということが注目される。そうだからといって，そのような立場を示す人々においては，慣習法と他の慣習規範を成立要件のうえで区別する基準について，何か具体的な提案がなされているわけでもない。拘束力を伴うことを法的慣習の要件としてあげる人々の議論の内容をも考慮に入れると，むしろイギリスではそのような問題があまり重視されてこなかったというのが実情ではないかと推測される。

　ところが，近時において取引慣行につき法的確信に類似する要件に言及する裁判例が登場するに至った。例えば，General Reinsurance Corp. v. Forsakringsaktiebolaget Fennia Patria[37]において，Slade 判事は，ロンドン保険市場において，保険契約者又は再保険契約者は修正（slip）をそれが100％署名されるまでは取消すことができるという内容の「慣習（custom）と慣行（practice）」が存在するか否か，を判断する際につぎのようにのべた。

　　特定の商業社会において好意（grace）の問題としてしばしば，又はさらに習慣的に，従われている行為過程と，関係当事者が「それを請求する法的に拘束的な権利（a legally binding right）」を有していると考えられているが故に習慣的に従われている行為過程との間には，大きな相違がある[38]。

本件では，Slade 判事は，上記のような「慣習と慣行」の存在を否定したが，その際に，ある証人の発言についてつぎのようにのべている。

　　当該証人は，審議中の事情においては保険契約者が slip を取消す「法的に強制可能な権利（a legally enforceable right）」を有していると市場によって

みなされている，ということを明白にはのべていない。

　そのような論述からすると，「慣習と慣行が」があるといえるためには，当事者が「法的に強制可能な権利」を有していると市場が考えている，ということが必要となろう。そうとすれば，その要件は——慣習法（地方的慣習）と単なる取引慣行を区別する際の基準として提示されているのではないが——ドイツやフランスにおける法的確信の要件と異ならないように思われる。そのようなこともあってか，最近，国際取引慣行（international trade usage）についてではあるが，Goode が取引慣行と法的確信の問題に立ち入って論じるに至った。彼は，まず，国際取引慣行が規範的力を有するためには，商人間における反復的な態度様式が証明されるだけでは十分ではなく，この態度様式が「単なる礼儀，便宜又は好都合からではなく，法的に拘束的な義務感から」従われていることが示されなければならない，という見解があるとして[39]，それに対してつぎのように批判する。

　『法的に』拘束的な義務の意識から慣習に従うという要件については，それは循環性又はパラドックスに基づく，という問題が存する。というのは，それは，法的義務の存在の確信（それが正しいとすれば当該確信自体が不必要になるであろうし，間違っているとすれば法でないものが誤りによって法に変わることになろう）を前提条件とするからである[40]。

　このような観点から彼は，法的確信を取引慣行の要件としないアメリカ統一商事法典 1-205 条 2 項やウィーン売買条約 9 条 2 項を評価するのであるが，他方では，それらの条文が「拘束的として従われる慣行」と「純粋に習慣，礼儀又は便宜の問題として，あるいは単に自分の利益に有害でない場合に自発的に取引の相手方の便宜を図るという願望として，従われる慣行」を見分けるのに失敗したとみなす。そして彼はつぎのようにのべる。

国際取引慣行があるといえるためには，法によって定められてきたものに関する「完全な法的意味における義務」でなくても「いくらかの義務の認識」がなければならないことは明らかである。たぶん，「法とは無関係に義務の要素を捉える最も満足のいく仕方」は，あてにされる慣行は当該商人社会によって，当事者の商事契約の成立，証明，解釈，履行又は強制に関係するとみなされているところのものでなければならない，とのべることであろう[41]。

　そこでは，法的に拘束力を有する国際取引慣行が，商人間における反復される態度様式であって，商事契約の成立，証明，解釈，履行及び強制などという法的規律の対象たる事項に関わり且つ「いくらかの義務の認識」——「完全な法的意味における義務」の認識（法的確信）は必要ではない——を伴うもの，というように定義されているのではなかろうか。そうとすれば，これは本章の冒頭でものべた，慣習法と法的確信に関する筆者の見解と同じ方向を示すものとして極めて注目に値する見解ということになろう[42]。

　ところで，イギリス法においては法的慣習と異なるものとして，取引慣行なる範疇が認められている[43]。長期にわたって確立された一定の行動様式の反復が超記憶時代までにも遡る必要があるか否かという点を除けば，法的慣習と取引慣行の成立要件上の相違は余り存在しない——例えば必要又は強制の意識の要件の存否によって両者を区別するということはなされていない——ようにみえる。少なくとも法的慣習と取引慣行の成立要件上の相違がわが国やドイツやフランスの伝統的な見解のように法的確信の存否に求められているのではない。そのような取引慣行については，それは法的慣習と異なり「法源」ではないとされている。その理由は，取引慣行は慣習とは異なり直接に裁判官を拘束するのではなく，当事者の黙示意思に基づいて当事者の契約の内容の一部となることによって——当事者の意思を介して——間接的に裁判官を拘束するにすぎない，という法律構成に求められているように思われる[44]。そのような法律構成の意義の一つは，取引契約の領域における特殊な事情と法的慣習（慣習

法)の制度の特殊性に求められうるのではなかろうか。つまり,取引契約に関する慣行が法的慣習の要件を満たすことによって法的な拘束力をえるためにはそれが超記憶時代までにも遡るものでなければならないが[45],それでは日々進化する取引契約に関する慣行の多くは視野の外におかれることになる。また,たとえ取引契約に関する慣行が法的慣習とみなされる場合であっても,――慣習は制定法の,明示の合意により排除される規定(任意規定)には劣後する[46]ので――それだけでは,取引契約に関しては慣行を顧慮すべきであるという取引界の要請には十分にはこたえることができない[47],と。なお,近時においては,取引慣行の適用を当事者の黙示意思に求めることを擬制的であると批判したうえで,むしろ率直に,「当事者は――明示的に反対の決定をしていない限り――関連する慣習又は慣行に従って契約を履行しなければならない」という「法準則」を見出そうとする見解が登場してきている。この見解は,実質的には,わが民法92条に関する近時の一般的な解釈[48]に酷似するといえよう。もっとも,前者は,法律構成という点においては,明らかに後者と異なる,ということに注意すべきである。というのは,後者のもとでも,「法律行為の当事者がその慣習による意思を有しているものと認められるときは,その慣習に従う」という民法92条の文言との関連で,「慣習」はあくまでも当事者の「意思」――それが推定によるものであれ擬制によるものであれ――を介して裁判官を拘束する,という構成にならざるをえないからである[49]。

1) フランス私法学については拙稿「慣習法の成立と法的確信 (1)」法学57巻1号 (1993年) 1頁以下,及びドイツと日本の私法学については拙稿「慣習法の成立要件としての法的確信」法学新報110巻7・8号 (2003年) 1頁以下を参照。さらに,ドイツ普通法学における慣習法論とフランスの François Gény の慣習法論については,Hiroshi Taki, 'Die Entstehung des Gewonheitsrechts und die opinio juris : von Puchtas Lehre zu Génys Lehre,' Festschrift für Koresuke Yamauchi, 2006, S. 311 ff. を参照。また,国際法学については拙稿「慣習国際法の要件としての法的確信」法学新報110巻11・12号 (2004年) 1頁以下,及び Hiroshi Taki, 'Opinio Juris and the Formation of Customary International Law : A Theoretical Analysis,' German Yearbook of International Law, 2008, Vol. 51, p. 447 et seq. を参照。

2) Erich Danz, 'Laienverstand und Rechtsprechung,' Jherings Jahrbücher fur die Dogmatik des bürgerlichen Rechts, 1898, SS. 458-460.
3) 加藤新平『法哲学概論』(1976 年) 274-275 頁。
4) Carleton Kemp Allen, Law in the Making, 1964, p. 130.
5) Ibid., p. 130.
6) Ibid., pp. 130-131.
7) Ibid., p. 132.
8) Ibid., p. 133 et seq.
9) Cf. American Jurisprudence 2nd ed. Vol. 21A, 1998, pp. 702-703 : Corpus Juris Secundum, Vol. 25, 2002, p. 21.
10) Allen, op. cit., pp. 137-138.
11) 19 世紀ドイツでは，Danz が opinio necessitatis という言葉のもとに「そのように行動するほかないという必然性，強制」を理解する際に，それを法的確信として考えていなかった。前掲拙稿法学新報 7・8 号 10 頁。

　ちなみに，William Blackstone, Commentaries on the Laws of England, Vo. 1, 1765, p. 78 はつぎのようにのべていた。つまり，慣習は，同意によって確立されるのであるが，(確立されるときには) 強制的 (compulsory) でなければならず，その使用が人の選択に委ねられているようなものであってはならない。それ故に，すべての住民は橋の維持のために税を課されるものとする，という慣習は，よいであろうが，人は希望するときにそれに貢献すべきである，という慣習は無益でばかげており，そして実際には全然慣習ではない，と。Gary Slapper and David Kelly, English Law, 2000, p. 47 は，地方的慣習の要件の一つとして，慣習が義務的な (obligatory) ものと感じられてきたことをあげている。O. Hood Philips' First Book of English Law, 1988, p. 235 も，慣習は確立されるときに影響される人々によって「強制的であって随意でない」と認められていなければならない，とのべる。それらの文献において用いられている強制的という性質はドイツやフランスにおける法的確信とは異なることは，つぎのことからも知られる。つまり，アメリカの Corpus Juris Secundum, vo. 25, 2002, p. 22 は，慣行 (usage) は事実上の習慣 (a practice in fact) であり，「法準則 (a legal rule)」ではないということを前提としていながら，慣行又は慣習は「強制的な」ものでなければならない，とのべているのである。
12) 五十嵐清『法学入門〔新版〕』(2001 年) 59 頁。
13) 注(37)を参照。
14) Ronald Jack Walker and Michael George Walker, The English Legal System, 1976, p. 58 et seq.
15) Ibid., p. 59.
16) Halbury's Law of England, Vol. 12, 1975, p. 5 et seq.

第 5 章　イギリスにおける慣習法と事実たる慣習　211

17）　Salmond on Jurisprudence, 1966, p. 199 et seq.
18）　Ibid., p. 201.
19）　Reginald Walter Michael Dias, Jurisprudence, 1964, pp. 141-143；James' Introduction to English Law, 1996, p. 20.
20）　George Whitecross Paton and David P. Derham, A Textbook of Jurisprudence, 1972, p. 195.
21）　Ibid., p. 193.
22）　Allen, op. cit., pp. 135-136.
　　Allen によると，裁判所は，商人間で受け入れられ広く知られている取引慣行（trade custom）であっても法準則（a rule of law）と抵触するものは認めない。かくして，裁判官は c. i. f. 契約における正確な証書の交付を繰り返し求めてきた。
23）　Halbury's Law of England, op. cit., p. 4 も，取引慣行は超記憶時代から存在しなくてもよいとみなす。
24）　Ibid., p. 4 は，取引慣行が法的慣習の場合と異なり必ずしも特定の地方に限定されない点もあげる。
25）　Dias, op. cit., p. 147.
26）　望月礼二郎『英米法〔新版〕』（1997）136 頁もつぎのようにのべる。「事実たる慣習は合意の内容と認められて効果を生ずるのであるから，それがコモンローまたは制定法を排除しうる範囲は，明示の合意によりそれらを排除しうる範囲（任意規定）に限られる」。
27）　Walker and Walker, op. cit., p. 57.
　　O. Hood Philips First Book of English Law, 1988, p. 224 は，事実たる慣習（conventional customs）又は狭義の慣行（usage）は契約のなかに黙示的に編入されることにより，個人に法的権利を付与し法的義務を課す，と考えて，つぎのようにのべる。つまり，これは契約の「一般法（the general law）」の適用であるので，一般慣習と特殊的慣習（地方的慣習）という二つの種類の法たる慣習と同じ意味における「法源」ではない，と。
28）　Halbury's Law of England, op. cit., p. 30.
29）　[1836] 1 M. & W. 466, 475 (150 English Reports, 517, 521).
30）　[1853] 4 H. L. C. 353, 397 (10 English Reports, 499, 516-517).
31）　Hutton v. Warren (1836) においては，「慣習及び慣行の外部証拠」という言葉が使用されている。また，Gibson v. Small (1853) においては，取引慣行という言葉ではなく「取引慣習」──それは「証拠の問題」とされる──という言葉と，「慣行」という言葉がともに同じ意味で使用されている。そのような曖昧な用法は Paton と Derham にも見られる。彼らがつぎのようにのべる。つまり，イギリス法における「慣習」（custom）のもう一つの用法は，契約に関するものである。「契約のなかに

反対の特定の条項がないならば，当事者は取引慣行（the usages of the trade）に基づいて契約することを意図していると，しばしば推定してもよい」，と。Paton and Derham, op. cit., p. 197.
32) Chitty on Contracts, Vol. 1, 1977, p. 356.
33) Patrick Selim Atiyah, An Introduction to the Law of Contract, 1961, p. 121.
34) Ibid., p. 123.
35) Ibid., p. 125.
36) そのような必要又は義務という言葉それ自体からすると，法的慣習は，当事者にそれと異なる取り決めを許さないという性質の規定——いわゆる強行規定という形をとるもの——として理解されているかのようにもみえるが，必ずしもそうではないようである。例えば，Chitty on Contracts, op. cit., pp. 347-348 は，慣習（特定の地方の慣習）にも，慣行（特定の取引の慣行）と同様な，契約の解釈や条項付加という役割を認めている。
37) [1983] Q. B. 856.
38) この Slade 判事の論述は Libyan Arab Foreign Bank v. Bankers Trust Co. ([1989] Q. B. 728) において Staughton 判事によってそのまま引用されている。原告（リビアの銀行）は被告（アメリカの銀行）のロンドン支店にユーロダラー通知預金口座を持っていた。アメリカ政府はアメリカにおける，又はアメリカ人（海外支店も含む）の所持又は管理するリビアの財産のすべてを凍結した。原告は当該凍結がアメリカ国外にまでは効力を有しないと主張して，ロンドンにおける現金での返済又はアメリカにおける活動を伴わない他の手段による返済を請求した。それに対して，被告は，ユーロダラー預金市場の慣行によると US ドルで表示されたアメリカ国外の銀行預金口座からの送金はアメリカの清算制度，即ち CHIPS 又は Fedwire を通してのみ行われうるが，それは必然的に当該凍結命令が取り組むニューヨークにおける行為を含む，と主張した。Staughton 判事は「黙示的条項（implied term）と慣行 (usage)」という項目において，上記のことが「ユーロダラーの国際市場の慣行」といえるかどうかを検討する。そして，特定の商業社会において好意（grace）の問題としてしばしば，又はさらに習慣的に，従われている行為過程と，関係当事者が「それを請求する法的に拘束的な権利」を有していると考えられているが故に習慣的に従われている行為過程との間には，大きな相違がある，という先に見た Slade 判事の論述を引用する。そのうえで，Staughton 判事は，国際ユーロダラー市場において債権者は CHIPS 又は Fedwire という方法のみによって支払を請求する権利を有しているとみなされているかどうかを探求しなければならない，とのべる。なお，ここで注意しなければならないのは，関係当事者が「それを請求する法的に拘束的な権利」を有していると考えられているという要件は「黙示的条項と慣行」という枠組のなかで考えられている——慣習法の要件という枠組みにおいてではな

い――，ということである。
39) Roy Goode, 'Usage and Its Reception in Transnational Commercial Law,' International and Comparative Law Quarterly, Vol. 46, 1997, p. 8.
40) Ibid., p. 9.
41) Ibid., p. 10.
42) 前掲拙稿・法学 57 巻 1 号 56 頁以下は，法的慣習について，長期にわたる恒常的な慣行という物質的要素のほかに関係者の opinio juris――既存の法を適用する又は法的義務に従うという確信――という心理的要素をあげる Gény の見解に対して，つぎのように論じている。つまり，「上記のような opinio juris を慣習法の成立要件の一つとすることは，関係者が法の存在に関する錯誤に基づいて慣行を実行することによって初めて慣習法が成立する，という主張に帰着するように思われる」(同 57 頁)が，「慣習法の成立要件として関係者の錯誤に陥った行動が不可欠である，と考えることは何とも奇妙なことではなかろうか」(同 58 頁)。Gény は多様な生活慣行と法的慣習を成立要件の点で区別するために opinio juris という要件を持ち出すのであるが，そのような区別は，「一般に広く生活関係といっても『ある社会の実定法制度の趣旨からして……法的処理に服するものとされていると判定される』ものと，『初めから法的意義がないとされるもの，つまり法外の生活関係に属するもの』とが区別されているが，前者に関する慣習のみが，『法的慣習』を構成する」(同 58 頁)という仕方で説明されるべきである。「そのように法的規律になじむ行動様式，従って《法的意味》を有する行動様式であるか否かを判定するための基準は，結局において，『実定法制度の趣旨』または社会通念にもとめざるをえないのではなかろうか」(同 59 頁)，と。
43) 付言するに，慣習という言葉と慣行という言葉は常に明確に使い分けられているわけではなく，両者はときとして区別されず同じような意味をもつものとして使用されることもある。注(31) を参照。
44) 例えば Samuel Williston, A Treatise on the Law of Contracts, Vol. 12, 1999, pp. 11-13 はつぎのように論じている。つまり，慣行(usage)は行為の反復であり，慣習(custom)はそのような反復から生ずる法――一般的準則――である。慣行は事実であって法準則ではない。慣習は長期にわたる慣行によって確立された法である。慣習は関係当事者の意思表示とは無関係に拘束的であり，いかなる法分野においても重要であるが，慣行の効力は当事者の意思によるのであり，契約の領域においてのみ認められる，と。
45) もっとも，慣習が超記憶的な存在でなければならない，具体的には 1189 年以前から存在するものでなければならないという要件については，慣習の存在を主張する者はそのことを立証する必要はないようである。というのは，当該慣習がかなり古い時点から存在し続けてきた旨の証明があれば，その者の主張は，慣習が 1189

年以後に成立したに相違ないことを相手方が証明することができない限り，認められるからである。See Rupert Cross and James William Harris, Precedent in English Law, 1991, pp. 168-169 ; Dias, op. cit., pp. 141-142.

46) 慣習はコモン・ローにはその「基本的原則」に触れない限り優越するが，制定法には劣後する（Allen）。これに対して，取引慣行は黙示的条項として契約の一部となるのでコモン・ローの任意規定や制定法の任意規定――その数は多くないようであるが例えば Sales of Goods の 15A 条 2 項などがあげられる――に優越する。したがって，制定法との関係における慣習法と取引慣行の意義は，わが国におけるそれと類似しているといえよう。

47) わが国では，法例 2 条（法の適用に関する通則法 3 条）と民法 92 条の解釈にあたり，伝統的な見解は慣習法と事実たる慣習を区別した。この伝統的な見解に対応するようなものは 19 世紀後半のドイツにおいて見出される。1861 年の Allgemeines Deutsches Handelsgesetzbuch（ADHGB）の 1 条と 279 条が慣習法と事実たる慣習に関連する規定であると一般に解されていた。それはおそらくつぎのような事情によるものと思われる。つまり，ADHGB は，制定法との関係では慣習にあくまでも補充的な法源としての地位しか認めないという立場を採用したが，他方では，契約の解釈に関しては慣習を顧慮すべきであるという実務（取引社会）の要請を無視することはできない。そこで，ADHGB は，契約の解釈に関しては慣習を，当事者の意思を介して裁判官を拘束するものとして構成することによって，慣習の補充的法源性という一般原則と抵触しない形で，上記の要請にこたえようとしたのである，と。わが国の伝統的な見解の創設者は，そのようなドイツの見解の影響を受けたのではなかろうか。

48) 例えば，幾代通『民法総則』（1969 年）229 頁は，民法 92 条についてつぎのようにのべている。「とくに慣習にしたがわないという趣旨が当事者の意思表示から認定される場合のほかは，慣習が法律行為解釈の規準になる，と解すべきである（通説・判例）」。

49) 上記のように，イギリスでは取引慣行は「法源」ではないとみなされていた。その際には，取引慣行が――当事者の意思とは無関係にではなく――当事者の意思を介して適用されるものとして法律構成されているということが，重視されていたように思われる。そのようなイギリスの観点からすると，わが民法 92 条における「慣習」は通説・判例の解釈のもとでも法源とはみなされないということになろう。本文でものべたように，民法 92 条の文言上の制約からして，通説・判例の解釈のもとでも同条の「慣習」は当事者の「意思」を介して適用されるものということにならざるをえないと思われるからである。

多　喜　　寬
たき　　ひろし

昭和 50 年 3 月　東北大学大学院法学研究科博士課程修了
昭和 50 年 4 月　東北大学法学部助教授
昭和 63 年 4 月　東北大学法学部教授
平成 9 年 4 月　中央大学法学部教授（現在に至る）

〈主要著書・論文〉
『国際私法の基本的課題』（中央大学出版部　1999 年）
『国際仲裁と国際取引法』（中央大学出版部　1999 年）
『国家契約の法理論』（中央大学出版部　2007 年）
『国際私法・国際取引法の諸問題』（中央大学出版部　2011 年）
「国際法と国内法の関係についての等位理論」法学新報第 105 巻第 6・7 号（1999 年）
「わが国の国際法学における国家承認論(1)(2・完)」法学新報第 108 巻第 1 号，第 2 号（2001 年）
「国際法における法の一般原則について―横田・田岡論争を中心に―」法学新報第 109 巻第 5・6 号（2003 年）
「外国の国際法学における国家承認論」法学新報第 117 巻第 1・2 号（2010 年）
'Die Entstehung des Gewohnheitsrechts und die opinio juris: von Puchtas Lehre zu Gény's Lehre', in Festshrift für K. Yamauchi (2006)
'Opinio Juris and the Formation of Customary International Law: A Theoretical Analysis', German Yearbook of International Law, Vol. 51 (2008)
'State Recognition in International Law: A Theoretical Analysis', in Future of Comparative Study in Law: The 60th Anniversary of the Institute of Comparative Law in Japan, Chuo University (2011)
'Effectiveness', in R Wolfrum (ed), The Max Planck Encyclopedia of Public International Law (2012)

慣習法と法的確信
――民事法と国際法の視座から――

日本比較法研究所研究叢書（85）

2012 年 11 月 15 日　初版第 1 刷発行

著　者　多　喜　　寬
発行者　遠　山　　曉
発行所　中央大学出版部
〒 192-0393
東京都八王子市東中野 742 番地 1
電話 042-674-2351・FAX 042-674-2354
http://www2.chuo-u.ac.jp/up/

© 2012 多喜 寛　ISBN978-4-8057-0584-1　㈱千秋社

日本比較法研究所研究叢書

1	小 島 武 司 著	法律扶助・弁護士保険の比較法的研究	A5判	2940円
2	藤 本 哲 也 著	CRIME AND DELINQUENCY AMONG THE JAPANESE-AMERICANS	菊 判	1680円
3	塚 本 重 頼 著	アメリカ刑事法研究	A5判	2940円
4	小 島 武 司 編 外 間 寛	オンブズマン制度の比較研究	A5判	3675円
5	田 村 五 郎 著	非嫡出子に対する親権の研究	A5判	3360円
6	小 島 武 司 編	各国法律扶助制度の比較研究	A5判	4725円
7	小 島 武 司 著	仲裁・苦情処理の比較法的研究	A5判	3990円
8	塚 本 重 頼 著	英米民事法の研究	A5判	5040円
9	桑 田 三 郎 著	国際私法の諸相	A5判	5670円
10	山 内 惟 介 編	Beiträge zum japanischen und ausländischen Bank- und Finanzrecht	菊 判	3780円
11	木 内 宜 彦 編著 M・ルッター	日独会社法の展開	A5判	(品切)
12	山 内 惟 介	海事国際私法の研究	A5判	2940円
13	渥 美 東 洋 編	米国刑事判例の動向 Ⅰ	A5判	5145円
14	小 島 武 司 編著	調停と法	A5判	4384円
15	塚 本 重 頼 著	裁判制度の国際比較	A5判	(品切)
16	渥 美 東 洋 編	米国刑事判例の動向 Ⅱ	A5判	5040円
17	日本比較法研究所編	比較法の方法と今日的課題	A5判	3150円
18	小 島 武 司 編	Perspectives on Civil Justice and ADR : Japan and the U. S. A	菊 判	5250円
19	小 島 : 渥 美 編 清 水 : 外 間	フランスの裁判法制	A5判	(品切)
20	小 杉 末 吉 著	ロシア革命と良心の自由	A5判	5145円
21	小 島 : 渥 美 編 清 水 : 外 間	アメリカの大司法システム(上)	A5判	3045円
22	小 島 : 渥 美 編 清 水 : 外 間	Système juridique français	菊 判	4200円

日本比較法研究所研究叢書

23	小島・渥美 清水・外間 編	アメリカの大司法システム(下)	A5判 1890円
24	小島武司・韓相範編	韓　国　法　の　現　在　(上)	A5判 4620円
25	小島・渥美・川添 清水・外間 編	ヨーロッパ裁判制度の源流	A5判 2730円
26	塚本重頼著	労使関係法制の比較法的研究	A5判 2310円
27	小島武司・韓相範編	韓　国　法　の　現　在　(下)	A5判 5250円
28	渥美東洋編	米国刑事判例の動向Ⅲ	A5判 (品切)
29	藤本哲也著	Crime Problems in Japan	菊判 (品切)
30	小島・渥美 清水・外間 編	The Grand Design of America's Justice System	菊判 4725円
31	川村泰啓著	個人史としての民法学	A5判 5040円
32	白羽祐三著	民法起草者穂積陳重論	A5判 3465円
33	日本比較法研究所編	国際社会における法の普遍性と固有性	A5判 3360円
34	丸山秀平編著	ドイツ企業法判例の展開	A5判 2940円
35	白羽祐三著	プロパティと現代的契約自由	A5判 13650円
36	藤本哲也著	諸　外　国　の　刑　事　政　策	A5判 4200円
37	小島武司他編	Europe's Judicial Systems	菊判 (品切)
38	伊従寛著	独占禁止政策と独占禁止法	A5判 9450円
39	白羽祐三著	「日本法理研究会」の分析	A5判 5985円
40	伊従・山内・ヘイリー編	競争法の国際的調整と貿易問題	A5判 2940円
41	渥美・小島編	日韓における立法の新展開	A5判 4515円
42	渥美東洋編	組織・企業犯罪を考える	A5判 3990円
43	丸山秀平編著	続ドイツ企業法判例の展開	A5判 2415円
44	住吉博著	学生はいかにして法律家となるか	A5判 4410円

日本比較法研究所研究叢書

45	藤本哲也 著	刑事政策の諸問題	A5判	4620円
46	小島武司 編著	訴訟法における法族の再検討	A5判	7455円
47	桑田三郎 著	工業所有権法における国際的消耗論	A5判	5985円
48	多喜 寛 著	国際私法の基本的課題	A5判	5460円
49	多喜 寛 著	国際仲裁と国際取引法	A5判	6720円
50	眞田・松村 編著	イスラーム身分関係法	A5判	7875円
51	川添・小島 編	ドイツ法・ヨーロッパ法の展開と判例	A5判	1995円
52	西海・山野目 編	今日の家族をめぐる日仏の法的諸問題	A5判	2310円
53	加美和照 著	会社取締役法制度研究	A5判	7350円
54	植野妙実子 編著	21世紀の女性政策	A5判 (品切)
55	山内惟介 著	国際公序法の研究	A5判	4305円
56	山内惟介 著	国際私法・国際経済法論集	A5判	5670円
57	大内・西海 編	国連の紛争予防・解決機能	A5判	7350円
58	白羽祐三 著	日清・日露戦争と法律学	A5判	4200円
59	伊従 寛他編	APEC諸国における競争政策と経済発展	A5判	4200円
60	工藤達朗 編	ドイツの憲法裁判	A5判 (品切)
61	白羽祐三 著	刑法学者牧野英一の民法論	A5判	2205円
62	小島武司 編	ＡＤＲの実際と理論 Ｉ	A5判 (品切)
63	大内・西海 編	United Nation's Contributions to the Prevention and Settlement of Conflicts	菊判	4725円
64	山内惟介 著	国際会社法研究 第一巻	A5判	5040円
65	小島武司 著	CIVIL PROCEDURE and ADR in JAPAN	菊判 (品切)
66	小堀憲助 著	「知的(発達)障害者」福祉思想とその潮流	A5判	3045円

中央大学社会科学研究所研究叢書

菅原彬州編

19 連続と非連続の日本政治

A5判328頁・定価3885円

近現代の日本政治の展開を「連続」と「非連続」という分析視角を導入し，日本の政治的転換の歴史的意味を捉え直す問題提起の書。

斉藤　孝編著

20 社会科学情報のオントロジ
―社会科学の知識構造を探る―

A5判416頁・定価4935円

オントロジは，知識の知識を研究するものであることから「メタ知識論」といえる。本書は，そのオントロジを社会科学の情報化に活用した。

一井　昭・渡辺俊彦編著

21 現代資本主義と国民国家の変容

A5判320頁・定価3885円

共同研究チーム「グローバル化と国家」の研究成果の第3弾。世界経済危機のさなか，現代資本主義の構造を解明し，併せて日本・中国・ハンガリーの現状に経済学と政治学の領域から接近する。

宮野　勝編著

22 選挙の基礎的研究

A5判150頁・定価1785円

外国人参政権への態度・自民党の候補者公認基準・選挙運動・住民投票・投票率など，選挙の基礎的な問題に関する主として実証的な論集。

定価は消費税5％を含みます。